Nell Zink

SISTER EUROPE

Roman

Aus dem Englischen von
Tobias Schnettler

ROWOHLT

Die Originalausgabe erschien 2025
unter dem Titel «Sister Europe» bei
Alfred A. Knopf, New York City.

Deutsche Erstausgabe
Veröffentlicht im Rowohlt Verlag,
Kirchenallee 19, 20099 Hamburg, Juni 2025

Satz aus der Untitled Serif
bei CPI books GmbH, Leck
Druck und Bindung GGP Media GmbH,
Pößneck
ISBN 978-3-498-00736-2

Kontaktadresse
nach EU-Produktsicherheitsverordnung:
produktsicherheit@rowohlt.de

I

Es regnete vierzig Tage und vierzig Nächte», erzählte Demian seiner jüngeren Tochter Maxima («Maxi»), die mit leichtem Fieber früher als sonst ins Bett gegangen war. Am Morgen würde es sich bestimmt zu etwas Größerem ausgewachsen haben. Er war Deutscher, ihre Mutter aber nicht, und weil Maxi auf eine deutsche Schule ging und sich mit ihren Freundinnen auf Deutsch unterhielt, hatten sie als Familie beschlossen, zu Hause Englisch zu sprechen. «Das Eis schmolz und schmolz, bis es ganz von Wasser bedeckt war und auf einem See schwamm, der gar nicht hätte da sein dürfen. Und dann plötzlich rutschte es direkt in den Ozean. *Platsch!*» Mit beiden Händen stellte er eine Kiste nach, die von einem schiefen Regal rutschte. «Stell dir vor, ein Eisblock so groß wie Grönland!»

Sie nahm den Daumen aus dem Mund und fragte: «Wie groß ist Grönland?»

Er wusste es nicht. Es war bekannt dafür, kleiner zu sein, als es auf der Mercator-Projektion aussah, aber doch sicherlich groß, weil sein Schmelzen den globalen Meeresspiegel um rund sieben Meter würde ansteigen lassen. Ohne auf ihre Frage einzugehen, fuhr er mit der bestellten Geschichte über einen Tsunami fort, der ihr Haus traf. «Das Eis plumpste in den Ozean und erzeugte eine Welle, die so gigantisch war, dass sie über den Nordatlantik bis nach Norwegen schwappte.» Er fand, es könne nicht schaden, eine kleine Erdkundelektion einzubauen. «Die

Riesenwelle umrundete Schottland und durchquerte die Nordsee, von England nach Holland, gelangte bis nach Hamburg und dann hundertfünfzig Kilometer die Elbe hoch. Als sie die Mündung der Havel erreichte, trat sie auf die Bremse und bog scharf nach links ab. Alle Enten in den Sümpfen flogen hoch. *Allez hop!*» Er hüpfte, indem er seinen Rumpf ein paar Zentimeter von der Matratze hob, und ließ sich gleich wieder fallen, damit sie weiter mit seinem Haar spielen konnte. «Dann ist sie die Havel rauf bis nach Potsdam, und als sie den Wannsee erreicht hat, ist sie rechts auf den See abgebogen. Und dann war sie vor unserem Haus – ein gigantischer Tsunami, der den ganzen Weg von Grönland bis hierher zurückgelegt hat!»

Sie sah zufrieden aus und sagte: «*Mega.*»

«Giselher und Almut» – so hießen ihre betagten Vermieter – «kamen rauf, um das Ganze mit ihren Smartphones zu filmen.» Einen Moment lang störte ihn das Faktenwidrige daran; die beiden waren schon seit Jahren nicht mehr die Treppe hinaufgestiegen. Doch das hieß nicht, dass sie es nicht mehr konnten, wenn die Motivation nur groß genug wäre.

«Waren sie tot?» Sie klang hoffnungsfroh.

Er wollte seine Erzählung nicht unterbrechen, um zu erklären, dass mit dem Tod eine gewisse Regungslosigkeit einherging und er somit etwas Schlechtes war, ganz besonders in diesem Fall (die Erben würden sofort das ganze Haus an sich reißen), also antwortete er: «Nein. Es ist nichts Schlimmes passiert. Die Welle war müde, weil sie Tausende Kilometer gereist war und Treibgut mitgebracht hatte.» Ihr Blick verriet ihm, dass er *Treibgut* genauer definieren musste. «Sie hatte Dreck dabei und

Schrott und Strandgut und Eisberge und Häuser und Autos und Fähren und Feuerwehrautos …» Er hielt inne, obwohl er sah, dass ihr die Liste gefiel. Ihm fehlte die Lust, weitere Objekte aufzuzählen, weil er sich unwillkürlich eine Flottille von Leichnamen ausmalte, die aufgedunsen an der Oberfläche trieben, als wären sie schon seit Tagen tot. «Als sie Berlin erreichte, war sie so erschöpft, dass sie nur noch fünf Zentimeter hoch war. Sie konnte sich kaum noch bewegen! Sie suchte vor allem nach einer Stelle, wo sie die ganzen Sachen ablegen konnte.»

«Wo hat sie sie denn hingelegt?»

«In Siemensstadt.» Er machte sich nicht die Mühe, darüber nachzudenken, dass er perverserweise ein Arbeiterviertel genannt hatte. Niedrig gelegene Flächen in Flussnähe waren oft Industriegebiete, das war nicht seine Schuld.

«Waren auch Bäume dabei?» Sie wollte eindeutig, dass auch Bäume dabei waren, also nickte er. «Was hatte sie sonst noch dabei?»

«Da gab es Ameisen und Heuhaufen und Chlor und Puppen und Elefanten und Freundschaften und Ziegen und Hügel und Krankheiten und Bei-Rot-über-die-Straße-Geher und koreanische Fernsehserien» – seine Aufzählung geriet ins Stocken, als sei der Selbstzweifel dabei, ihm die Kontrolle zu entreißen – «und Lichtmasten und Geld und Nudeln und Optionen und Fortschritt und Matschboden und retrograde Amnesie und Vernunft und Bäume und das Universum und Votivgaben und Wale und Xylofone und Yahoos und Zebras.»

Er verstand ihr leises Seufzen als Bitte um noch mehr Bäume. Er wollte gerade darauf eingehen, doch dann sah er, dass sie eingeschlafen war. Ihre Augen waren geöffnet; die alphabetische Liste (auf Englisch war sie nämlich alphabetisch gewesen) hatte sie gegen ihren Willen hypnotisiert.

«Schlaf jetzt», sagte er. Sie schloss die Augen. Ihr Mund klappte auf, und ihre Hand ließ sein Haar los. Er spürte, wie väterlicher Stolz in ihm aufwallte, weil sie solchen Wert auf Bäume legte oder überhaupt auf Naturphänomene, auch wenn das in ihrem Alter (viereinhalb) alles Mögliche bedeuten konnte. Vorsichtig stand er auf, schlich auf Zehenspitzen durch den Flur und betrat die elterliche Suite – ein Arbeitszimmer und ein Schlafzimmer, die durch einen Ankleideraum mit Bad miteinander verbunden waren –, um sich für den Abend anzuziehen.

Er wählte sein edelstes, konservativstes Outfit – einen Dreiteiler aus blauer Wolle, den er in München gekauft hatte, und dazu ein maßgeschneidertes weißes Hemd. Das Hemd hatte einen Bubikragen. Immer wieder erhielt er Komplimente für seine Hemden mit den runden Kragen, und immer verriet er ganz genau, wo er sie bestellte: bei einem Mütterchen in Slubice. Bei der Auswahl der Krawatte zögerte er. Er wollte nicht auffallen, doch er rechnete mit einem eher exzentrischen Publikum und hatte das Gefühl, selbst auch ein wenig unkonventionell aussehen zu müssen, oder zumindest nicht wie ein Banker.

Er lief durch den Flur, ohne Krawatte, die Weste und das Hemd aufgeknöpft. Seine Frau Harriet saß am Küchentisch, aß ein Stück Apfelkuchen vom Blech, das sie am Nachmittag gekauft hatte, und las auf ihrem Telefon eine lange E-Mail. Ihr kinnlanges blondes Haar war zu einem kurzen Pferdeschwanz gebunden. Abgesehen von ihren Elsa-aus-*Die-Eiskönigin*-Hausschuhen (ein Geschenk von Maxi) trug sie ausschließlich Schwarz, bis hin zu den schwarzen Socken und dem Halstuch. Sie blickte auf und legte das Telefon mit dem Display nach unten auf den Tisch.

«Ist Nicole schon zurück?», fragte er. «Sie muss mich modisch beraten.»

«Sie hat gerade geschrieben, dass sie bei Einbruch der Dunkelheit da ist.»

«Und wann ist das?»

«In einer Stunde vielleicht.»

Es war Dienstag, der 21. Februar 2023, und um 16:30 war das schwache Glimmen der Sonne noch am strukturlosen Himmel über dem Grunewald zu sehen. Die Küche im ersten Stock ihrer geteilten Villa ging auf einen der naturbelassensten Seen im Berliner Stadtgebiet hinaus, den Schlachtensee. Ab Mitte April würde die Aussicht von den Blättern verdeckt sein. Im winterlichen Dämmerlicht sah man, wie das schwarze Wasser vom Wind und vom verhaltenen Regen erzitterte.

«Das ist zu spät», sagte er. «Was meinst du, krawattenmäßig – vielleicht die Hermès mit den kleinen Leoparden?»

«Auf dich achtet eh niemand», sagte sie. «Das ist kein formelles Event. Das sind Reiche. Zieh ein gemustertes Hemd an, damit keiner denkt, du gehörst zum Catering.»

Demian ging in sein Zimmer zurück und nahm die Alternativen in den Blick. Schließlich blieb er bei weißem Hemd und Dreiteiler und wählte dazu eine dunkelblaue Krawatte und gelbe Socken. Wieder präsentierte er sich Harriet und sagte: «Ich zieh meine neuen roten Sneaker an. Was sagst du?»

«Süß.»

Sie hatte gar nicht richtig hingesehen. Er drückte seinen rechten Daumen gegen die Rückseite seines Telefons und trat an die Fensterfront. Die Welt da draußen sah nass und stürmisch aus, doch die Wetter-App behauptete, der meiste Niederschlag sei für diese Woche durch. Es könnte noch ein, zwei Liter pro Quadratmeter regnen. Ihm fiel ein, dass man von glänzenden Lederschuhen den Matsch besser abbekam, für den Fall, dass er durch Matsch laufen musste. Diese Änderung seiner Schuhwerksplanung kam ihm nicht wichtig genug vor, um sie mit seiner Frau zu teilen, die inzwischen mit Noise-Cancelling-Kopfhörern auf dem Kopf konzentriert auf eine Videokonferenz starrte. Wenn ihr Arbeitstag zu Ende ging, würde er mit ihrer schönen gemeinsamen Freundin Livia bei einem Gourmet-Dinner sitzen. Er hatte keine Schuldgefühle. Das Mahl musste er sich durch die Teilnahme an einer literarischen Preisverleihung hart erarbeiten.

Er kannte den Preisträger gut: einen alterslosen (achtundsiebzig, mit beinahe makelloser Haut, weil er nur selten die Sonne sah) arabischen (er war schon mit elf von der Sinai-Halbinsel nach Norwegen geflohen, schrieb aber mit unverminderter und äußerst produktiver Intensität über seine Jugend, ohne je literarische Kompetenz in einer zweiten Sprache erlangt zu haben) Fabuliermeister, dem er erstmals an einem dänischen Strand begegnet war.

Demian war damals jung und leicht zu beeindrucken gewesen, traurig und schüchtern – achtzehn Jahre alt und ein begeisterter Leser von Lyrik, auch von arabischen Versen in Übersetzung. Tagelang hörte er Masuds blumigem, stockendem Englisch zu, außerstande, seine ständigen Einladungen abzulehnen. Er war mit gerade so viel Gepäck unterwegs, wie auf sein Fahrrad passte, und der Dichter und seine Frau hatten ein Haus mit Grillstelle und Weinkeller gemietet. Mit ihrer Erlaubnis stellte er sein Zelt in ihrem Garten auf. Er kam sich dadurch ein wenig wie ein Beduine vor, so, als würde er sich ihnen annähern. Zwischen den Mahlzeiten unternahmen der Ältere und der Jüngere lange Spaziergänge auf den Sandbänken zwischen der Insel Mandø und der Küste, nachdem sie sich die Gezeitentabelle angesehen hatten, um nicht von der Flut abgeschnitten zu werden. Masuds Ehefrau kochte, wenn auch nicht besonders gut. Was sie sonst noch tat, konnte Demian nicht genau sagen. Als er sie fragte, ob sie gerne am Strand spazieren ging, zog sie sich den Schleier vor die Nase, und er fragte sie nicht noch einmal. Sie spielte die Rolle der Abwesenden mit solcher Hingabe, dass er nicht allzu überrascht war, als Masud ein Jahr später in der Bretagne mit einer anderen Frau auftauchte – sie hatten sich für den Sommer verabredet. Zwischen den Mahlzeiten unternahmen sie Spaziergänge, und die Frau machte irgendwas. Er sah und hörte nie etwas von Kindern und fragte sich, ob die vielen Scheidungen mangels Nachwuchs zustande kamen. Oder wegen Impotenz? Oder gab es vielleicht jede Menge Kinder, die gerade zu Hause bei ihren Müttern waren? Er würde nicht danach fragen. Selbst zu einem Zeitpunkt, als er mit Fug und Recht sagen konnte, sich Masuds Geschichten 250 Stunden lang angehört zu haben, wusste er nur sehr wenig über sein Leben. Der Dichter fesselte ihn mit dem Zauber der Wüste, während sie durch das mit Wurmhäufchen besetzte Nordseewatt wanderten. Masud wurde als literarische Stimme der nomadischen Hirten Arabiens gefeiert – stolze Söhne der Wüste, eine edle Kaste entspannter Sybariten, die nicht für ihre Strenggläubigkeit bekannt waren. Als er die Bücher las, stieß Demian zu seinem Entsetzen auf einen krassen und hartnäckigen Rassismus gegen Schwarze. Ließ sich das entschuldigen? Er entschuldigte es, auf Grundlage der Tatsache, dass es einem antischwarzen Rassisten schwerfallen würde, in Norwegen allzu viel Schaden anzurichten, wo antimuslimischer Rassismus eine tödliche Bedrohung war (zugegeben, ein großer Teil davon war intersektional und richtete sich gegen Somalis). War es herablassend, seine eigenen ethischen Maßstäbe zu senken, weil der Mann ein Genie war, oder war es eurozentrisch, sie nicht zu senken, und was war schlimmer?

Er wusste aus eigener Erfahrung, dass Harriet nicht die Geduld hatte, um sich solchen oder sonst irgendwelchen Schwachsinn anzuhören. Sie war eine Pragmatikerin aus Ohio, profilierte Bauingenieurin aus einer Dynastie mennonitischer Baumeister, und Preisverleihungen – sogar (oder ganz besonders) solche für Architekten – ärgerten sie. Sie war auf öffentliche Bauvorhaben spezialisiert, und es war ihr gesetzlich verboten, Gefälligkeiten anzunehmen. Sein Leben hingegen war ein einziger großer Reigen aus Gefälligkeiten: Hier wurde mal ein Name gegenüber dem Vorsitzenden einer Preisjury fallen gelassen, dort gab es den Schlüssel zu einem ungenutzten Strandhaus auf Sardinien. Die Menschen mochten ihn mehr, als sie sie mochten, deshalb empfand er gesellschaftliche Termine als angenehm. Er war pflegeleicht, gut aussehend und verbindlich, und er nahm Dinge und Menschen auf eine Weise ernst, die ihnen allen schmeichelte. Seine gut gelaunte Ernsthaftigkeit hatte ihn zu einem gefragten freien Kunst- und Architekturkritiker gemacht. Ganz egal, was für eine lächerliche Vision irgendein verblendeter Künstler oder bankrotter Architekt auch vorschlug, er konnte mit einem Pitch und einer Liste potenzieller Finanziers darauf reagieren. Für ihn stand außer Frage, dass es für jedes Projekt auf der Welt, wie hirnverbrannt es auch sein mochte, eine Organisation mit schier unbegrenzten Mitteln gab, die sich dazu überreden ließe, es zu finanzieren, und einen Kurator, der bereit wäre, die Lorbeeren dafür zu ernten. Seine Überzeugung verfestigte sich durch die Beobachtung, dass selbst die größenwahnsinnigsten, für Instagram optimierten Kunstprojekte lächerlich billig waren, wenn man sie mit den Hobbys gewählter Volksvertreter oder zuverlässig durchgeknallter Superreicher verglich.

Er hatte sich diese Ernsthaftigkeit im ersten Jahr an der Uni angewöhnt, als einer seiner Mitstudenten ihm den Tipp gegeben hatte, dass die Zeit, wenn man sich beteiligte und die Texte las, schneller verging. Dinge und Menschen ernst zu nehmen, machte ihn ein wenig deprimiert – nie so, dass er im Bett bleiben musste, aber doch in einem Zustand bescheidener, unprätentiöser Melancholie, die sich in vielem zeigte, was er tat, wie er etwa eine einfache Tsunami-Geschichte für seine Tochter in eine düstere Fabel verwandelte.

Als junger Kunstliebhaber hatte er sich von stellvertretender Selbstkasteiung und Gewalt angezogen gefühlt und viele Performancekünstler, manchmal auch das Publikum, bluten und weinen gesehen. Dann hatte er Harriet getroffen, eine solide kreative Macherin. Er ahnte, wenn das Leben aus Gewalt bestand, konnte Kultur eine Alternative dazu sein: keine Lösung (Harriet war eine Problemlöserin), aber zumindest ein kurzer Moment der Erholung. Trotzdem ließ seine unterdrückte Liebe zur Gewalt Darstellungen symbolischer Gewalt vor seinem inneren Auge schillern. Er war einer der wenigen Kritiker, die die Baustelle der Wüsten-Utopie *The Line* besucht hatten, einer futuristischen Stadt, die die Berge an der saudi-arabischen Küste des Roten Meeres durchschneiden würde wie eine gigantische Version von Heizers Land-Art-Werk *Double Negative*. Er hatte die Vorbereitungen für den ersten SpaceX-Start in Boca Chica verfolgt und war bei der Einweihung der neuen Bibliothek der Nation in Ankara vor Ort. Es half, dass seine Frau wirkliches Geld verdiente, denn The Line stellte sich schnell als eine Handvoll Bulldozer-Fahrer heraus, die in Zelten hausten, während der Weltraumbahnhof und der präsidiale Komplex in Naturschutzgebieten errichtet worden waren, was es ihm verbot, sie in seinen Artikeln zu feiern. Manchmal hatte er auch eigene Visionen. Zum Beispiel stellte er sich ein Hypercar wie den nervigen Lamborghini seines Nachbarn vor (nur in Berlin wurden solche Dinger auf der Straße abgestellt!), am Grund eines Schwimmbeckens voller Honig. Das Werk würde Millionen kosten, wegen des nötigen Honigs, und je nachdem, wo man es realisierte, würde das ehemals so laute Auto früher oder später gänzlich unter einer dicken Schicht toter Insekten verschwinden.

Er erzählte niemandem von seinen Kunstideen. Sie entsprangen einem Ort tief in ihm, der noch von seinem inneren Kind beherrscht wurde. Dieses Kind, das nichts von Kunst oder anderen möglichen Anwendungen der Freiheit verstand, aber nach Liebe und Akzeptanz im Austausch für seine Aggression und seinen Hass gierte, fürchtete, dass die Menschen über seine Ideen lachen und sie stehlen könnten. Umgekehrt fand der erwachsene Demian – der die vielen begabten Künstler, die er kannte, offen bewunderte und Wichtigtuern mit offener Skepsis gegenübertrat, der mit seinem Status als dekorativem Anhängsel gut leben konnte – die Ideen des Kindes einfallslos.

II

Seine Tochter Nicole, fünfzehn Jahre alt, manövrierte vorsichtig zwischen einer Schlange geparkter Autos und einer von solchen hindurch, die noch auf Parkplatzsuche waren. Sie suchte Augenkontakt mit einem weiteren Fahrer, doch auch der schüttelte nur den Kopf. Jetzt präsentierte sie sich schon seit ganzen acht Minuten, doch bisher hatte niemand für sie angehalten. Im Gegenteil, immer wenn sie sich einer Beifahrertür näherte, trat der Fahrer aufs Gas, fuhr so dicht wie möglich an das Auto vor ihm heran und machte ein unbeteiligtes oder sogar offen feindliches Gesicht.

Sie trug ein Kleid, das ihr bis zu den Waden reichte, und eine Leidensmiene. Die feuchte Kälte der heraufziehenden Nacht schien aus allen Richtungen zugleich anzugreifen, sie wellte ihr Haar, verschmierte ihr Make-up, ließ das Kleid wie Latex an ihr kleben. Sie hörte einen Signalton, eine Message auf ihrem Telefon. Einen Moment lang ignorierte sie ihn. Sie hatte das leise Gefühl, dass sie es hätte ausschalten sollen, es konnte ihr ja jemand nachspionieren. Dann überlegte sie es sich anders, drehte sich mit gesenktem Kopf um und las die Nachricht ihrer Mutter in der schmalen Lücke zwischen zwei SUV. «Bin zurück bevor es dunkel wird», schrieb sie als Antwort.

Sie steckte ihr Telefon ein und blickte auf. Ein Mann auf dem Gehsteig sah sie direkt an, er schien interessiert. Ein gedrungener Glatzkopf in schlabbriger Hose und Nylon-

Bomberjacke, die sich pilzförmig um seinen Bauch wölbte. Es war ihr erster vielversprechender Kontakt, seitdem ihr Versuch, auf den Strich zu gehen, zehn Minuten zuvor begonnen hatte.

Sie grinste und präsentierte wieder diese unfreiwillige Leidensmiene mit vor Angst funkelnden Augen.

«Hau ab», sagte der Mann. «Verpiss dich! Weg!» Ein Mädchen mit gräulicher Haut, rundem Gesicht und der Jahreszeit unangemessenen kniefreien Skinny Jeans kam von der anderen Straßenseite dazu, um ähnliche Aussagen zu treffen. Eine weitere junge Frau in fransigem weißem Minirock, der zu ihrem strohigen Haar passte, und mit fleckigem Spray-Tan anstelle einer Strumpfhose, trat hinter einem Lieferwagen hervor, stakste steif auf Nicole zu und bot an, ihr das Gesicht aufzuschlitzen.

Die drei unfreundlichen Menschen ließen ihre Nervosität um eine weitere Stufe ansteigen, und so tat sie das einzig Vernünftige und lief auf die befahrene Straße. Der Fahrer, dem sie den Weg versperrte, hatte gerade Gas gegeben. Er trat auf die Bremse und starrte sie böse an, doch sie stützte sich, ohne ihn zu beachten, bloß für einen Moment auf seine Kühlerhaube und hinterließ einen Handabdruck aus kaltem Schweiß – ein säuberlicher Umriss ihrer Hand, von durchsichtigen Tröpfchen eingefasst. «Schwuchtel!», brüllte er. Sie trat links um das Auto herum und ging schwankend die Kurfürstenstraße Richtung Westen entlang, den Kopf erhoben, die Augen panisch vor Angst.

Es war schwer zu sagen – vor allem für sie selbst –, was zur Hölle sie hier eigentlich tat. Die Logik, die sie hergeführt hatte, ließ sich leicht zusammenfassen. Sie wollte ehrliche Antworten. Sie hatte schon ein paar Freundinnen gefragt, ob sie als Mädchen durchgehen könnte. Doch ihr sofortiges «Ja!» war natürlich nicht ernst zu nehmen. Das hatten sie schon behauptet, als sich Nicoles modische Experimente noch auf weit ausgeschnittene T-Shirts und Sandalen mit schmaleren Riemchen beschränkten. Ihre Eltern unterstützten sie ebenfalls zu einhundert Prozent. Jeder schmeichelte ihr, schützte und schonte sie. Aber es war sinnlos. Denn wenn *sie* in den Spiegel sah, empfand sie Körperdysphorie. Darum ging es doch! Sie war *nicht* in Ordnung, wie sie war, und schon gar nicht schön! Deshalb mussten ihre Eltern endlich mal in die Gänge kommen und ihr Pubertätsblocker erlauben, bevor sie noch älter wurde!

Aber würden die überhaupt wirken? Würde sie jemals schön sein? Wer würde ihr die Wahrheit sagen, über ihr Gesicht, ihre Hände, ihre Fesseln – ihre Knochen?

Die offensichtliche Antwort: Wildfremde. Fremde mit Hang zum Arschlochsein. Heteromänner.

Nicht gerade Männer in irgendeiner dunklen Kneipe, die ihr hinterherlaufen würden, um sie draußen zusammenzuschlagen. Sie wollte spontane Reaktionen von ausgewiesenen Frauenhelden, an einem belebten, öffentlichen Ort, wo sie sich sicher fühlte. Und was war schon dabei, sich für ein paar Minuten auf der Kurfürstenstraße als Stricherin auszugeben?

So hatte sie es sich jedenfalls gedacht – dass es einfach sein würde.

Als sie sich die Situation ausgemalt hatte, sah sie keine Probleme. Eine kurze Tour über den Laufsteg und für jeden Typen, der ihr hinterherpfiff, gäbe es einen Punkt.

Wie sie sich dabei fühlen würde, hatte sie allerdings ganz falsch eingeschätzt.

Sie hatte ein glitzerndes schwarzes Stretchkleid aus Polyester angezogen, mit silbernen Metallfäden und einem paillettenbesetzten Ausschnitt. Ein Kleid, wie sie zu Tausenden für Silvesterpartys produziert werden, um nach einmaligem Gebrauch weggeworfen zu werden. Sie hatte es einen Monat zuvor in einem Kaufhaus erstanden (einem freundlichen, in dem jeder alles anprobieren durfte, und das Damenschuhe in Größe dreiundvierzig führte), um achtzig Prozent reduziert. Die Stiefel waren ihre allerersten mit Absatz – nicht billig, aber weil sie keine Erfahrung in diesen Dingen hatte, hatte sie welche mit stählernen Gelenkfedern bis in die Absätze genommen, bei denen jeder Schritt auf Beton wie ein Glockenschlag hallte, und dazu mit Sohlen aus glattem, hartem Leder.

Sie hatte die Sachen gekauft, weil Harriet weder ein Kleid noch ein einziges Paar hochhackige Schuhe besaß. Sie hatte die Wäscheschublade ihrer Mutter durchsucht und dort nicht, wie erhofft, ein Geheimversteck mit sexy Dessous entdeckt, sondern nur eine ungeordnete Masse Sport-BHs und Slips aus Baumwolle, im selben tristen Schwarz wie der Rest ihrer Kleider. In ihrem Badezimmerschrank gab es kein Make-up, keine Kosmetika, kein Parfüm, sie wusch sich das Gesicht beim Duschen mit verdünnter Handseife. Die beiden hatten harte Worte ausgetauscht, wobei Harriet – die sich aus den Fängen einer Sekte befreit hatte, in der lange Kleider und weiße Hauben vorgeschrieben waren, um in einem von Männern dominierten Berufsfeld Stärke zu beweisen – ihre Verachtung für die Idee artikulierte, dass Verhaltensänderungen nötig seien, um eine Frau zu werden. Sie selbst war alles andere als transfeindlich, aber auf eine Weise, die ihre Tochter unendlich nervte: Sie akzeptierte sofort, dass sie beide weiblich waren, und tat es mit einem gelangweilten Schulterzucken ab.

Manche ihrer Freundinnen behaupteten, ihre Mutter sei Autistin, andere fanden sie einfach nur peinlich – ein unterdrückter Trans-Mann, der aus Selbsthass seine Identität leugnete. Nicole wusste aber, wenn es nach Harriet gegangen wäre, hätte sie die Hormontherapie schon im letzten Jahr beginnen können. Die Schuld an ihrer verzögerten Umwandlung lag ganz allein bei ihrem Vater. Sie hätte jetzt schon Ansätze von Brüsten haben können, anstatt des klebrig-kalten Gummibusenpaars, das ihr Push-up-BH in ein schief sitzendes Desaster verwandelte. Schon seit Monaten war sie aus Protest ohne BH herumgelaufen und hatte sich darauf konzentriert, ihre Stimme und ihre Bewegungen zu modulieren und ihre Gesäßmuskulatur in Form zu bringen.

Sie hatte das Laufen zu Hause geübt, kreuz und quer durch die weiträumige Wohnung, die Treppe rauf und runter, bis sie fand, dass sie es ganz gut hinkriegte. Der Straßenbelag war allerdings uneben, der Asphalt leicht wellig und an vielen Stellen geflickt. Und die Strecke war um Größenordnungen weiter als alles, woran sie sich zu Hause gewagt hatte. Ihre Zehen pochten, und ihre Wadenmuskeln schmerzten. Sie trat auf den Gehsteig. Die Straße war noch immer voller Autos. Sie suchte den Blickkontakt mit den Fahrern, doch die wandten sich ab. Ihr dämmerte, dass sie vielleicht gar nicht nach menschlicher Wärme suchten, sondern bloß nach einem Parkplatz.

Irgendwann – sie konnte nicht sagen, wo genau – hatte sie den Straßenstrich hinter sich gelassen. Wenn eine Straße von niemandem genutzt wurde, war dieses Revier dann noch zu haben, oder bloß irrelevant?

Wenigstens konnte sie ihrem Misserfolg nachträglich die Peinlichkeit nehmen und behaupten, sie habe nur in ihren Stiefeln laufen üben wollen. Sie beschloss, die Kurfürstenstraße bis zum Ende entlangzugehen und am Bahnhof Zoo die S7 zu nehmen. Neben anderen Dingen musste sie die schwer auf ihr lastende überschüssige Energie loswerden. Die Vorstellung, von all den Pendlern am Bahnhof gesehen zu werden, ließ ihren Kopf vor halbekstatischer Ambivalenz schwirren. Cross-Dressing war wie ein Teller gebratenes Hirn für einen verhungernden Vegetarier. Es war nicht das, was sie brauchte. Aber es hatte unbezweifelbar etwas mit dem zu tun, was sie brauchte.

Vor nicht allzu langer Zeit hatte ihrer Identitätssuche noch ein greifbares Ziel gefehlt. Sie war in ihrem Kopf umhergeschwirrt, war immer wieder ungebeten aufgetaucht, plötzlich und sengend wie eine Sonneneruption. Euphorie wechselte sich mit tränenersticktem Selbsthass ab, und ein spielerisch-erotisches Was-wäre-Wenn mit tiefem Ekel. Suchend beobachtete sie Frauen und Mädchen, verzweifelt nach Antworten Ausschau haltend. Lag die Antwort in der Performance, oder lag sie im weiblichen Fleisch? Gab es überhaupt etwas Schlimmeres als weibliches Fleisch, wenn es nicht mehr performte? Heimlich beobachtete sie Männer und Jungs, voller Sorge, missverstanden zu werden. Sie hatte sich die Augenbrauen gezupft, die Beine rasiert und am nächsten Morgen Fieber vorgetäuscht, um nicht in die Schule zu müssen. Sie hatte pinken Nagellack aufgetragen und mit Nagellackentferner wieder abgerieben. Doch die Verpflichtung, die Umwandlung auch nach außen hin zu vollziehen, war unmissverständlich. Du kannst dich nicht zurücklehnen, dir in aller Ruhe über alles klar werden, und erwarten, bei Bedarf sofort Hormone und eine OP zu bekommen. Wenn sie wollte, dass ihr Körper korrigiert wurde, musste sie etwas dafür tun. Es machte ihr Sorgen, dass sie im Schlaf noch immer männlich war. Ihre Therapeutin versicherte ihr aber, dass die Morgenlatte eine Funktion für werdende Mädchen erfüllte, als innerer Dilatator, der ihre zukünftige Neovagina auf eine brauchbare Größe brachte. Das verwirrte sie nicht im Geringsten, nachdem sie die auf links gedrehte Dilatation als Metapher für ihr gesamtes Leben akzeptiert hatte.

Während sie Richtung Westen ging, verbreiterte sich die Straße zu einem Boulevard. Hier waren nur noch wenige Fußgänger unterwegs, wofür sie dankbar war. Unter dem zu engen Tucking-Höschen aus einem Online-Geschäft juckten ihre Eier. Sie hatte nicht das Gefühl, außerhalb ihres Körpers zu sein – im Gegenteil –, doch es fiel ihr trotzdem schwer, ihre eigene Perspektive beizubehalten, durch ihre eigenen Augen auf die Welt zu blicken. Sie fühlte sich beobachtet und ausgehöhlt. In ihrem Partykleid und mit scharlachrotem Schmollmund wurde ihr an diesem Dienstagnachmittag allmählich klar, dass Outfits, die Aufmerksamkeit auf sich ziehen, besser Situationen vorbehalten bleiben, in denen es viele Ablenkungen gibt und man um Aufmerksamkeit zu ringen hat, wie zum Beispiel Nachtclubs. Die Umgebung hier bestand aus grauen Betongehsteigen mit granitenen Bordsteinkanten und daran angrenzend Asphalt in dunkleren Grautönen, grauen, mit Schwarz durchsetzten Bäumen und aschfarbenen Fassaden. Ihr sensibles, schmerzendes Fleisch mit seinen spröden, roten Highlights war wie eine klaffende Wunde, die sich auf spitze Füße gehievt hatte und jetzt durch die Gegend torkelte. Ihr Gesicht war ein Portal, das Schmerz in eine unbelebte Welt entließ, und mit jedem Schritt rutschte ihr Kleid weiter nach oben, kletterte ihre Strumpfhose hinauf wie ein Holzfäller einen Baum. Das Kleid war nicht gefüttert, und sie hatte nicht daran gedacht – wäre auch gar nicht auf die Idee gekommen –, ein Unterkleid anzuziehen. Es stieg immer weiter, während der Schritt ihrer Strumpfhose Richtung Knie nach unten wanderte. Die öffentliche Demütigung war nachgerade perfekt.

Sie starrte hinab, wie ein Kind, das versucht, nicht auf die Ritzen zu treten, und wühlte sich durch mehrere Schichten Stoff. Sie blieb stehen und drehte sich, damit ihr der Wind nicht mehr ins Gesicht blies. Nach einem letzten flüchtigen, vergeblichen Zerren an ihrer Unterwäsche merkte sie, wie sie fror. Sie kapitulierte und knöpfte ihren Wollmantel zu, so, dass das Kleid darunter versteckt war. Es war der längste Mantel, den sie besaß – ein übergroßes Überbleibsel vom letzten Jahr, aus dunkelblauem Tweed, mit Raglan-Ärmeln und ihrem Deadname in schwarzem Filzstift auf dem blassblauen Futter des Kragens. Im Schutz, den der Mantel ihr bot, lüftete sie den Saum des Kleides bis zur Hüfte, rückte sich die Unterwäsche zurecht und zog die Strumpfhose hoch. Nichts davon war diskret. Sie war, entschied sie, auf authentische Weise das totale Chaos. Sie wünschte sich, ihre Freundinnen könnten sie sehen, holte ihr Telefon hervor und machte kokett ein Victory-Zeichen, während sie eine Reihe Selfies knipste, die sie dann stirnrunzelnd und mit hängenden Schultern wieder löschte. Sie drehte sich um 360 Grad, um zu sehen, ob jemand sie beobachtet hatte. Wieder sah sie einen Mann, der ihr schon ein paar Straßen zuvor aufgefallen war.

Entweder spazierte er gerade arglos in ähnlichem Tempo die Kurfürstenstraße entlang Richtung Bahnhof Zoo, oder er folgte ihr und beobachtete sie; sie war sich nicht sicher. Er trug eine kastanienbraune Fleecejacke unter einem schwarzen Anorak, dazu Jeans und Turnschuhe. Sein Bürstenschnitt war grau meliert, die Augen hinter den horizontalen Balken einer eckigen Sonnenbrille verborgen, sein Mund von einem struppigen Schnurrbart halb verdeckt.

Sie ging ein paar Schritte, blieb stehen, und sah, wie er sich einem Schaufenster zuwandte, das er interessiert betrachtete. Weil sie gerade selbst an dem Geschäft vorbeigekommen war, wusste sie, dass es sich um eine Autovermietung handelte – keine Auslage, für die Leute normalerweise anhalten. Sie ging weiter und drehte sich noch zweimal um. Er schien noch immer gefesselt von Autopostern.

Ein Mann, der sich nach der Arbeit nach einem neuen Fahrzeug umsah – warum nicht. Sie verschränkte die Arme eng vor der Brust und stapfte schmerzerfüllt auf den Bahnhof Zoo zu. Ihre Hacken klackerten rhythmisch zum Lärm des Feierabendverkehrs.

III

Toto verließ seine Hinterhofwohnung in der Grolmannstraße in Charlottenburg früher als nötig, damit sein Spaziergang zum InterConti besonders unanstrengend verlief. Er hatte sogar vor, für zwei Stationen die U-Bahn zu nehmen, von Uhlandstraße bis Wittenbergplatz, um ganz sicherzugehen, dass er nicht verschwitzt ankam.

Eine ungewöhnliche Nervosität hatte ihn erfasst. Genau wie seinem Freund Demian war es ihm wichtig, das Richtige anzuziehen. Allerdings lebte er allein. Um zu prüfen, ob nicht seine Krawatte hinten unter seinem Kragen hervorragte, hatte er seinen Rasierspiegel benutzt. Anstelle einer Frau, die ihm sagte, ein gemustertes Hemd sei wunderbar, hatte er die Stimmen seines Gewissens und der Eitelkeit gehört, die Demians Bemerkung wiederholten, dass ihre Gastgeber *Royals* waren – von der altmodischen Sorte, eine Herrscherfamilie mit eigenem Land – und dass er eine Prinzessin treffen werde. Es war ihm nicht gelungen, die Seidenkrawatte zu binden, also hatte er sie wieder abgenommen. Er hatte es mit einer Bolokrawatte aus dem Besitz seines Vaters versucht, das dann aber verworfen. Er hatte zwei Knöpfe offen gelassen, in den Spiegel gesehen und die Stirn gerunzelt. Dann hatte er sein Hemd bis oben zugeknöpft und war zu dem Schluss gekommen, dass er so zwar nicht toll aussah, ihm aber niemand den guten Willen absprechen konnte.

Demians Einladung war zwei Wochen zuvor gekommen, ein kostenloses Michelin-Stern-prämiertes Essen im Austausch dafür, sich eine einstündige Literaturpreisverleihung anzutun. Toto war nicht ganz klar, ob die Royals wussten, dass er anwesend sein würde. «Die Prinzessin hat Masud angefleht, noch ein paar weitere Leute zu finden», hatte Demian geschrieben. «Sie dachte, sie hat Freunde, aber sie hat nur zwanzig Rückmeldungen bekommen, und es soll ein Essen für achtzig sein!»

In der Theorie war der Februar der Höhepunkt der Gesellschaftssaison, eine Zeit, in der die Menschen, von denen sie hoffte, dass sie zu ihrem Essen kämen, in der Stadt sein würden, um zu arbeiten, um Partys zu schmeißen, Projekte einzuschätzen, die Sitze in den Opernhäusern zu besetzen, gegenseitig ihre Gesetzesvorlagen zu lesen und das Land am Laufen zu halten, doch es war nicht einfacher, sie zu fassen zu kriegen, als zu jeder anderen Zeit. Die Leute mussten ja unbedingt Ski fahren, in der Sonne liegen, in Übersee unterrichten und an Konferenzen und Gipfeln teilnehmen, ausnahmslos in deutlich lieblicheren Gefilden. Im weiteren Verlauf des Jahres würde das Verhältnis von Oberschicht-Berlinern zur Anzahl ihrer Wohnungen weiter sinken, bis es im August gegen null ging, doch im Verlauf eines Jahreszyklus schien es nur selten – so empfand Toto es – über eins zu vier zu liegen. Das Phantom des kulturellen Prestiges war, so kam es ihm vor, doch ein Herdentier.

Wie Harriet war auch er kein Deutscher. Ursprünglich aus Nord-Texas stammend, hatte er einen BA in klassischer Archäologie mit Nebenfach Schlagzeug an der Texas Tech absolviert und nach nur drei Jahren mit neunzehn seinen Abschluss gemacht. Nach seiner letzten Sommergrabung in Baalbek, wo die Sonne ihm durch die dunklen T-Shirts hindurch Blasen auf den Rücken brannte, war er über Amsterdam nach Hause geflogen. Dort hatte er eine deutsche Touristin kennengelernt. Im Herbst war er dann mit einem Studenten-Visum zu ihr nach Berlin gezogen und hatte sich an der Freien Universität eingeschrieben, die tief in der Wildnis von Dahlem lag.

Wie hatte er das Berlin der Achtziger geliebt, besonders die Mauer. Seine niedrigen Erwartungen an Urbanität hatten sich in Dallas-Fort Worth herausgebildet, einer Megacity, deren Teile ineinander übergingen und sogar in den Zentren ausfransten. Durch eine Freundin hatte er den ungeordneten Großraum Chicago kennengelernt, der immerhin an einen furchteinflößenden See grenzte. Trotzdem wurde hier nie eine kritische Masse an innerstädtischer Konzentration erreicht. Im Rahmen ausgedehnter Zwischenstopps entdeckte er, dass New York ansprechend verdichtet war, genau wie London. Doch beide Metropolen zerflossen ins Umland, und jeden Tag fielen die Vorstädter in die City ein. Einzig Westberlin bot die ideale Kombination aus offenem Raum und unüberwindbaren Grenzen.

Auf der westlichen Seite der Mauer war noch einige Meter tief ostdeutsches Hoheitsgebiet, und an manchen Stellen – wie am Potsdamer Platz – reichte es noch viel weiter in den Westen. Diese Nähe erfüllte ihn mit einem unbeschreiblichen Gefühl von Freiheit. Der Kalte Krieg war überlebensgroß, drohte immerzu, die Menschheit zu zerstören und den Planeten in einen nuklearen Winter zu stürzen. Die Supermächte standen sich entlang eines Spalts gegenüber, der vor Waffen starrte. Doch im Schatten dieses Spalts gab es einen mäandernden Streifen Niemandsland, auf dem er Fahrrad fahren konnte. Die sozialistische Stadt auf der anderen Seite war ein Paradies für Schnäppchenjäger. Gebrauchsgüter wie Spülmittel oder Farbe waren merkwürdig ineffektiv, aber so billig, dass er Monate brauchte, eine Liste zusammenzustellen, um die fünfundzwanzig Mark aufzubrauchen, die er bei jedem Besuch tauschen musste. Unterhemden aus dem Reich des Bösen zu tragen, fand er aufregend. Die Berliner Mischung aus Sicherheit und Armut schien ihm einmalig auf der Welt.

Seine Erfahrung war begrenzt. Er hatte Amsterdam gesehen, aber nicht Barcelona, und die Nordsee statt der Ägäis. Wäre er auch dann in Berlin geblieben, wenn er die Preise für harten Alkohol – von Vier-Gänge-Menüs samt Wein ganz zu schweigen – im postfaschistischen Spanien oder Griechenland gekannt hätte?

Er fühlte sich zu schnell zu Haus. Weil er groß gewachsen war, mit blondem Haar und rosafarbener Haut, wurde er vom ersten Tag an überall als Deutscher wahrgenommen. Fälle und Geschlechter beachtete er gar nicht erst, und so sprach er schon bald ein nicht mehr zu korrigierendes Pidgin: schnell, flüssig und den Ohren der gebildeten Deutschen ein unfassbarer Gräuel. Es wurde nicht besser dadurch, dass man lieber mit ihm Englisch sprach.

In jenen Zeiten kamen seine Eltern und seine jüngere Schwester ihn besuchen, statt er sie. Sie trafen sich in den Bayerischen Alpen, wo sein Vater in der U.S. Army gedient hatte. Von diesen lukrativen Treffen abgesehen, bei denen er zum Essen eingeladen wurde und Geldgeschenke bekam, blieb er arm. Als antriebsloser Musiker, der niemals übte, der nicht einmal ein eigenes Instrument besaß, war er nicht dafür qualifiziert, für Sessions oder Auftritte gebucht zu werden. Er hatte seine Kurse in Lubbock, Texas, bestanden, wo Präzision und Geduld wichtiger waren als Geschwindigkeit – neuere Klassikstücke verlangten typischerweise, dass er zwanzig Minuten lang regungslos dastand, um dann zweimal auf eine Glocke zu schlagen –, doch hatte er sich nie die Mühe gemacht, ein Instrument wirklich zu beherrschen. Er lehnte es ab, als Barkeeper zu arbeiten, genau wie alle anderen Jugendkultur- / Szene-Jobs, bei denen er mit offenen Flaschen Alkohol in einem Raum sein musste. Dafür kannte er sich selbst zu gut. Tagsüber arbeitete er in einem Lagerhaus in Kreuzberg, wo er Kartons und Holzkisten fertig machte und die von den Kunden bestellten Fahrzeug- und Maschinenbauteile in Holzwolle oder Schaumstoffpolster bettete.

1989 fiel die Mauer, und Neuankömmlinge fluteten den ehemaligen Ostblock. Großmäulige Verbindungs-Studenten ließen sich von einer Welle aus billigem Bier bis nach Prag tragen. Die Jugend der Welt stieg in heruntergekommenen Wohnungen ohne Bad und Toilette ab, von denen aus man immerhin schnell bei gefährlichen Raves in labyrinthartigen Ruinen war. Er machte nicht mit. Er war in Westberlin sozialisiert worden und bewegte sich in Kreisen, in die es diese Heuschrecken nie verschlug. Er genoss das Spektakel aus der Ferne und hatte noch weniger Lust als zuvor, je wieder nach Hause zurückzukehren.

Er wechselte immer wieder seinen Magisterstudiengang, von Komposition zu Musikethnologie zu Geografie und schließlich zu Philosophie, bis vierundzwanzig Semester zusammengekommen waren, und nahm nur dann ab und zu an Vorlesungen teil, wenn sie auf den Abend fielen. Statt Hausarbeiten zu schreiben, fing er an, schwärmerische Texte für Studentenzeitschriften zu verfassen, für anstehende Konzerte der Bands, die er mochte. Diese mies bezahlten und von Freundinnen, die sich hatten breitschlagen lassen, redigierten Texte kamen bei den Bands ziemlich gut an, schon bald stand er regelmäßig auf den Gästelisten der Promoter. Er hatte nie Ambitionen, sich in der Welt der gehobenen, quasiakademischen Pop-Porträts und Analysen zu etablieren, für die Zeitschriften wie die *Spex* standen. Musikkritik fand er prätentiös. Diese Kritiker begriffen nicht, worum es bei Rock ging, fand er. Es ging nicht um künstlerische Positionen. Es war einfach Krach, der sich gut anhörte, wenn er betrunken war.

Das Ende der staatlichen Duldung seines «Studiums» stürzte ihn in eine Krise. Vor die Wahl gestellt, eine Abschlussarbeit zu schreiben oder das Studium abzubrechen, brach er es ab. Aber um ohne Studentenvisum in Deutschland zu bleiben, musste er nachweisen, dass er richtiges Geld verdiente – auf anständige Weise, durch gesetzlich erlaubte Arbeit. Das Lagerhaus war tatsächlich eine illegale Werkstatt, in der Diebesgut ausgeschlachtet wurde, das Geld bekam er bar auf die Hand. Ein visumfähiger Job setzte eine nicht existente berufliche Qualifikation voraus und musste auf seine nicht existente Kranken- und Rentenversicherung einzahlen.

Die Krise währte nur kurz. Freunde verschafften ihm einen Arbeitsvertrag für die fiktive Position eines Werbetexters in ihrem Webdesign-Start-up, was ihn für die Künstlersozialkasse und eine Krankenversicherung für fünfzig Mark im Monat qualifizierte. Er ging mit dem Vertrag zur Ausländerbehörde und hatte sein Visum. Das musste er nur zweimal verlängern, bis er Anspruch auf eine langfristige Aufenthaltserlaubnis erlangte, die er 1993 schließlich bekam. Er verpackte weiter gestohlene Maschinen- und Fahrzeugteile.

Dann lief der Pachtvertrag des Lagerhauses aus. Die Erben des Besitzers tauchten auf, und es wurde kurzerhand abgerissen, um Platz für ein Mehrfamilienhaus zu machen.

Doch er war niemand, der leicht verzweifelte. Er hatte eine Geschäftsidee. Im Westberlin der Achtziger hatte es viele kleine Verlage gegeben, die auf Raubkopien von Bestsellern spezialisiert waren. Auch in den Neunzigern konnte ein kleiner Verlag profitabel arbeiten, wenn man es richtig anging. Wirtschaftswachstum lag in der Luft. Er schrieb eine Einführung in die Musik David Bowies und veröffentlichte sie im Selbstverlag. Es war ein klägliches Buch, in abscheulichem Deutsch verfasst und wenig länger als ein durchschnittlicher Artikel in der *Spex*, in Schwarz und Gelb offsetgedruckt, mit Illustrationen, die er im Stile von Superheldencomics von Fotos in Zeitschriften von Hand abgepaust und nachgepinselt hatte. Die Buchhändler wussten die enorme Handelsspanne zu schätzen (der Preis eines Buches verdoppelt sich auf dem Weg vom Großhändler zum Einzelhändler, etwas, das sonst nur im Juweliergeschäft Brauch ist) und boten es als Erinnerungsstück an eine Tournee an, die sich als sehr erfolgreich erweisen sollte. Er verkaufte 12 500 Exemplare und verdiente an jedem einzelnen drei Mark.

Nachdem er Geschmack an dem leicht verdienten Geld gefunden hatte, machte er sich daran, ein Buch über Mercedes Sosa zu schreiben. Weil er sich nicht im Geringsten für sie interessierte und nicht so richtig hineinkam, heuerte er einen Freund für die Arbeit an. Auch dieses Buch verkaufte sich gut.

Er gab eine Lobeshymne auf Fela Kuti in Auftrag, die sich ebenfalls gut verkaufte.

Er nannte den Verlag «Urgent Fury», in Anlehnung an den Codenamen des absurden Überfalls auf die kleine Karibikinsel Grenada unter Oberbefehlshaber Reagan im Jahre 1983. Der Verlagskatalog wuchs und wuchs, eine lange Liste fadenscheiniger, begeisterter Texte über Kultstars – berühmte wie eher unbekannte. Die Bücher waren billig. Die Fans konnten auf urheberrechtlich geschützte Zitate und Fotos verzichten. Sie hatten die Konzerte gesehen und besaßen die Platten, und sie verabscheuten die *Spex*. Was sie wollten, waren unprätentiöse Reprisen ihrer eigenen, weniger sprachgewandten Gedanken. Manche sahen seine nicht autorisierten Biografien als definitiv an, und es gab nichts, was Styx oder Martha Wash dagegen tun konnten oder auch nur wollten, denn Urgent Furys Spezialgebiet war Verherrlichung, nicht Verleumdung.

Bald verdiente er genug Geld, um sich eine Mietwohnung in Schöneberg zu leisten – ein weiterer Schritt Richtung Westen, weg von dem aufziehenden Durcheinander – und gelegentlich etwas Koks zu kaufen.

Bis 1999 hatte er genug beisammen, um eine vierzigprozentige Anzahlung für eine Nachkriegs-Zweizimmerwohnung mit Blick auf einen gepflasterten Innenhof in Charlottenburg zu leisten.

Jetzt besuchte er jedes Jahr für ein paar Tage seine Familie in Texas. Seine Schwester hatte weder die Zeit noch das Geld, um nach Deutschland zu kommen, und seine Eltern waren nicht mehr dazu in der Lage. Als Vollzeitmutter kümmerte sich seine Schwester außerdem in Vollzeit um die beiden, während sie einem Vollzeitjob als Rezeptionistin im Krankenhaus nachging. Die drei Achtstundentage ergaben zusammen vierundzwanzig und brachten sie an den Rand des Zusammenbruchs. Ihr Ehemann schlug sich als selbstständiger Spediteur durch. Gemeinsam hatten sie das Sorgerecht für fünf Kinder. Die Einstellung des Paares Toto gegenüber war nicht schmeichelhaft.

Sein Vater starb als Erster. Als die Mutter 2005 folgte, hatte sie verständlicherweise seine Schwester als Testamentsvollstreckerin eingesetzt. Die Schwester war genervt, aber sie zog ihn nicht ab. Es half, dass er ihr sagte, wie viel er brauchte, um seine Schulden loszuwerden – etwa fünfundfünfzigtausend Dollar –, und dass sie den Rest behalten solle. Sie überwies ihm das Geld so schnell, dass er vermutete, die Summe müsse auf dem Girokonto gelegen haben. Ihr blieb das, was von den Ersparnissen ihrer Eltern übrig war, ein Aktienpaket der Eisenbahngesellschaft BNSF sowie vier Hektar Buschwerk, die als Bauland eingestuft worden waren. Sie sagte ihm, dass sie ihn lieb hatte, zum ersten und letzten Mal. Sie standen sich nicht nah.

Das Verlagsgeschäft brachte Arbeit mit sich, aber nicht der stressigen Art. Er agierte bedächtig, plante Bücher weit im Voraus. Es war mühsam, die Aufträge zu vergeben, zu redigieren und die Manuskripte zu setzen, dafür brauchte es kein Marketing; die Künstler übernahmen das für ihn. Gemessen an den sinkenden Maßstäben kleiner Verlage im Zeitalter von Social Media kam das einer

Lizenz zum Gelddrucken gleich. Er hatte gerade achteinhalbtausend Exemplare eines acht Euro teuren Traktats über das Leben von Drake verkauft – kein Plagiat im eigentlichen Sinne, aber jedes einzelne Wort von Zeitschriftenartikeln und Wikipedia inspiriert und anhand derselben Quellen gegengecheckt. Der alte Journalist, bei dem er das Buch in Auftrag gegeben hatte, der keinen Vorschuss bekam, nur eine Beteiligung von zehn Prozent, reagierte mit großer und aufrichtiger Dankbarkeit. Zugegeben, seine Leser waren ebenfalls alt, doch sie wurden nicht ohne Grund *Baby Boomer* genannt. Sie waren den coolen jungen Leuten zahlenmäßig weit überlegen, und ihr Interesse an Musik war unerschöpflich.

Er war nie versucht, dauerhaft nach Amerika zurückzukehren. Er fand es herrlich, dass es in Deutschland keine Betrunkenen mit Schusswaffen gab, und die männerkneipenhaften Umgangsformen gefielen ihm. Selbst unter Frauen galt es als unschicklich, persönliche Themen anzusprechen, wenn man es nicht gerade mit den allerbesten Freundinnen zu tun hatte. Außerdem gab es im Deutschen kein Wort, das einen *one-night stand* beschrieb. Es gab keinen Morgen danach, denn, so lautete das Sprichwort, «Einmal ist keinmal». Seit dem Aufstieg der Apps hatten es sich die deutschen Frauen angewöhnt, im Rudel aufzutreten und hauptsächlich miteinander zu reden, doch sie hatten noch immer kein Wort für «one-night stand», «hookup» oder auch nur «mistake». Sex – zum Beispiel der Sex auf Sex-Partys – war nie passiert, und unerlaubte Affären konnten, weil nicht darüber geredet wurde, über Jahre hinweg ihre erotische Spannung bewahren. Die Mieten in Berlin blieben lange Zeit niedrig, und so dauerte es bis 2017, dass eine Frau auch nur ein flüchtiges Interesse daran bekundete, die schummerigen Schatten seiner unaufgeräumten, verdreckten Wohnung mit ihm zu teilen.

Totos Saufkumpels waren größtenteils so alt wie er, aber seine Freundinnen bevorzugte er unter dreißig. Harriet nannte sie seine «Kindsbräute». Er behauptete, mit jüngeren Frauen auszugehen erlaube ihm, den Themen Ehe und Vatersein aus dem Weg zu gehen, doch diese lang gehegte Gewohnheit war nicht ausschließlich seine Idee gewesen. Sie hatte sich entwickelt. Von frühester Jugend an hatten ihn Frauen bevorzugt, die ältere Männer bevorzugten. Sein wirklicher Name lautete Bradley. Sein Haaransatz war schon früh nach hinten gewandert, aus Geheimratsecken wurde eine schmal zulaufende Spitze und schließlich eine einsame Tolle, wie bei Tintin. Der Name «Brad» verwirrte die Deutschen. Hatte er gerade das englische Wort für Brot gesagt? Er fing an, sich als «Tintin» vorzustellen. Leider war sein Akzent im Französischen noch schlimmer als im Deutschen, und «Tintin» heißt in der deutschen Fassung «Tim». Nachdem etwa zum neunten Mal jemand mit einem Witz über die Tonton-Macoute-Miliz auf Haiti reagiert hatte, wechselte er zu «Toto». Amerikanische Frauen mussten dabei an den niedlichen Hund aus *Der Zauberer von Oz* denken; amerikanische Männer an die Softrockband, deren Welthit «Africa» Gegenstand von UFPs vielleicht absurdestem Bestseller war. Die Deutschen akzeptierten ihn fraglos, weil sie es für die Kurzform von «Thorsten» hielten.

Mit Demian war er befreundet, weil Demian seine Ex geheiratet hatte, Harriet.

Er fragte sich, ob sie ins Hotel kommen würde, um mit den Royals zu essen. Wahrscheinlich nicht. Sie würde behaupten, bei Maxi bleiben zu müssen. Er war sich ziemlich sicher, dass die Tagesmutter am Wochenende rund um die Uhr zur Verfügung stand und unter der Woche bis elf Uhr abends, doch er hoffte trotzdem, dass Harriet zu Hause bleiben würde. Sie war nicht direkt eine Spaßbremse, aber zu vernünftig, als dass man sich mit ihr auf Partys amüsieren konnte. Und als aufmerksame Zuhörerin wusste sie einfach zu viel über ihn. Ihre Beziehung hatte Monate gedauert, doch nicht eine Sekunde lang hatte er das Gefühl gehabt, gebraucht zu werden. Er schätzte sie vor allem deshalb, weil sie Demian in sein Leben gebracht hatte – einen charmanten und loyalen Freund, der keinen Funken Arroganz in sich trug –, einen sehr undeutschen Menschen, wie Toto fand.

Die U1 kam fast augenblicklich, was gut war, denn am anderen Ende des Bahnsteigs begann gerade eine polizeiliche Psychotherapiesitzung. Eine ältere Frau mit langem weißem Haar tanzte an der Bahnsteigkante, ein ungewohnter Anblick: eine heruntergekommene Hippiebraut in selbst gestrickter Jacke, voll auf Droge. Die mussten sich inzwischen gut um die Junkies kümmern, dachte er. Sein Zögern erlaubte einer ukrainischen Mama, sich mit ihrem Kinderwagen an ihm vorbei ins Abteil zu schieben, ein kleines Mädchen an der Hand und dicht gefolgt von einem sechsjährigen Jungen. Toto stellte sich an eine der Stangen, sodass die Flüchtlingsfamilie eine komplette Sitzreihe für sich hatte. Das kleine Mädchen ärgerte das Baby, während der Junge auf seinem Sitz kniete, um aus dem Fenster zu sehen, und die Mutter auf ihrem Handy scrollte. U-Bahnhof Kurfürstendamm stiegen sie aus. Er setzte sich auf einen ihrer Plätze, mit Blick auf die Hinterköpfe zweier türkischer Mädchen, die ihrerseits zwei türkische Jungs ansahen, die ihnen gegenübersaßen. Eines der Mädchen zeigte ihnen eine Sequenz von Tanzvideos. Die Mädchen wackelten mit dem Hintern, aber nicht für ihn. Er war siebenundfünfzig.

Als er auf die breite Kurfürstenstraße trat, fühlte er sich alt – diese Wirkung hatte die U-Bahn jedes Mal auf ihn. Dann sah er Nicole, die Tochter seiner Freunde, ein Stück voraus auf der anderen Straßenseite. Sie näherte sich von seiner Rechten kommend der Kreuzung und wartete darauf, dass die Ampel umsprang. Er fand, sie sah heute besonders gut aus in ihrem Jungsmantel und den teuer wirkenden hochhackigen Stiefeln. Der Saum eines schwarzen Kleids flatterte im Wind. Ihren Körper konnte er nicht sehen – das war einer der Gründe, warum sie heute gut aussah –, doch der Mantel stand ihr. Sie trug ihr Haar offen, es reichte ihr jetzt bis über die Schultern, dicht und schwarz und an den Spitzen ein wenig nach oben gebogen, was ihrem kräftigen Kinn schmeichelte. Sie hatte einen schmalen Klecks Lippenstift aufgetragen, der für tagsüber zu dunkel und zu auffällig war, doch davon abgesehen sah sie so vorzeigbar aus wie nie zuvor. Sie würde nicht als hübsche Fünfzehnjährige durchgehen, aber mit ein paar Jahren Übung mochte sie es zu einer eindrucksvollen fünfunddreißigjährigen Frau bringen.

Während er sich dies sagte, fiel ihm zufrieden auf, dass er nicht sofort das Gefühl hatte, zu nett zu sein. Nicoles Versuche, als Frau durchzugehen, waren ihren Eltern meist peinlich – vor allem, als sie noch einen ausgestopften BH trug, und das viel zu weit oben –, doch die Eltern waren ihrerseits *ihr* endlos peinlich, mit ihren ständigen Fehltritten, und wer ist schon nicht peinlich, wenn man es sich genau überlegt? Im Leben geht es immer nur darum, die Erwartungen hochzuschrauben, um dann mitanzusehen, wie sie zerstört werden. Das Leben ist für jeden Lebenden eine qualvolle Phase. Man kann sich nicht wirklich entspannen, bis man aufgibt. Toto hatte mit zwanzig aufgegeben, nach seiner Ausbildung zur archäologischen Hilfskraft und zum unbegabten Schlagzeuger, und zwar, als er merkte, dass er eine Glatze bekam. Er verlor nicht bloß sein Haar, sondern auch noch auf besonders alberne Weise.

Die Ampel schaltete auf den kleinen grünen Mann, die Beine in einem Neunzig-Grad-Winkel zueinander, um ihn über die Straße zu bitten. Er lief auf Nicole zu und rief: «Geht's auf eine Party?»

«Noch nicht!», erwiderte sie gut gelaunt und blieb stehen, wo sie war.

Sie mochte Toto. Die Komplexitäten der letzten Zeit brachten Erwachsene oft dazu, sie mit verzweifelt mitfühlender, märtyrerhafter Miene besorgt und erschöpft anzusehen. Sie hatte ihre Eltern mit einem vorläufigen Zeitplan dazu überrascht, wie sie ihren neuen Körper rechtzeitig genug fertigzustellen beabsichtigte, um als Frau an der Kunsthochschule anzufangen, und die angestrengte Art, mit der ihr Vater sofort zustimmte, verriet ihr, dass er wieder einmal irgendwo gelesen hatte, sie sei nur noch eine Weigerung davon entfernt, den Kontakt zu ihm abzubrechen und/oder sich umzubringen. Die Reaktion ihrer Mutter war eher ein «Was immer du sagst,

Schätzchen», und Nicole fragte sich, ob sie ihr überhaupt zugehört hatte. Bei ihren Lehrern und Betreuern war es genauso. Niemand von ihnen respektierte sie als junge Erwachsene. Ihre Freundinnen entfernten sich langsam von ihr, bekamen Brüste, Ärsche und bescheuerte Boyfriends, die auf sie herabsahen, und sie selbst bekam bloß ein Laser-Epiliergerät für zu Hause. Das führte dazu, dass sie, je mehr Hürden sie auf ihrer Trans-Reise überwand, umso mehr die Gesellschaft von Menschen suchte, die sie kaum kannten und die gar nicht so taten, als interessierte es sie, ob Nicole lebte oder nicht. Eine ältere Trans-Bekanntschaft namens Günfer oder Guinivere hatte sie zu einer Clubnacht in Neukölln mitgenommen, die sie als Höhepunkt ihres Lebens wahrnahm. Umgeben von Ravern, die «radikale Inklusivität» betrieben (sie umarmten jeden, der nicht unerträglich stank, und unterhielten sich über ganz persönliche Dinge wie zufällige Sitznachbarn in einem Flugzeug), hatte sie ein größeres Zugehörigkeitsgefühl empfunden, als ihre Familie und ihre Freundinnen ihr seit Jahren verschafften. Am Tag darauf hatte sie Bissspuren an ihrem Arm und wusste nicht mehr, wie die dorthin gekommen waren. Toto hätte sie die ganze Geschichte erzählt, wenn er gefragt hätte, denn ihm war es eindeutig scheißegal, was mit ihr passierte.

«Ich geh zu so einem Abendessen im InterConti», sagte er. «Das Essen soll fantastisch sein. Dein Vater ist da. Du solltest mitkommen. Du siehst toll aus!»

«Echt?»

«Ja. Wo willst du hin?»

«Ich war bloß spazieren.»

«Mal auf der Straße zeigen, was du hast?»

Sie waren schon wieder in ihre Richtung auf der Kurfürstenstraße unterwegs, Richtung Budapester. «So ungefähr», sagte Nicole.

IV

Klaus, ein Zivilbeamter der Kriminalpolizei, folgte ihnen in einer Distanz von fast fünfzig Metern, mit dem guten Gefühl, dass ein minderjähriger Stricher in Highheels ihm wohl nicht entkommen würde. Das Kind sah so seltsam aus, dass er sicher an jeder Straßenecke Antwort erhalten würde, in welche Richtung es gelaufen war.

«Kriminalpolizist» traf die schillernde Rolle ziemlich präzise, die er in der Sexarbeiterszene an der Grenze von Kreuzberg zu Schöneberg inzwischen spielte. Er nahm Schutzgeld von den Zuhältern, als wäre er ein Gangster. Dabei waren *sie* die Gangster. Er musste zur Arbeit gehen, während sie vapend in ihren Autos saßen. Die Frauen waren, im Allgemeinen, zwischen achtzehn und zwanzig und von leidlicher Gesundheit. Sie waren aus Rumänien und von noch weiter östlich hierhergebracht worden, unter Umständen, die eher mitleiderregend als gewaltsam waren, aus Waisenhäusern und Pflegeeinrichtungen adoptiert und von Eltern großgezogen, die sie an ihrem achtzehnten Geburtstag nach Westeuropa verschacherten. Die Eltern erhielten eine Anwerbekommission von den Vermittlern, als würden ihre Töchter in Schlachthöfen oder auf Spargelfeldern arbeiten gehen. Die Mädchen bewahrten sich eine rührende Loyalität und Liebe gegenüber ihren Adoptivfamilien und weigerten sich, sie zu verraten. Das System war absolut legal – die Prostitution war unter der rot-grünen Regierung 2002 entkriminalisiert worden –, doch es hatte einen gewissen Beigeschmack, und das System verfügte über einen Kardinalfehler: seine Abhängigkeit von jungen, unglücklichen Mädchen. Klaus half ihnen (hauptsächlich in Form von medizinischer Versorgung, denn sie hatten ständig Geschlechtskrankheiten in den Augen, wo sie definitiv nicht hingehörten), wenn auch ohne ordentliche Beweiserfassung, die ihre Aussagen verwendbar gemacht hätten. Er hielt es für zwecklos, die Kriminellen, die er kannte, durch neue Kriminelle zu ersetzen.

Er hatte von selbstbewussten, gebildeten Frauen gehört, die sich aus freien Stücken für Sexarbeit entschieden, doch begegnet war er noch nie einer. Er empfand eine gewisse Abneigung gegenüber dieser lautstarken Mini-Minderheit, weil sie ein Gewerbe legitimierte, dessen Geschäftsmodell in der Ausbeutung kaum volljähriger Migrantinnen bestand, von denen fast alle, davon war er inzwischen überzeugt, kognitive Beeinträchtigungen davongetragen hatten – eine antrainierte geistige Hilflosigkeit –, weil man sie ihr gesamtes Leben hindurch wie Tiere behandelt hatte. Für ihn bestand kein Unterschied zwischen Sexarbeit und Kindesmissbrauch; Kindesmissbrauch war das, was Menschen dazu erzog, am Tag ihres achtzehnten Geburtstags mit der Sexarbeit zu beginnen.

Das Trans-Mädchen in dem Männermantel und den auffälligen Schuhen war irgendwie ein Fehler. Es gab keine Trans-Mädchen auf der Kurfürstenstraße; die Zuhälter dort hätten ihnen die Scheiße aus dem Leib geprügelt. Außerdem sah sie nicht älter aus als fünfzehn. Doch sie wusste genau, was sie da tat; nachdem sie aus der Kurfürstenstraße verjagt worden war – vielleicht hatte irgendein ehrgeiziger neuer Player sie dahin beordert, um sein Revier zu markieren –, hatte sie sofort einen Freier aufgegabelt und war in den Park verschwunden, wo sie hingehörte.

Der Tiergarten war ein ehemaliges Jagdrevier, noch immer geprägt durch das sternenförmige Wegenetz, auf denen früher Bedienstete das Wild zu einem zentralen Platz getrieben hatten, damit der Waldinhaber sie dort in Massen und zur Unterhaltung der Zuschauer auf den Tribünen massakrieren konnte («Parforcejagd»). Die schwule Cruising-Szene dort war mit dem Aufstieg der Apps gestorben. Nur eine gewisse Nische dieses Marktes hatte nach wie vor Interesse daran, sich digitaler Verfolgbarkeit zu entziehen. Sie fanden Unterschlupf in der nordwestlichen Ecke des Parks, im Schatten der für die Interbau 1957 errichteten Musterbauten. Datenschutz war keine große technische Herausforderung. Man musste bloß sein Telefon zu Hause lassen, Blickkontakt mit einem der Kinder aufbauen und sich hinter ein Gebüsch verkrümeln. Die Stadt hatte eine Plakatkampagne zum Schutz jugendlicher Sexarbeiter eröffnet (die Bäume in der Gegend waren zurzeit mit Plakaten geschmückt, auf denen BALL SPIELEN STATT BLOW JOB stand), doch richtete die nicht viel aus. Klaus rechnete damit, dass die beiden, wenn er ihnen in den Park folgte, hinter einem Gebüsch verschwinden würden. Nachdem er mit drei Zuhältern Tee getrunken hatte, steckten € 5.250,– in der Innentasche seiner Jacke. Toto eine Vorladung auszustellen, würde ein schönes Finale dieses Tages sein, der bisher eher unter dem Motto *Kriminal* als *Polizei* gestanden hatte.

Klaus war zweiundvierzig Jahre alt, kinderlos und neuerdings Single. Er hatte Zeit. In dem Kleine-Leute-Milieu, dem er entstammte, war ein dünner Mann über dreißig wahrscheinlich ein Junkie, und wenn er hetero war, dann definitiv untreu. Dementsprechend hatte er selbst einen Bierbauch, hohen Blutdruck, Sodbrennen und Rückenschmerzen. Auf eine zu späte Trennung aufgrund gegenseitiger Teilnahmslosigkeit waren Dates mit Frauen gefolgt, die ebenfalls nicht mehr jung und, wie er, vom Leid gezeichnet waren. Er hatte sich für sie mit bunten, mit großformatigen Logos bedruckten Klamotten schick gemacht und viel Bier bestellt, um wie jemand zu wirken, mit dem man Spaß haben konnte. Allerdings hatte er wegen der Trennung von der so gelangweilten wie langweiligen Biggi wieder bei seinen Eltern einziehen müssen – ein K.-o.-Kriterium. Sie zankten sich mit ihm. Sie wollten, dass er aß, was auf den Tisch kam, und sich mit ihnen vor den Fernseher setzte. Die Wohnsituation würde zum Glück nur vorübergehend sein, bis zu seiner nächsten Beförderung. Er arbeitete in keiner zentralen Gliederung der Landespolizeibehörde, sondern für das Referat K (Kriminalität) einer lokalen Polizeidirektion. Sich fünfzig Quadratmeter mit Balkon vom Gehalt eines Kriminalobermeisters zu leisten, hätte bedeutet, über seine Verhältnisse zu leben. Allein zu wohnen, brachte außerdem eine erhöhte Einbruchsgefahr mit sich – auch das war zu bedenken, wenn man ein beträchtliches finanzielles Polster in einer Thermosflasche versteckt hatte.

Zunehmend bemerkte er, wie seine eigene Toleranz an ihre Grenzen gelangte. Sein Heimatkiez Wedding, alte Arbeiterenklave in Berlins vergessenem Nordwesten (ehemals französischer Sektor), zog zusehends ethnisch diverse Fremde der nervtötendsten Sorte an: die nicht wirklich gut situierte Mittelschicht, die aber trotzdem mit Geld um sich schmiss. Läden, in denen er und sein Vater früher bei freundlichen Türken für einen Euro Bier und Kaffee gekauft hatten, wurden über Nacht zu Lieferanten fünf Euro teuren Milchkaffees, nur mit Karte bezahlbar, von kurz angebundenen Mädchen serviert, die kein einziges Wort Deutsch sprachen. Nicht einmal «Bitte» oder «Danke». Brauchten sie auch nicht. Die bourgeoisen Zuwanderer mit ihren Pulverdrogen zogen eine Parallelgesellschaft auf, die schlimmer war als die der Araber südöstlich, die trieben wenigstens nicht die Mieten in die Höhe.

Vor der Pandemie hatte er an zahlreichen Montagsdemos gegen die «Islamisierung des Abendlandes» teilgenommen, in Zivilklamotten. Jenseits der Absperrreihe aus uniformierten Polizisten konnte er der Sache besser dienen. Die Taktik seiner Wahl waren überzogene Vorwürfe. Wenn zum Beispiel ein Demonstrant eine Gegendemonstrantin anspuckte, lud er diese dafür vor, dem Gegenüber ins Gesicht getreten zu haben. Aus Mangel an Beweisen wurde das Ganze dann üblicherweise fallen gelassen. Nach der Coronazeit war sein Überbevölkerungsthema von Linken und sentimentalen Ukraine-Fans gekapert und verdreht worden – niemand regte sich mehr über die hohen Mieten auf als die Yuppies, die sie doch selbst in die Höhe trieben. Und die Montagsmärsche wirkten, nachdem sie eine rechte Partei in den Bundestag und in verschiedene Landtage gebracht hatten, jetzt ziellos; er selbst war auch verwirrt.

Offenbar war die Islamisierung des Westens doch nicht

das drängendste Problem. Die wahre Bedrohung kam von innen: *Wokeness*. Die Woken waren imstande, einen Druck aufzubauen, den der Islam nie erreicht hatte. In all den Jahren, in denen er die Verdienste ausgenutzter Roma-Waisen ihren muslimischen Zuhältern abgepresst hatte, war er nie auf die Idee gekommen, er müsse Angst vor ihnen haben. Doch vor den Nigerianern im Wedding mit Universitätsabschluss hatte er schreckliche Angst, und er war schon jetzt ein wenig nervös – aufgeregt, leicht verschwitzt –, weil er sich gleich in die Angelegenheiten eines Transmädchens einmischen würde. Die waren bekanntlich ohne jeden Skrupel. Ein Trans-Mädchen konnte mit einem Fingerschnippen eine ganze Armee herbeirufen. Sie kontrollierten die Medien. Sie konnten dafür sorgen, dass er von heute auf morgen seinen Job verlor.

Trotzdem folgte er ihr in sicherer Distanz. Er wusste, er konnte sie nicht daran hindern, anschaffen zu gehen. Er konnte ihr höchstens die Visitenkarte einer Klinik und einer sozialpädagogischen Beratungsstelle anbieten – ein Witz. Es war besser, sich den Pädo zu krallen und sich nicht darum zu kümmern, dass die Transe abhaute. Er hoffte nur, sie würden sich nicht küssen, bevor sie den kriminellen Akt begingen. Seine Moralvorstellungen ließen es nicht zu, dass er dabei zusah.

Sie blieben gegenüber dem Zoo stehen, um irgendetwas zu verhandeln. Hätte Klaus sie hören können, wäre er zu dem Schluss gekommen, dass sie sich offenbar in einer geheimen Perversensprache unterhielten. Toto fragte Nicole die Namen der Dinosaurier ab, die in der reliefierten Zoofassade zu sehen waren, ohne zu ahnen, dass sie ausgesprochen gute Augen hatte und sie sogar von der anderen Straßenseite aus lesen konnte. «‹Dimetrodon›», sagte er, «klingt wie ein Produktname. ‹Ich habe drei Dimetrodon genommen und war danach fünf Tage lang wach.›»

«‹Mein Dimetrodon war mit Fentanyl versetzt›», schlug Nicole ergänzend vor.

«Keine Sorge. Ich hab immer Naloxon dabei.» Er wartete darauf, dass sie lachte. Sie taten so, als wüssten sie genau, was auf der Straße abging, dabei hatten sie beide keine Ahnung. Er kaufte das Kokain in seiner Druckerei, und ihre Vorstellung des ultimativen Highs war Östrogen.

V

Naema ging auf die siebzig zu. Mit siebzehn hatte sie den ersten Emir geheiratet, der nach der Unabhängigkeit an die Macht gekommen war, doch das war schon eine Weile her. Obwohl sie in ihrem mickrigen Land noch immer das Sagen hatte, was die Weltliteratur betraf (in der königlichen Familie interessierte sich sonst niemand sonderlich für die Romanform), wohnte sie seit seinem Tod in Montreux. Seit er vor beinahe fünfzig Jahren friedlich an Altersschwäche verschieden war, lebte sie in absolutem Komfort und tat, worauf sie Lust hatte. Sie mochte ihr idyllisches Touristenstädtchen am See, hatte ihr Programm aus Konditoreien, französischsprachigen Literaturveranstaltungen, Kammermusik (westlicher wie orientalischer), handfest *haram* Glücksspielabenden und täglichem Schwimmen im See oder den heißen Quellen in der Nähe. Sie war am liebsten zu Hause, bei ihrem Kind und ihrem Enkel, und hatte in den letzten Jahren sogar angefangen, sich über die «endlose» Fahrt zum Spa im eine halbe Stunde entfernten Lavey-les-Bains zu ärgern.

Ungewöhnlich für ihre soziale Schicht war es, dass sie so alt aussah, wie sie war: schlaffe, fleckige Haut, mit dunklen Schatten auf der Nase und den Wangen – der Preis dafür, dass sie so viel Zeit eingeölt auf Segelbooten herumgelegen hatte, bevor man wusste, wie schädlich das ist. Ihr Übergang in die Menopause war genau in den Jahren passiert, in denen die Hormonersatzbehandlung als

Krebsrisiko eingestuft wurde. Auf den Rat ihres Arztes hin, ihre Knochendichte auf andere Weise zu bewahren, hatte sie an Gewicht zugelegt. Nachdem sie jegliche Hoffnung aufgegeben hatte, irgendjemanden, gleich welchen Geschlechts, mit ihren körperlichen Vorzügen zu beeindrucken, wandte sie sich dem Geistesleben zu. Alle drei Jahre im Februar verlieh sie einen Preis für besondere Verdienste um die arabische Literatur. Nicht der bestdotierte aller Preise, aber er war auch noch niemals abgelehnt worden. Sie ließ die Geehrten den Ort bestimmen, damit deren Freunde die Zeremonie füllen konnten. Die Stiftung ihrer Familie übernahm die Unkosten, die beträchtlich, aber nicht verschwenderisch waren, vergleichbar mit denen für eine zweite oder dritte Hochzeit.

Den Preisträger vor Masud hatte sie nicht persönlich gekannt, einen kultivierten und beliebten Pariser, der darum bat, im Schloss Fontainebleau geehrt zu werden. Das stellte sich als unmöglich heraus, und sie mussten mit dem Ritz vorliebnehmen. Masud dagegen war ein alter Freund. In der vergeblichen Hoffnung, dem sterbenden Nabokov zu begegnen, hatte er den Großteil des Junis und den halben Juli 1977 in Montreux verbracht und war zum Stammgast im dortigen Yacht-Club geworden.

Sie erzählte immer noch Geschichten von seiner Taktlosigkeit. Als er zum Beispiel davon hörte, dass eine ihrer Freundinnen eine Fehlgeburt erlitten hatte, dachte er sich spontan das Märchen von einer unausstehlichen Frau aus, die fünf Kinder noch in der Schwangerschaft verlor, bis sie sich an einen Zauberer wandte, der ihr ein Monster in Menschengestalt als Sohn schenkte, das sie später umbringen sollte. Als Masud zu Ende erzählt hatte, waren die Männer verschwunden, die Frauen weinten, und er war in seinem Element (bei sich) und bekam von seiner Umgebung nichts mit, ganz besessen von seiner Muse, wie der Dichter in Coleridges «Kubla Khan», so beschrieb sie es später – die funkelnden Augen, das abstehende Haar und all das. Sie war von dem großen Schriftsteller zugleich beeindruckt und abgestoßen. Seine Reden ermüdeten sie, doch sie hörte immer geduldig zu und genoss den Reichtum seiner Sprache, bis er irgendwann sagte, er habe Schmerzen in der Brust und müsse sich hinlegen. Sie führte die Liebe zu ihrem verstorbenen Mann als Grund dafür an, sich nicht zu ihm zu legen. Sie fand ihn dürr. Ihre Partner, bis sie neunundvierzig war, waren gut aussehende junge Schweizer gewesen, und Masuds Ehefrauen, so glaubte sie, waren nur deshalb so schön wie Naemas Geliebte, weil die moderne Medizin – unabhängig von der sozialen Schicht – ein frühzeitiges Erbe obsolet gemacht hatte. Nur überlebende Partner hatten eine Chance, das Muster aufzubrechen. Sich über Schmerzen in der Brust zu beklagen und sich zurückzuziehen, war Masuds unwiderstehlichste Verführungstaktik. Die allerletzte seiner jungen und kinderlosen Frauen würde alles erben, und dann könnte auch sie sich mit jungen Männern vergnügen, die auf ihr Geld aus waren – so wie Naema es tat.

Genau wie sie hatte Masud Verwandtschaft in seinem Heimatland. Staatlich finanziertem Fundamentalismus begegnete er mit dezenter Subversion, die durch die strikte Weigerung untermauert war, das Glück der daheimgebliebenen Verwandten aufs Spiel zu setzen. Ein Fokus auf die präislamische heidnische Kultur ermöglichte reaktionäre Gesten, ohne auf spezifische Schulen des Monotheismus zurückzugreifen. Gottes Lehren waren mannigfaltig und Interpretationssache, doch alle konnten sich darauf einigen, dass Mohammed die Götzenbilder aus der Kaaba geworfen hatte. Konflikte fanden in Masuds Erzählungen intrafamiliär statt und wurden durch abhandengekommene Amulette ausgelöst. Progressiven Lesern, die dazu neigten, sich Sorgen zu machen, gab in ferne Vergangenheiten gerichtete Folklore das tröstende Gefühl eines runden Abschlusses. Konsumismus war schließlich eine Art von Götzenverehrung. Ihre Talismane waren die Luxusgüter, ihre Orakel die Lobbyisten. Götzenverehrung war ein Klimakiller, der den Planeten so sicher zerstören würde wie ein Atomkrieg. Für Londons ungläubige Buchmacher war sein Nobelpreis eine sichere Sache.

Naema hatte ihn persönlich angerufen, um ihm von dem Preis zu berichten. Sie hatten seit Jahren nicht miteinander gesprochen. Als sie ihn fragte, wo die Zeremonie stattfinden sollte, war sie sich sicher, dass er Istanbul sagen würde. Sie erinnerte sich an die Unterhaltung, in der sie ihre gemeinsame Liebe zu dieser alten und majestätischen Stadt entdeckt hatten, die von Oslo und von Genf aus per Direktflug erreichbar war. Er fliege, erwiderte er, grundsätzlich nicht mehr, wegen des erhöhten Thromboserisikos. Dann verstummte er für volle zehn Sekunden, als erwarte er, sie würde anbieten, ihm das Geld persönlich zu überbringen. Er schlug vor, an seiner statt seine Frau zu schicken. Jetzt war sie an der Reihe zu verstummen. Er lud sie nach Norwegen ein, wo sie in seinem Haus wohnen könne, das über einen eigenen Fischteich verfügte. Das brachte ihm keinerlei Sympathien ein. Schließlich schlug er vor, sich in Kopenhagen zu treffen. Da könne er mit der Fähre hinkommen.

Das passte ihr dezidiert nicht. Sie schlug vor, er solle doch zumindest versuchen, ihr auf halbem Weg entgegenzukommen. Sie könne nirgendwohin, wo Glättegefahr bestünde: Ihre Osteoporose sei schon stark fortgeschritten.

Er schlug Berlin vor. Das lag auf halbem Wege; er könne mit der Fähre nach Hamburg reisen und dort in einen Zug steigen. Sie müsse das Hotel gar nicht verlassen. Sie könne ihre Freunde von der Botschaft einladen, und sie erinnere sich doch ganz bestimmt an seinen guten Freund Demian.

Sie erklärte – eine Lüge, aus Verzweiflung –, dass Berlin ein vernünftiger Kompromiss sei. Bisher war ihr Leben in beinahe jeder Hinsicht beneidenswert verlaufen. Sie hatte nicht vor, es noch in letzter Minute zu sabotieren, indem sie im Februar nach Berlin reiste. Montreux lag auf sechsundvierzig Grad nördlicher Breite, auf demselben Breitengrad wie Fargo, North Dakota. Doch wenigstens stieg jeden Tag die Sonne über den Alpen auf. Berlin kauerte auf einer subarktischen Tiefebene, wo die Sonne im Winter kaum über die Wipfel der Bäume kam. Ihre brennende Mischung sich widersprechender Emotionen ließ sie erröten. Respekt für den unsterblichen Künstler biss sich auf dramatische Weise mit ihrer bisher nur unterbewussten Annahme, dass Autoren bereit wären, noch für die bescheidensten Preisgelder durch brennende Reifen zu springen. Das Preisgeld betrug nicht ganz bescheidene CHF 50 000 (etwa 52 000 Euro). Und doch schien es ihn nicht wirklich zu interessieren. Das machte sie zornig. Berlin lag nur im geografischen Sinne auf halbem Wege zwischen ihnen. Tatsächlich auf halbem Wege zwischen seiner Weigerung zu fliegen und ihrem Wunsch, irgendwo zu sein, wo es sicher und bequem war, wäre Monaco gewesen. Sie konnte sich nicht erinnern, je einen Demian getroffen zu haben, sosehr sie sich auch bemühte, und ihre Freunde von der Botschaft waren längst verstorben. Sie waren beide alt, ging es ihr durch den Kopf, eine Krankheit zum Tode. Sie wünschte, sie hätte einen jüngeren Schriftsteller ausgewählt.

Sie gratulierte ihm ein letztes Mal und rief dann ihre Tochter an.

Sie hatte dem Emir ein einziges Kind geschenkt, ein Mädchen namens Muneera. Elf Halbgeschwister standen über ihr, acht von ihnen Anwärter auf den Thron (Jungs), sodass sie in den Reihen ihrer erweiterten Familie bloß ein kleines Licht war. Zwischenzeitlich hatte Naema sie verheiratet, doch als das nicht funktionierte, hatte der Ehemann keine große Sache daraus gemacht, und Muneera war nach Montreux zurückgekehrt, in der fünften Woche schwanger – die ideale Lösung, soweit es ihre Mutter betraf. Muneera war jetzt fünfzig, ihr Sohn – ein Schweizer Staatsbürger – erwachsen, und ihr unbeugsamer, prinzipienfester Egoismus spendete Naema jeden Tag Trost. Es war, als sei sie, indem sie sich als Teenager ergeben von einem Mann hatte vergewaltigen lassen, den sie abstoßend fand, von allen Sünden befreit worden und müsse nie wieder leiden. Naema hatte den zärtlichen, charismatischen, eloquenten alten Emir wirklich geliebt und konnte dies nicht ganz nachvollziehen, doch sie beneidete ihre Tochter, deren Narzissmus mit sich brachte, dass sie sich nicht einmal einsam fühlte, wenn Freunde sie verließen.

Als sie sie fragte, ob sie sie vertreten könne, behauptete Muneera, schon für ein Yoga-Retreat auf Sri Lanka angemeldet zu sein. *«Je t'en supplie, maman»*, flehte sie.

«Je sais que tu admires ses œuvres littéraires autant que moi.» Wenn sie sich über Masuds Persönlichkeit ausließen, neigten sie beide dazu, die Kritik dadurch abzuschwächen, dass sie sein Werk lobten, weshalb beide glaubten, die andere habe viel davon gelesen.

«Mais, maman! Berlin, au mois de février!», hielt Muneera wie ein *quod erat demonstrandum* dagegen, als wäre es eine unumstößliche Tatsache, dass Berlin im Winter undenkbar war. Um ihrer Mutter ein Stück entgegenzukommen, fügte sie gut gelaunt hinzu, *«Pourquoi pas demander à mon fils? Il aimerait bien t'aider. C'est un si gentil garçon ...»*

«Ah, oui, bien sûr. Il ira toujours à Berlin, n'importe quand, hiver comme été, qu'Allah le bénisse», sagte Naema reuevoll. Sie legte auf und schrieb ihrem einzigen Enkelkind, das sich gerade in der Nähe von Lyon nach Antiquitäten umsah.

VI

Livia wohnte mit ihrem Hund in einem im International Style erbauten Bungalow in der Nähe des Zoos, das einzige Einfamilienhaus in einem Viertel voller Hochhäuser. Fast alles zwischen den Gleisen und dem Fluss war modern. Das ganze Viertel war durch alliierte Bomber und Stadtplaner dem Erdboden gleichgemacht worden.

Ihr Haus lag hinter Tannen versteckt, von der ruhigen Sackgasse, in der es lag, durch größere Gebäude abgeschirmt. Wie die meisten modernistischen Bungalows mit ihren Glasfassaden und dünnen Trennwänden war es noch kleiner, als es aussah. Abgesehen von schmalen Schränken gab es kaum Stauraum. Privatsphäre war ein Problem. Oft spielte sie mit dem Gedanken, Spiegelfolie auf den Fensterscheiben anbringen zu lassen. Dabei war die Transparenz alternativlos. Jeder, den sie kannte, betrachtete das kleine Haus – der Berühmtheit seines angeblichen Architekten sei Dank – als historisches und künstlerisches Denkmal.

Es war makellos sauber. Die Putzfrau kam zweimal die Woche, obwohl Livia nur selten kochte. Dazu war es spärlich möbliert. Die einzige Zimmerpflanze war eine Bonsai-Kiefer auf dem Kaminsims. Gelegentlich erbte sie größere Mengen an Möbeln und Kunst, doch immer zusammen mit den Immobilien, in die sie gehörten. In ihrem Zuhause gab es nicht mehr Dinge als in einer Ferienwohnung. Es war auch so groß wie eine Ferienwohnung. Touristen steckten kurzerhand Zettel in den Briefkasten, auf denen sie um nähere Informationen baten.

Das Haus war auf dem Gelände eines Mietshauses erbaut, das einem Großonkel von ihr zugesprochen worden war, kurz bevor es in Schutt und Asche zerbombt wurde. Von den ursprünglichen Besitzern hatte man nach dem Krieg nie wieder gehört. Der Bruder des Großonkels, Livias Großvater, war ein berühmtes Fliegerass gewesen. Mit mehr als einhundert Abschüssen, einer zentralen Rolle bei der Bombardierung Gernikas und einem Staatsbegräbnis im Beisein des Führers (die Trauerrede hielt Hermann Göring), bei dem er neben dem Roten Baron zu Grabe gelegt wurde, wurde dieser längst verstorbene Beiträger eines Viertels von Livias Kern-DNA in den Fünfzigerjahren – seltsamerweise – zu einem Volkshelden, weil er sich von der Aktion T4 (der Ermordung von Behinderten) distanziert hatte und sich außerdem von einem katholischen Priester hatte trauen lassen, entgegen dem strengen Heidentum der Nazis. Ermutigt vom Nimbus, der ihren Familiennamen umgab, stellte der überlebende Bruder einen Bungalow auf die freie Fläche. Stilistisch verwies das Haus auf einen berühmten, zu Kriegszeiten ins Exil geflohenen Architekten. Tatsächlich hatte der überlebende Bruder das Haus entworfen, der ein begabter Zeichner war. Eine kleine Metallplakette an einem Pfosten neben den vier Mülltonnen wies das Haus jedoch – unverschämterweise – als Werk des im Exil lebenden Stararchitekten aus. Eine bewusste Fälschung. Selbst Livia dachte, es sei ein Original. Nur Geschichtsbegeisterte erinnerten sich noch an das Fliegerass.

Bei seiner Errichtung im Jahr 1962 bot das Haus freie

Sicht auf den Fluss. Jetzt, in einem hosentaschengroßen vermoosten Stück Rasen versteckt, bot es nur noch Sicht auf Blätter. Das Vorrücken anderer Gebäude und eine dichte Eibenhecke machten es schwer, überhaupt eine Stelle zu finden, von der aus man das Haus sehen konnte. Durch das rundherum emporgewachsene Viertel war das Haus viel geborgener und privater als ursprünglich geplant. Besucher hatten das angenehme Gefühl, dass Livia ihnen zuerst Zutritt zu einem geheimen Garten gewährte, und dann zu einem Tempel.

Mit seinen Wänden aus Glas war es immer zugig und zugleich schattig – im Sommer ideal, im Winter weniger. Selbst wenn man draußen noch im Pullover herumlaufen konnte, war die primitive Erdwärmepumpe schon fast überfordert. Ein zentraler Kaminofen, der zum Wohnzimmer und zur Küche hin offen war, hätte mit schnell brennenden Holzscheiten innerhalb von Stunden eine Temperatur von dreißig Grad erzeugen können. Doch den Rauchabzug zu öffnen, war verboten. Ein Feuer hätte Funken durch den Schornstein gejagt, die die darüber hängenden Bäume verkohlt hätten.

Livia besaß ein Auto, einen Porsche Boxster, der in einer der Nachbarstraßen parkte. Doch sie hatte vor, zu der Veranstaltung zu laufen. Es war nur gut einen Kilometer entfernt, und sie wollte zum Essen etwas trinken. Sie hoffte, der Regen würde so leicht bleiben oder sich in Schnee verwandeln, weil sie für ihren saugfähigen Hund weder Regenmantel noch Schuhe gekauft hatte. Die hätten so niedlich an ihm ausgesehen, dass sie im Widerspruch zu seiner für sie wesentlichen Funktion gestanden hätten, nämlich Fremde abzuschrecken – etwas, worin er sehr gut war, mit seiner beeindruckenden Statur und den langen spitzen Zähnen. Er war ein außergewöhnlich gut gewachsener reinrassiger Großpudel namens Mephistopheles, genannt Fisti. Er war sieben Jahre alt und lebhaft und trug sein schwarzes Fell in Lammschur, mit Schnurrbart, Knoten auf dem Kopf und Puscheln an allen Extremitäten, ein weicher rabenschwarzer Flaum, der seine empfindliche blaue Haut vor der Sonne schützte. Sie nahm ihn überall mit hin, zu Fuß oder auf dem Beifahrersitz ihres Roadsters. Er benahm sich tadellos, saß aufmerksam da oder schlief, die Nase fein säuberlich auf die gekreuzten Vorderpfoten gelegt. Wenn sie einmal einen öden Ort verlassen oder sich zu den Rauchern nach draußen gesellen wollte, sagte sie, der Hund brauche Bewegung. Das war immer gelogen. Wenn er nicht gerade herumhüpfte, war er geduldig wie eine wiederkäuende Giraffe.

Indirekt war er ein Geschenk von Demian gewesen, nachdem eine gemeinsame Bekannte umgebracht worden war. Eine allseits bekannte Kunsthistorikerin, die verschwunden war, als sie allein einen belebten gepflasterten Weg vom Biergarten Schleusenkrug zum Bahnhof Zoo nehmen wollte. Die Strecke verlief entlang eines schmalen Grünstreifens, in dem sich ein Junkie-Lager befand, und war nur wenige Hundert Meter lang, doch auch intensive Suchen blieben ergebnislos. Als Livia hörte, dass sie Tage später entdeckt worden war, die Polizeihunde hatten sie zwischen den verrottenden Überresten dreckiger Zelte nicht gefunden, rief sie Demian an. Er war gerade am See, auf dem Weg zu seiner Nacktbadestelle. Sie äußerte den Wunsch nach Schweißhunden, wie sie sie auf Fotos ihres Großvaters mütterlicherseits auf seinem Anwesen in Schlesien gesehen hatte.

Demian erwiderte, er kenne einen Oboisten, der nebenher Großpudel züchte, und sie solle sich einen Pudel zulegen, weil die nicht haarten. Er kannte keine andere nicht haarende Rasse, die groß genug war, um einen Räuber abzuschrecken, abgesehen von Terriern wie dem Riesenschnauzer, der ihr aber nicht gefallen würde – zu aggressiv, zu verfressen –, und dass jemand vor einem afghanischen Windhund Angst hatte, konnte er sich nicht vorstellen, es sei denn, derjenige versuchte davonzurennen, dann wäre ein Afghane schon ein wenig respektgebietend, schnell waren sie ja. Aber nicht sehr schwer. Sie konnten jemandem in die Wade zwicken. Wohingegen ein Großpudel einen Schurken allein dadurch verwirren konnte, dass er Zähne hatte, obwohl er aussah wie ein Plüschtier. Die sind schnell und stark, sagte er, ohne die Gesundheitsprobleme, die andere Hunde plagen, denn die Rasse ist uralt, im Grunde eine Promenadenmischung, davon gibt es so viele wie Sand am Meer.

Demian hatte die Gabe, Dinge so weit zu verkomplizieren, bis sie irgendwann ganz simpel wirkten. Seine vernebelnde Bedenkenträgerei reduzierte die Liste von Möglichkeiten auf eins.

Am nächsten Nachmittag besuchten sie den extravaganten Oboisten in Köpenick. Der sagte, dass sich Fisti nicht mehr mit dem anderen Zuchtrüden verstehe, dass er für den Zuchtstandard schrecklich groß sei und dass sie ihn sehr gerne in Pflege nehmen dürfe. Kurz gesagt, er mochte Livia so sehr, dass er ihr einen perfekt ausgebildeten ausgewachsenen Hund anbot, der dreitausend Euro wert war, unter der Bedingung, dass sie ihn zurückbrachte, falls er ihr nicht gefiel.

Zweimal hatte Fisti, als er sie spätabends vom Parkplatz nach Hause begleitete, ein ungewöhnlich tiefes Knurren von sich gegeben. Sie hätte ihn für nichts in der Welt hergegeben.

Sie hatte ungeheure Freude an ihm. Mit einem bissigen, wie ein Clown dahertänzelnden Ungetüm zu spazieren, der auf ihren Befehl hin majestätisch bei Fuß ging, war eine ganz neue Erfahrung von Macht. Sie wusste, dass sie zusammen einfach gut aussahen, und er schien sehr an ihr zu hängen. Wenn sie in der Kälte vor einem Café saß, legte er sich so, dass er mit seinem flauschigen Rücken ihre Füße wärmte. Wenn sie bei Freunden zu Besuch war, blieb er auf der Türschwelle liegen und sicherte ihren Fluchtweg. Demian schätzte seinen IQ auf 105 – ein wenig klüger als ein durchschnittlicher Mensch –, und sie stimmte ihm zu. Fisti nahm seine stinkenden Mahlzeiten glücklich auf der Veranda ein. Unauffällig führte sie ihn jeden Morgen ans Spreeufer, wo er im Gebüsch ungesehen sein Geschäft erledigte. Sie schickte ihn nie allein nach draußen. Wenn jemand ihn mitgenommen hätte, hätte es ihr das Herz gebrochen.

Einmal, als sie im Bett auf ihrem Laptop eine Fantasyserie schaute, sah sie einen Oger mit freiem Oberkörper, der einen ungebetenen Gast mit seinem Speer ausschloss, und das kam ihr auf unheimliche Weise bekannt vor. Fisti war ihr Bodyguard aus der unterwürfigen Erbkaste der Hunde, mit einem Bewusstsein, das ihr gelegen kam, weil es fast ausschließlich aus dem Drang bestand, auf sie zu hören und sich unterzuordnen. Sie schüttelte den Gedanken ab.

Ihm zuliebe hatte sie die Fliegerei reduziert. Es gab so viele schöne Orte, die man von Berlin aus mit dem Auto oder der Bahn erreichen konnte – im Prinzip die gesamte östliche Hemisphäre, wenn man genügend Zeit hatte – und sie war nicht bereit, den Hund in eine Transportkiste zu sperren. Sie arbeitete als Beraterin bei der Restaurierung romantischer Parks und englischer Gärten. Viele der interessantesten waren ganz in der Nähe. Wenn sie weitere Reisen unternehmen musste, buchte sie ihn bei seinem Züchter ein, wo er seine Hundeidentität wiederentdecken konnte. Dort durfte er sich gegenüber anderen Hunden aufspielen und ein aktives Sexualleben genießen.

Jetzt versuchte sie zu entscheiden, ob sie auf dem dunklen, feuchten Gang zum InterConti seinen Schutz in Anspruch nehmen oder einfach ein Taxi rufen sollte, und sie wog die Wahrscheinlichkeit ab, ob die Angestellten ihn beim Abendessen zulassen würden. Auf den Zimmern waren Haustiere erlaubt, also konnte es sein. Wenn nicht, konnte sie jemandem ein Trinkgeld geben, damit er in der Lobby warten durfte. Wenn auch das nicht funktionierte, konnte sie gleich wieder nach Hause gehen. Am selben Abend, am anderen Ende des Parks, würde Bono Steven Spielberg einen Goldenen Ehrenbären verleihen – ein Höhepunkt dieser Berlinale –, doch nur wenige interessierten sich für solche tattrigen B-Promis, nicht einmal die Touristen; das Hotel würde halb leer sein und ihr den Gefallen gerne tun.

Sie öffnete ein Glas und löffelte eingelegte Birnen in eine Schüssel. Während sie immer wieder eine davon aß, zog sie sich eine blaue maßangefertigte Hose und einen weißen Seidenpullover an. Ihr glattes, kastanienbraunes

Haar trug sie offen, es sah gepflegt aus und glänzte. Sie ging einmal mit der Bürste hindurch – um sich zu schminken, war sie zu spät dran – und verließ das Haus.

Wie Nicole trug sie Stiefel mit hohen Absätzen, doch ihr geübter Gang zeugte von Selbstbeherrschung und Eleganz. Sie wirkte so schwerelos wie der Vierzig-Kilo-Hund, der neben ihr her hüpfte. Ihr schwarzer Mantel passte zu seinem Fell, und seine Ohren flatterten mit jedem Schritt in die Luft, genau wie ihr Haar.

Siegmunds Hof, Ecke Bachstraße blieb er stehen, um eine Platane genauer zu untersuchen, und sie sah zu Boden, um noch einmal die den Leppmanns gewidmeten sechs Stolpersteine zu studieren, in das Pflaster des Gehsteigs eingelassene Messingquader vor einem kleinen Park, in dem einmal das Haus der Leppmanns gestanden hatte. Sie erinnerten an fünf überlebende Mitglieder der Familie. Drei waren in die USA geflohen und zwei nach Persien. Ihre Theorie zum sechsten, dem Slawisten Wolfgang Johannes Leppmann, war, dass er schwer verliebt gewesen sein musste. Im Jahre 1942, Jahre, nachdem die anderen emigriert waren, wurde er vierzigjährig verhaftet, man warf ihm «Rassenschande» vor, und er wurde nach Auschwitz gebracht, wo er umkam. So viele Menschen waren für die Liebe gestorben. Sie hätten leben können, doch sie starben. Sie dachte an Kafkas Schwester, die für die Kinder des Ghettos Białystok gestorben war – Demian hatte ihr davon erzählt. Sie war den alliierten Soldaten dankbar, die es durch ihren Tod ermöglicht hatten, dass ihr Großonkel ihr ein Haus hinterließ.

In der Ferne schaltete eine Ampel auf Rot, und der Verkehrslärm legte sich. Sie gab Fisti ein Zeichen, und gemeinsam überquerten sie die Straße zum Park. Sie war aufgeregt. Sie freute sich darauf, mit Demian zu reden. Sie wollte ihr Leben verändern.

VII

Demian war einer der ersten Gäste, weil er ein Taxi genommen hatte. Er hatte eine unkomplizierte Anfahrt – ein paar Kurven auf breiten, vorstädtischen Hauptstraßen, dann immer geradeaus auf der Bundesallee – der perfekte Anlass, in ein Taxi zu steigen und sich zu entspannen. Er und Harriet besaßen einen Volvo-Kombi und einen elektrischen Smart, aber er hatte sich vorgenommen, die Veranstaltung leicht betankt mitzumachen, und zu Hause hatte er nur ein einziges Glas Wein geschafft, weil er Maxi ins Bett bringen musste. Während der Veranstaltung würde er nichts trinken können, weil die Araber ganz sicher null Alkohol ausschenkten. Er musste früh sein, um noch eine Chance zu haben, zwei Aperitifs zu trinken, ohne wie ein Säufer dazustehen.

Das Taxi kurvte vor den von einem Vordach geschützten Eingang des Hotels, der von einem hässlichen Baugerüst verdeckt war. Das wunderte ihn; er hätte nicht gedacht, dass Naemas Team ein Hotel aussuchen würde, das gerade renoviert wurde. Schon die Wahl des Ortes an sich hatte ihn ein wenig überrascht, weil es nicht weit entfernt das Ritz und das Waldorf gab, beide wesentlich luxuriöser und wirklich brandneu. Das InterConti, hatte Harriet erklärt, sei bei ausländischen Gästen, die erhöhte Sicherheit wünschten, noch immer sehr beliebt. Der gesamte Komplex könne abgesperrt werden, und die Lage zwischen dem Zoo und dem Kanal mache es schwierig, sich ungesehen zu nähern, etwa mit einer Autobombe. Er hatte dagegengehalten, dass die Veranstaltung in einem Raum stattfand, der buchstäblich ein Glaskasten war, mit Blick auf die Hauptverkehrsader Budapester Straße. Er solle nachsehen, hatte sie nüchtern gesagt, ob sämtliche Parkplätze vor dem Hotel belegt waren, was ganz sicher der Fall sein würde. In den Autos würden Männer sitzen. Jetzt stellte er alarmiert fest, dass sie sich geirrt hatte. Zur Feierabendstunde waren fast sämtliche Parkplätze frei. Was bedeutete das? Wurde Naema nicht mehr beschützt? War sie in Ungnade gefallen oder einfach nicht wichtig genug?

Das Hotel war in den 1970ern renoviert worden, doch das ursprüngliche Gebäude war Jahrgang 1958, und die Ausstattung ließ an eine wohlhabendere Sowjetunion denken, in der El Lissitzky mit Blattgold arbeiten durfte. Der Empfangstresen war gegenüber dem Eingang, recht nah, die Lobby erstreckte sich zur Seite hin, lang und schmal. Es war kein Ort zum Sehen und Gesehenwerden. Hier einen großen Auftritt hinzulegen, war nicht möglich. Keine Braut, die noch bei Verstand war, hätte diesen Ort für ihre Hochzeit gewählt. Es war ein temporäres Zuhause für diejenigen, die anonym bleiben wollten.

Wie es die Architektur vorgab – der längliche Eingangstunnel führte ihn direkt zu den Rezeptionisten –, trat er auf den Empfangstresen zu, um sich von einem der bezaubernden jungen Menschen in Uniform den Weg weisen zu lassen. Noch bevor er Hallo sagen konnte, hörte er hinter sich Masuds Stimme. Der Schriftsteller saß da als Teil einer Vierergruppe, die zwei gepolsterte Sofas und zwei Sessel belegte, halb versteckt von einem mondrianartigen Raumteiler aus matt glänzenden Messingstangen und großen Rechtecken aus poliertem Achat. Er forderte Demian mit großer Geste auf, sich zu ihnen zu gesellen.

«Guten Abend!», sagte Demian. Masud stand auf, um ihn locker zu umarmen und Luftküsse auszutauschen. Nach ausgiebigen Komplimenten fragte er nach Demians Familie – der versicherte ihm, dass alle bei bester Gesundheit seien –, dann setzte er sich wieder. Masud trug seine bewährte Kombi, zinnoberroter Rollkragenpullover, dazu schokoladenbraune Cordhose, wie er es bei jeder Literaturveranstaltung tat. Aus der Ferne – wenn er auf der Bühne saß, zum Beispiel – ließ ihn das Outfit mager und groß erscheinen. Das Scheinwerferlicht machte die Haut über seinem leuchtenden Pullover aschfahl und betonte das Grau seiner Haare. Von Nahem sah er täuschend jung aus, in etwa so groß wie Demian, mit bräunlichem Haar und bräunlicher Hauttönung.

Er stellte die neben ihm sitzende Dame als seine Ehefrau vor, Ibtisam. Sie trug ein kurzes schwarzes Cape (Demian tippte auf Chloé) über einem langen schwarzen Kleid, dazu Korallenschmuck und Lippenstift, und schwindelerregend hohe Louboutins, die ihre kleine Statur korrigierten. Ein schwarzer Schal umrahmte ihr kleines weißes Gesicht. Sie begrüßte Demian, ohne ihm die Hand hinzuhalten. Er ordnete sie als unscheinbar ein, aber nur, um sich nicht eingestehen zu müssen, dass er nicht genau wusste, ob er sie schon einmal gesehen hatte. Ihre züchtige Aufmachung stand im deutlichen Widerspruch zum erklärten Säkularismus ihres Mannes, doch das war nichts Ungewöhnliches. Ihren Akzent konnte er nicht einordnen. Er hoffte, sie würde bald wieder etwas sagen.

Der kugelrunde Botschafter, der wie Demian gekleidet war, nur mit gelber Krawatte und dunkelblauen Socken statt andersherum, stand auf, um ihm die Hand zu schütteln. Sie waren sich schon mehrere Male begegnet, und Demian dachte daran, ihn mit «Exzellenz» anzureden. Der Diplomat – vormals in der CNG-Branche tätig und aus einer exzellenten Familie stammend – strahlte selbstzufriedenen Reichtum aus, nicht zuletzt durch sein üppig gelocktes, strahlend rotblondes Toupet. Er entschuldigte seine Frau, die an diesem Abend aufgrund eines wichtigen unaufschiebbaren Termins verhindert sei (eine halbe Stunde Squash und dann zwei Stunden in verschiedenen Saunas).

Der Vierte, ein jüngerer Mann, saß zurückgelehnt da, hob sein Highball-Glas und sagte zur Begrüßung: «Trinken Sie einen Whiskey.» Es war ein unglaublich blasierter, beinahe unhöflicher Befehl, doch Masud drehte sich um und bat mit einem Kopfnicken um Erlaubnis, Demian vorzustellen. Der Typ stand immer noch nicht auf, und Masud sagte nicht, wie er hieß.

Demian fragte sich, ob er überhaupt an der Veranstaltung teilnehmen würde oder bloß zufällig bei Masud saß. Sein Outfit für den Galaabend bestand aus einem beigen Kaschmir-Polohemd und einer weißen Bundfaltenhose. Slipper aus weißem Wildleder und Knöchelsocken mit türkisfarbenen Bommeln komplettierten den Look. Er war mittelgroß und von bräunlicher Komplexion, gebaut wie ein Fußballspieler, mit hübschem Gesicht und einer kleinen runden Hornbrille.

Demian beschloss, die peinliche Situation zu überspielen, indem er fragte, ob die Prinzessin schon unten sei.

«Sie ist unpässlich», sagte der junge Mann. «Ich bin ihr Enkel, Radi.»

«*Enchanté!*», antwortete Demian überrascht. «Ich meine, das tut mir natürlich sehr leid. Ich hoffe, es geht ihr bald wieder besser.» Sie gaben einander die Hand, und er nahm auf Masuds Sofa Platz.

Der Botschafter lenkte seine Freunde mit einem Witz von der merkwürdigen Vorstellungsszene ab. «Kommen ein Beduine und ein Chinese in eine Bar», fing er an. «Der Chinese bestellt nichts. Der Beduine sagt, dass nichts gut genug ist. Der Barkeeper gibt dem Beduinen daraufhin einen dreifachen Single-Malt aufs Haus und schlägt dem Chinesen ins Gesicht.»

Masud und Ibtisam lachten. Radi ächzte. Demian, der sich nicht sicher war, was er da gerade gehört hatte und wer den Chinesen geschlagen hatte, fragte ein wenig vorsichtig: «Und was macht der Chinese dann?»

Noch immer lachend sagte Masud: «Das ist eine Fabel. Der Chinese war schon oft in dieser Bar, aber er bestellt nie etwas.»

«Tut mir leid», sagte Demian. «Ich dachte, das sollte ein Witz sein.»

Die Andeutung, dass er den Witz ernst genommen hatte – als Geschichte über den Geiz der Chinesen –, löste allgemeine Heiterkeit aus. Als der Botschafter genug gelacht hatte, erklärte er in dem herablassenden Ton, mit dem manche Männer Frauen ansprechen: «Die Chinesen sind großzügige Investoren, aber mit ihrer technologischen Kompetenz sind wir nicht zufrieden. Sie holen Arbeiter her, die nicht gut bezahlt werden. Bei den Bauprojekten, bei denen sie die Generalunternehmer sind, muss es bei jedem einzelnen Abschnitt eine strenge Qualitätskontrolle geben. Mir sind die Deutschen da wesentlich lieber.»

Demian verstand den letzten Satz als höflichen Verweis auf seine Frau, die zwar keine Deutsche war, aber seinen Nachnamen angenommen hatte, und sagte: «Ja, die deutschen Baufirmen sind die besten!» Er war niemand, der sich durch Aufgeregtheit zum Schweigen bringen ließ.

Masud lehnte sich zurück und erklärte im Tonfall lieblicher Weisheit: «Es ist das Beste, wenn Baufirmen nicht kreativ sind.» Ein Moment der Stille folgte. Demian fragte sich, ob er damit einen Witz über Deutsche machte oder ob er sich auf das Erdbeben bezog, das zwei Wochen zuvor die Türkei und Syrien verwüstet hatte. Ibtisam stellte die Sache klar, indem sie traurig zu Boden blickte, ohne ein Wort zu sagen.

«So eine Tragödie», stimmte der Botschafter ihr mit tröstender Stimme zu, schloss die Augen und nickte. «So viele Todesopfer.»

«Die Flüchtlinge in den Zelten haben überlebt», merkte Radi an.

«Manche der massiven Bauten waren noch in Ordnung», sagte Demian, ein wenig verunsichert, weil er einem Prinzen widersprach, aber auf Harriets Informationen vertrauend. «Andere waren Todesfallen, weil es da keinerlei Kontrollen gibt.»

«Sie haben absolut recht», sagte der Botschafter zu Radi. «Es gibt auch hier in Berlin viele Beispiele für Zeltkonstruktionen. Das Tempodrom, das Sony-Center. Warum wird die nomadische Architektur nicht überall eingesetzt?»

«Die sind im Winter nicht warm genug», gab Demian zu

bedenken. «In der Türkei wird es kalt. Als es das Erdbeben gab, war es unter null Grad. Die Bauvorschriften hier erlauben keine Zelte. Vielleicht hat ja Gaddafi in einem Zelt gewohnt, als er in Berlin zu Besuch war.» Diese irrelevante Tatsache kam ihm unvermittelt in den Sinn, aber er konnte sich nicht mehr genau an die Geschichte erinnern. Das Handy hervorzuholen und zu googeln, wäre wahrscheinlich unhöflich. Er war sich sicher, dass es Gaddafi war, doch es mochte auch in Washington gewesen sein. Es fühlte sich leicht rassistisch an, den libyschen Diktator mit Syrien und der Türkei assoziiert zu haben.

«Er weigerte sich, Höhlen wie diese zu betreten», sagte der Botschafter und deutete auf die schmale Lobby um sie herum. «Der einzig wahre Zweck eines Hauses ist die Grabkammer.» Radi lachte laut auf, obwohl er gerade etwas auf seinem Telefon zu lesen schien, und Masud und Ibtisam lächelten. Demian war verwirrt, und ihm war viel zu warm; er erinnerte sich vage, dass Gaddafi in einem Kanalrohr aus Beton massakriert worden war, was so weit von einem Zelt entfernt war, wie es nur ging. Er hatte irgendwo gelesen, dass Baschar al-Assad immer wieder wie besessen Videomaterial von Gaddafis Misshandlung mit einem Bajonett ansah, überzeugt, dass ihm dasselbe Schicksal drohte, wenn er auch nur für eine Sekunde aufhörte, mit eiserner Faust auf Syrien einzuschlagen. Das musste der Grund sein, warum der Gedanke an Syrien Demian an Libyen denken ließ, nicht Rassismus. War er der Einzige, der sich für Gaddafi interessierte? War das vielleicht der Grund, warum sie sich so amüsierten, oder machten sie sich bloß über die Auswahl des Hotels lustig? Warum kritisierten sie Naemas Veranstaltung, bevor sie überhaupt begonnen hatte, und das vor den Augen ihres Enkels? Warum lachte der ebenfalls? Vielleicht galt es als lustig, Gaddafi überhaupt zu erwähnen. Machte allein der Gedanke an Gaddafi sie nervös?

Die Erwähnung Gaddafis ließ Radi an eine Exkursion zu Jugendzeiten nach Libyen denken. Eine seiner ersten sexuellen Erfahrungen hatte sich bei einem Ausritt mit der Tochter türkischer Geologen ergeben. Sie waren in eine Schlucht hineingeritten. Hohes Schilf wuchs am Flussbett, und von den Felsen war das Rufen der Klippschliefer zu hören. Sie beide trugen Jeans, und weil sie ohne Sattel ritten, waren ihre Schenkel voller juckender Haare und rochen nach Pferd. Sie zogen sich in eine Kanalröhre zurück, um für sich zu sein. Das Mädchen initiierte das Ganze, doch sie bestand darauf, ihre stinkende Jeans anzubehalten. Er erinnerte sich an ihren Vornamen, Yeşim (Jade). Sicherlich war sie trotz des Erdbebens gesund und munter. Ihre Geologeneltern hätten sie niemals in einem instabilen Haus wohnen lassen. Er löste sich von den Erinnerungen an seine verwirrende Kindheit und sagte: «Steinmauern waren eine Reaktion auf die Invasionen von Nomadenvölkern. Sie bieten hervorragenden Schutz gegen leichte Waffen. Dabei sind sie nur selten so schön wie Textilien. Die schönsten Gebäude, die ich kenne, sehen aus, als seien sie aus Stoff. Die Moscheen in Zentralasien, das Taj ... die Werke von Shigeru Ban und Ryūe Nishizawa in Japan ...»

«Ich bevorzuge die gotische Architektur», sagte Masud, «in der Form und Struktur eins sind.» Ibtisam und der Botschafter nickten.

Demian wandte sich an Radi und sagte mit Emphase:

«In diesen postmodernen Zeiten interessiere ich mich mehr für die dekorative Wende, die Betonung des Ornamentalen. Selbst die byzantinische Architektur Venedigs wurde dafür kritisiert, zu sehr nach Stoff auszusehen – vor Ruskin. Wir brauchen rhythmische Muster, Vorhangfassaden, die Luft und Licht durchlassen. Nicht diese energetisch optimierten, fensterlosen Klötze. Die sind so bezeichnend!» Er sagte nicht, wofür, weil er keine Wutrede halten wollte.

«Ja», bestätigte Radi mit einer Entschiedenheit, die seine betont schlaffe Haltung Lügen strafte. «Muster sollten nicht nur auf repetitive, vorgefertigte Elemente beschränkt sein. Sie sollten ein integraler Bestandteil der Gestaltung sein, wie in der Gotik.» Er nickte Masud zu, der diese kunstvolle Aufhebung der widersprüchlichen Sichtweisen mit einem breiten Lächeln bedachte.

«Ja!», sagte Demian. «Und in der Architektur so dynamisch wie in der Musik!»

«Kennen Sie zufällig das Learning Center der EPFL in Lausanne?», fragte Radi. Er sah Demian hoffungsvoll an. Nach dem Wehrdienst hatte er zwei Jahre lang nachhaltiges Management an der École Polytechnique studiert. Er hatte sich vorgestellt, seine familiären Verbindungen dafür einzusetzen, die Welt zu einem besseren Ort zu machen, doch es stellte sich heraus, dass seine Familie fest entschlossen war, weiter Öl zu verkaufen. Sie waren gerne bereit, sich auf Wasserstoff oder sonst irgendwas einzulassen, solange es ihnen Geld und ihm einen Jobtitel einbrachte, in dem das Wort ‹nachhaltig› vorkam, doch die so offensichtlich *nicht* nachhaltige Sache mit dem Öl würden sie nicht aufgeben, bevor es eines natürlichen Todes starb. Also hatte er die EPFL verlassen und sich für die Universität entschieden, wo er drei Jahre lang Theater studierte. Szenografie faszinierte ihn, doch er bekam keine Aufträge, nicht einmal in Studentenproduktionen. Und jetzt bereiteten sich die Vereinigten Arabischen Emirate darauf vor, die nächste UN-Klimakonferenz auszurichten. Wer hatte sich das bloß ausgedacht? Der nackte Wahnsinn! Er hatte in seinen Ingenieurstagen einige dieser Konferenzen besucht – anstrengende Veranstaltungen, bei denen Weiße ihn entweder misstrauisch beäugten, weil sie ihn richtigerweise als Ölerben einstuften oder weil sie annahmen, er sei vor Ort, um sich für die Rechte von Migranten aus dem globalen Süden einzusetzen. Seine Hautfarbe, fand er, war auf einem abstrakten Level changierend wie der Kopf eines Wildentenerpels und wechselte von einer Phase zur nächsten die Farbe – grün wie der Islam, lila wie eine Prellung –, je nach Betrachtungswinkel. Er hatte nichts gegen Migranten; er hatte in der Schule Ala al-Aswanis Roman *Der Jakubijân-Bau* gelesen und tiefes Mitgefühl mit jedem Afrikaner oder Araber, männlich, weiblich oder sonst irgendwas, der sich nach Gerechtigkeit und wirtschaftlichen Möglichkeiten sehnte. Er hatte sogar ein paarmal an einschlägigen Demonstrationen teilgenommen, in Zürich. Als Leser zog er sozialen Realismus den magisch-realistischen Märchen vor, wie Masud sie schrieb; in beiden wurde Klassengesellschaft und Sexismus zur Unterhaltung dargeboten, doch sie wirkten weniger schrecklich, wenn sie zynisch als Tatsache präsentiert, nicht lyrisch als zeitlose Werte heraufbeschworen wurden. Abgesehen von seinen persönlichen Themen war er seit seinem Abschluss schon mehrfach wieder an der EPFL gewesen, um sich in der Bibliothek Designbücher anzusehen, und die gewölbten Böden des Neubaus gefielen ihm sehr.

Demians Miene hellte schlagartig auf. Er hatte sich das Rolex Learning Center im Rahmen einer Presse-Vergnügungsreise zur Eröffnung angesehen, eine Erfahrung, die besonders unvergesslich war, weil er die mit dem Namen Rolex gebrandeten Gastgeschenke zurückgeben musste. Er hatte das Gefühl, dass er und Prinz Radi sich wirklich gut verstanden. «Ja», sagte er und hielt inne, um seine Gedanken zu ordnen. Radi wartete, er war sich jetzt sicher, dass Demian ein Architekturfan war, und hätte gern seine Meinung gehört. Demian wollte zur Einheit von Form und Struktur zurückkehren, anhand der segensreichen Wirkung von holzbasiertem Bauen als CO_2-Speicher. Doch die Pause, die sich durch ihre so starke Übereinstimmung ergab, erlaubte es dem Botschafter, das Thema zu wechseln. Er fragte Masud, woran er gerade arbeite.

«Eine feministische Geschichte», erwiderte der große Schriftsteller.

«Wunderbar!», rief der Botschafter wie berauscht. «Was passiert darin?»

«Der Sohn eines Scheichs und einer Sklavin» – der Autor sah sich bedeutungsvoll um und senkte die Stimme, als befände sich der betreffende Sohn gerade in der Lobby, dann beugte er sich zu den anderen vor, sodass sie sich ebenfalls vorbeugten – «ging nach Hause, nachdem er eine Botschaft überbracht hatte, am Ufer des Meeres entlang, als er plötzlich eine junge Frau sah, die nackt im Sand lag. Er ging zu ihr hin und sah, dass sie aus dem Meer gekommen und tot war, indes schön, nicht aufgequollen und zerfetzt.» Er hatte ganz offensichtlich vor, die ganze Geschichte zu erzählen. Demian gefiel sie schon jetzt, weil die Ertrunkene schön geblieben war. So vieles im Leben war hässlich und grausam; warum sollte es in Geschichten nicht anders zugehen? Er würde anderswo Gelegenheit finden, sich mit Radi über Architektur zu unterhalten.

«Das konnte nur Hexerei sein», sagte Masud. «Er sammelte Akazienholz, um ein Feuer zu entfachen und sie zu verbrennen, doch als er sie aufs Feuer legte, erwachte sie wieder zum Leben. Ihr Körper verbrannte, bis kein Skelett und kein Fleisch mehr war, nur eine schöne Frau aus Flammen. Aufrecht saß sie da und sprach zu ihm. Sie erzählte Geschichten aus ihrem Heimatland, einem waldigen Ort von großer Fruchtbarkeit, wo Vieh auf einer grünen Savanne grast und die Gläubigen in Glückseligkeit leben. Die Flammen ließen nach, und sie wurde kleiner. Er wollte sie nicht verlieren, also legte er weiteres Holz aufs Feuer. Er ging in ein Wadi und fällte Bäume, um sie zu verbrennen. Am Ende blieb er zehn Nächte lang wach und sprach mit ihr, und in allen Wadis weit und breit war kein Baum mehr übrig. Er verbrannte Dornbüsche und sammelte jedes Kraut, das dort wuchs, um es zu verfeuern. Er schnitt sein Haar ab, um es zu verbrennen. Dann verbrannte er seinen Mantel und sein Hemd und seine Kopfbedeckung. Nichts war mehr übrig, und dann begann die Frau zu verschwinden. Sie sagte: ‹Es gibt nur eine Möglichkeit, mich zu behalten, und zwar indem du zu mir ins Feuer steigst.› Nackt wie sie, nur mit seinem Dolch, stieg er ins Feuer und schloss die Augen. Das Feuer war so klein, dass schon sein Angstschweiß es auslöschte. Als er die Augen öffnete, stand die Frau vor ihm. Sie nahm seine Hand, und sie gingen zu seinem Zuhause. Als sie ankamen, bat er seine Mutter um Kleider für sich und die Frau. ‹Welche Frau?›, fragte seine Mutter. Sie konnte sie nicht sehen. Doch er sah sie ganz deutlich, und er hörte, wie sie sprach, wie sie ihm vom Paradies erzählte. Er saß den ganzen Tag im Zelt seiner Mutter und hörte ihr zu. Er sprach nicht mehr mit anderen Menschen, lauschte immer nur ihr. Seine Eltern fürchteten, dass ihr Sohn von einer Hexe in den Wahnsinn getrieben worden sei. Sein Vater lud alle vornehmen Leute der Umgebung zu einem großen Fest, das drei Tage dauern sollte und bei dem es laute Musik und viel Geschrei geben würde. Er zwang seinen Sohn, mit ihm in die Mitte der Menge zu gehen, ans Feuer, wo er die Frau nicht hören konnte, wenn sie sprach, oder sie sehen, weil es zu hell war, und er sagte zu ihm: ‹Deine Hexe ist tot. Wir haben sie getötet!› Der Junge sah ins Feuer, weil er wusste, dass seine Liebe nicht sterben konnte. Er sah sie in den Flammen stehen. Er rannte zu ihr. Weil er nicht nackt war, fingen seine Kleider Feuer und verbrannten seine Haut fürchterlich. Die Flammenfrau schrie auf, doch dann griff sie sich seine brennenden Kleider und seinen Dolch, und als sie aus dem Feuer trat, war sie als junger Mann gekleidet. Alle, die das sahen, erstarrten vor Staunen, und sie verschwand in der Menschenmenge, unsichtbar, weil sie nichts sagte. Eine Frau ist nur dann sichtbar, wenn sie spricht.» Masud verbeugte sich leicht und nahm das zustimmende Nicken der anderen entgegen. Nach kurzem Nachdenken entschied Demian, dass der letzte Teil vielleicht als feministisch durchgehen könnte.

Radi fragte: «Und was geschieht dann?»

«Als Mann gekleidet und mit einem Dolch bewaffnet

suchte sie den Vater ihres Geliebten in seinem Zelt auf und sagte: ‹Jetzt, da ich menschliches Leben und Kraft besitze, musst du dafür sterben, dass du meinen Geliebten getötet hast.› Er fragte: ‹Wer bist du?› – ‹Ich bin die Tochter eines Emirs›, sagte sie, ‹als Sklavin verkauft. Vom Schiff der Sklavenhändler stürzte ich mich ins Meer und füllte meine Lungen mit Wasser, sodass ich bis zum Meeresboden sank. Ich fand heraus, dass ich dort leben konnte, doch ich war allein. Langsam ging ich über den Meeresboden, wo es dunkel war, und ich rief, doch niemand antwortete mir. Nach einer Weile kam ich zu einem Riff, und ich lief durch die Korallen nach oben. Da gab es riesige Schwämme und Seeigel mit langen Stacheln. Fische, die wie Fässer geformt waren, und Fische, die wie Seile geformt waren, in sämtlichen Farben. Es war sehr schön dort, aber im Meer gab es keine Menschen, und ich war allein. Ich verließ das Wasser und legte mich ans Ufer. Doch es waren keine Menschen an Land, und ich konnte keine Luft mehr atmen. Ich hatte mein Leben an der Luft und mein Leben im Wasser verloren. Ich konnte nur noch Erde und Feuer atmen. Ich war dem Tod ganz nah, als dein Sohn mich fand. Er hätte mich begraben können, mich Erde atmen lassen, doch er entschied sich für das Feuer. Ihm schulde ich meine beiden Leben.› – ‹Nun gut›, sagte der Scheich. ‹Ich habe noch all meine vier Leben, also töte mich, wenn du kannst.› Er verspürte keine Angst, weil er einen verzauberten Umhang trug, der Stahl abwehren konnte. Doch der Geliebte hatte ihr das Geheimnis seines Vaters verraten, und so stieß sie ihm den Dolch ins Auge. Er stürzte um und starb.» Masud legte eine dramatische Pause ein. «Sie zog ihre Sklavenkleider aus und den verzauberten Umhang an, der Stahl abwehren konnte. Sie lief durch das Lager, und die Schwerter der Kämpfer prallten von ihren Armen und Beinen ab. Der Bruder ihres verstorbenen Geliebten, ein vier Jahre alter Knabe, sah die vielen Speere, die von ihrem Rücken abprallten, während sie das Lager verließ, und er wollte mitspielen. Er besaß einen kleinen Bogen und ein paar Pfeile mit Spitzen aus Dornen und Fischknochen. Er zielte auf die Mitte ihres Rückens und traf sie, eine kleine Wunde, tief genug, um einen Faden des verzauberten Umhangs in ihre Haut zu treiben. Die Unverwundbarkeit breitete sich von der Wunde ausgehend eine Handbreit in alle Richtungen aus, was das menschliche Fleisch nicht gewohnt ist, und löste einen brennenden Schmerz aus. Sie griff nach hinten und spürte den Pfeil, der in ihrer Kleidung steckte. Sie wandte sich um, und der kleine Junge feuerte einen weiteren Pfeil ab, der sie ins Herz traf. Sie rannte los. Als sie ein Wadi erreichte, stolperte sie und stürzte, und ihr Mund war voller Staub. Doch weil ihr Herz unverwundbar war, konnte sie nicht als Feuer sterben, um als Erde wiedergeboren zu werden. Ohne Feuer zum Atmen starb sie.»

Radi sagte: «Echt?»

«Das Böse in ihr fand durch die Weisheit eines Kindes sein Ende», bestätigte Masud. «Sie hätte gut zu ihrem Geliebten gepasst, der eine Organspende gebraucht hätte. Doch die Ärzte konnten ihr kein Gewebe entnehmen, weil auch ihre Haut für Stahl undurchdringbar war. Als die Ärzte sie schließlich mit einer Glasscherbe aufschneiden konnten, war die Fäulnis in ihr so warm wie das Leben. Weil sie ein böser Dämon war, warfen sie sie ins Meer. Das Sterben lehrte sie, still zu sein. Als sie am Meeresboden anlangte, fühlte sie sich nicht mehr allein, weil sie gelernt hatte, sich unsichtbar zu machen und zuzuhören.»

Demian entschied, dass diese Geschichte definitiv nicht feministisch war, und sah auf seine Uhr. Nur wenige Minuten waren vergangen, doch irgendwie war sein Glas leer. Er erinnerte sich nicht, es ausgetrunken zu haben.

«Die Geschichte klingt für mich nicht beduinisch», sagte Radi zu Masud. «Sie erinnert mich an die Wikinger, vor allem diese Frauenfeindlichkeit und die Feuerbestattung – wie in Ibn Fadlāns Bericht über die Kiewer Rus. Sind Sie nicht in Norwegen aufgewachsen?»

VIII

Gerade einmal neun Tage zuvor hatte Toto eine Frau als seine Begleitung zu der Veranstaltung eingeladen. Das hatte er aber schon wieder vergessen, aus dem einfachen Grund, dass sie noch nie eine Verabredung eingehalten hatte. So lief es schon seit sechs Monaten. Manchmal lud er sie zu etwas ein, nur um sich ihre Ausreden anzuhören, obwohl es ihr nach dem zweiten Mal nicht mehr gelungen war, ihn hängen zu lassen, weil er selbst nicht mehr zu ihren Verabredungen erschien. Wenn sie sich für vier Uhr im Café Einstein verabredeten, klingelte um fünf – da saß er schon längst mit jemand anderem in einem anderen Café – sein Telefon. «Hey, tut mir wirklich leid. Ich wollte gerade die Treppe runter, als ich meiner Nachbarin begegnet bin, die mir sagte, dass sie bei ihr einen hydroponischen Tumor diagnostiziert hätten. Ich hab mir natürlich Sorgen gemacht, aber so was gibt es gar nicht. Dann hat sie mich in ihre Wohnung geschleppt, damit ich die Broschüre lese, die ihr Arzt ihr gegeben hat, und die war auf – Georgisch? Kennst du diese geschwungenen Buchstaben? Sieht ganz hübsch aus. Sie hat mir das Wort gezeigt, das angeblich ‹hydroponisch› bedeutet. Und ich so: ‹Ich weiß ja nicht›, aber sie meinte, sie braucht Geld, und dann war es zehn vor fünf, und ich musste aufs Klo!»

Ein weiteres Beispiel: Sonntagsfrühstück in Neukölln um elf, nicht weit von ihrer Wohnung. Der Anruf kam um Punkt elf, als er in einer schwäbischen Bio-Bäckerei in der Schlange stand, zwei Straßen von seiner Wohnung in Charlottenburg entfernt. «Es tut mir echt leid. Als ich gesagt habe, wir könnten uns da treffen, hatte ich ganz vergessen, dass ich am Freitag aus der Wohnung rausmuss. Ich bin jetzt im Wedding und gerade erst aufgewacht. Können wir was Neues abmachen?» Toto hatte zwölf Uhr vorgeschlagen, irgendwo im Wedding – direkt nördlich von ihm mit der U-Bahn –, und sie antwortete: «Das ist jetzt kompliziert. Ich habe keinen Schlüssel, deshalb kann ich nicht raus, weil ich dann nicht wieder reinkomme. Und ich musste versprechen, niemanden hierher einzuladen.» Er fragte, wann sie denn Zeit habe, und sie sagte, sie sei sich nicht sicher, weil ihr Freund – ihr neuer Freund seit dieser tollen Begegnung im seltsamsten Club überhaupt –, ob er schon mal vom Labyrinth im Salon zur Wilden Renate gehört hätte? Na ja, dies sei so was Ähnliches gewesen, nur aus menschlichen Körpern gemacht, aber in einer alten Kirche. Es sei gefährlich gewesen und rutschig, doch sie habe keine Angst gehabt, vielleicht weil da irgendwas in der Luft war. Sie hätte sich unwohl fühlen sollen, doch die Situation habe sie nicht eingeschüchtert, deshalb sei sie sich ziemlich sicher, dass ihr jemand was ins Glas getan habe, oder halt was in die Luft gegeben, aber egal, sie wisse jedenfalls nicht, wo das gewesen war. Sie sei mit ein paar Leuten in einen fensterlosen Lieferwagen gestiegen und habe nicht aufgepasst, und als sie wieder anhielten, seien sie ganz woanders gewesen. Nach einer Weile sei sie müde geworden und habe angefangen, sich mit dem Typen vom Einlass zu unterhalten, und der habe gesagt, er müsse mal die Stadt verlassen, aber er habe niemanden, der seine Schlange füttern könne. Und so habe sie den Morgen damit verbracht, Musik zu hören und mit der todgeweihten Ratte zu spielen, die gar nicht mitbekam, dass sie zum Tode verurteilt war, weil die Schlange gar nicht hungrig gewesen sei, sondern geschlafen habe. Sie habe die Ratte gemocht und gehofft, der Typ würde zurückkommen, bevor sie seine Schlange füttern musste, doch dann sei ihr aufgefallen, dass ihre Unentschlossenheit sie davon abgelenkt hatte, darauf zu achten, was die Ratte machte, denn die sei jetzt nicht mehr in ihrem muffigen Glaskasten gewesen, sondern irgendwo in der Riesenwohnung voller Cannabispflanzen. Es habe nirgendwo was zu essen gegeben für die Ratte, und sie war sich ganz sicher, dass sie das Cannabis fressen würde, und was dann? «Lass die Schlange frei und hau ab», schlug Toto vor. «Lass sie die Ratte jagen, wenn sie aufwacht.» Sie überlegte laut, ob es fair sei, die Schlange eine bekiffte Ratte jagen zu lassen, und dann lachten sie beide, und Toto spürte, wie er sich in sie verliebte, obwohl er sie noch nie persönlich getroffen hatte (Sie hatten sich über eine der Apps «kennengelernt»).

Ihr Aussehen, sofern es sich mit den Fotos decken sollte, entsprach genau seinem Geschmack. Ein rundliches, freundliches Gesicht. Er lud sie zu einem intimen Abendessen in seiner Wohnung ein, sie brauche nichts mitzubringen außer einer Zahnbürste – Wein hatte er schon vorrätig –, dann ging er in aller Ruhe mit Demian und Livia (plus Hund) am Mexikoplatz Pizza essen. Als das Telefon klingelte, stellte er auf laut, damit sie ihre Geschichte mitanhören konnten.

«Oh Gott, Toto, du glaubst nicht, was gerade passiert ist.» Er rechnete damit, etwas über die Ratte und die Schlange zu hören, doch sie sagte: «So ein Engel hat meinen Hut geklaut. Ein Affe mit Flügeln oder so. Der war blau und hat irgendwie geleuchtet und hatte richtige Flügel mit Federn. Ich saß gerade bei meiner neuen Wohnung draußen auf der Treppe, und der sprang von einem Fenstersims runter und flog dann gleich wieder rauf. Ich zittere richtig. Ich glaub, ich werd verrückt. Ich glaub, ich muss mehr schlafen. Vielleicht waren es die Drogen gestern Nacht. Aber mein Hut ist weg!»

«Du bist sicher, dass es kein Papagei war? Oder eine Krähe?»

«Ich hab's *gesehen.*» Eine nüchterne Feststellung. Er verriet ihnen seinen geheimen Spitznamen für sie, «Miss Flake» – Fräulein Luftikus –, weil der kürzer war als «Manic Pixie Albtraum-Girl».

Sie hatte ihn nach den Feiertagen angerufen (er rief nie sie an; es war immer andersherum) und gefragt, wie es bei ihm laufe, wie es ihm gehe, und ob sie sich endlich einmal treffen sollten, und er hatte das Abendessen im InterConti vorgeschlagen, Punkt sechs am Dienstag, den 21. Februar, Abendgarderobe – er ging davon aus, dass ihre Vorstellung von Abendgarderobe, genau wie seine, darin bestand, etwas Sauberes anzuziehen –, einfach weil Demian ihm erzählt hatte, dass die Prinzessin unbedingt noch irgendwelche Gäste brauchte, um die Plätze zu füllen. Und dann hatte er sie wieder vergessen. Während er sich dem Hotel näherte, wurde ihm darum ganz anders, als er eine strahlend gut gelaunte junge Frau im karierten Regenmantel sah, das Gesicht halb verdeckt von mattbraunen Locken, ihm unbekannt, aber vertraut, wie jemand aus dem Fernsehen.

«Na, schau mal, wer da ist», sagte er amüsiert zu Nicole. «Ich versuche schon die ganze Zeit, mich mit ihr zu treffen, und das ist das erste Mal, dass sie gekommen ist.» Dann runzelte er die Stirn, weil ihm der Gedanke kam, dass Miss Flake vielleicht nicht gefiel, wie er aussah.

Nicole streckte die Hand aus. «So schön, dich kennenzulernen! Ich habe schon viel von dir gehört! Ich bin Nicole!»

«Ich bin Avianca», sagte Miss Flake und nahm ihre Hand. Sie trat auf Nicole zu und drückte ihr einen festen Kuss auf die Wange. «Ich freu mich so, dich kennenzulernen! Ja, ich weiß, so heißt auch eine Fluggesellschaft.» Dann drehte sie sich zu Toto und sagte: «Du musst Toto sein.»

Er erwog, ihr die Geschichte zu erzählen, wie er zu seinem Namen gekommen war, doch dann fiel ihm ein, dass er ihr das schon im Chat geschrieben hatte. Mit einem Mal machte sein Date ihn nervös. Miss Flake war die erste Frau, die er traf, die online ihr Alter hochgesetzt hatte. Sie hatte behauptet, neununddreißig zu sein, dabei war sie mindestens fünfzehn Jahre jünger. Auf seine Spitznamen-Geschichte hatte sie überhaupt nicht reagiert. Jetzt wurde ihm klar, dass sie vermutlich nie von der Band, der haitianischen Miliz oder auch nur der Comicfigur gehört hatte. Sie sah deutlich besser aus, als er erwartet hatte, aber nicht so hübsch, dass man sie nicht ansprechen konnte. Und sie ignorierte ihn und sprach mit Nicole über Promis, deren Namen er nicht verstand. Wenn ein älterer Mensch schwerhörig wird, sind Namen das Erste, was verloren geht. «Du siehst aus wie Atecia Bormotz!» – «Oh Gott, danke! Ich werde immer mit Slin Kepson verglichen!» Er drehte sich um und sah mit einiger Erleichterung, dass Livia sich mit Fisti näherte. Er ließ die beiden jungen Frauen stehen und ging zügig über den glatten Gehsteig aus grauen Verbundpflastersteinen auf sie zu, den Blickkontakt haltend.

Sie lächelte. «Ist das Nicole?», flüsterte sie. «Das erste Mal, dass ich sie so sehe.»

«Nicole in Schwarz und in Fake-Burberry sehen wir, jetzt nun endlich, Miss Flake. Die verstehen sich richtig gut. Liebe auf den ersten Blick. Sollen wir ihnen sagen, dass sie nicht mit zur Zeremonie müssen, wenn sie mit Fisti Gassi gehen? Sie können ja später dazukommen, zum Essen, wenn sie dann noch da sind. Okay?»

Livia begrüßte die beiden liebenswürdig, ließ sich geduldig von Avianca küssen – Miss Flake war eine praktizierende Anhängerin radikaler Inklusivität und hatte bisher jeden geküsst, den sie traf, fiel Toto auf, abgesehen von ihm selbst – und nahm die Komplimente zu ihrer Person, ihrem Outfit und ihrem Hund entgegen. Avianca ging in die Knie, um Fistis Haarkrone besser verwuscheln zu können, Nicole auch, und sie sahen sich fröhlich in die Augen, während sie den Kopf des Hundes massierten.

«Toll, dass ihr euch so gut mit Fisti versteht», sagte Toto. Er schlug ihnen vor, eine Runde zu drehen, anstatt sich die Reden anzutun.

«Ich weiß nicht, ob ich noch weiter laufen kann», sagte Nicole, der die Füße wehtaten.

«Aber ich will mit ihm Gassi gehen!», sagte Avianca. «Er ist so hübsch, und es ist so schön draußen. Wir sind nicht lang unterwegs.»

«Okay, ich komme mit.» Nicole drehte sich zum Park

um und zupfte an ihrem Kleid. Das Wetter war nicht schön. Aber der Abend war schöner, als es der Tag gewesen war. Die tief hängenden grauen Wolken warfen das Licht der Stadt zurück und tauchten die Ufer des Landwehrkanals in ein nektarinenfarbenes Leuchten. Der Mond spielte überhaupt keine Rolle. Ob Voll- oder Neumond (der schmale Spalt war kurz davor, irgendwo hinter den Wolken zu verschwinden), er war in dieser Stadt immer nur eine der schwächeren Quellen von Lichtverschmutzung. Der Wind, der um das hohe Hotel wehte und mit der kühlen Brise vom Kanal zusammentraf, schien aus sämtlichen Richtungen zugleich zu kommen. Die Atmosphäre hatte etwas latent Wildes. Kein Hauch von Frühling, es war eher so, als spüre man in unbestimmter Nähe ein kaltes und stürmisches Meer.

«Das würde ihm gefallen», sagte Livia.

Toto raunte ihr zu: «Miss Flake bricht gern Absprachen. Was, wenn sie ihn verschlampt?»

«Der findet mich schon», flüsterte Livia entschieden zurück. «Er ist klug!»

«‹Fisti› ist so ein toller Name!», rief Avianca. «Ich lieb's!» Energisch streichelte sie den Hund.

«Ich muss mich mal hinsetzen», sagte Nicole, die Hände tief in ihren Manteltaschen vergraben und leicht schwankend.

«Passt auf», sagte Livia. «Warum kommt ihr beiden nicht mit rein, trinkt was, ruht euch ein bisschen aus und lernt alle kennen. Und dann könnt ihr während der Zeremonie mit Fisti Gassi gehen. Ihr müsst nur drauf achten, dass ihr um sieben wieder da seid, damit ihr das Abendessen nicht verpasst.»

IX

Touché», sagte Masud. «Der nomadische Geist ist ein Schwamm, der Ideen von überall aufsaugt. Manchmal bin ich nordisch. So, wie man, wenn man in einer Hose aus Leder jodelt, Schweizer wird.»

«Lederhose», sagte Radi. Ibtisam kicherte, und der Botschafter sah peinlich berührt aus. «Ich bin immer Schweizer», fuhr Radi fort. «Aber meine schweizerischste Angewohnheit ist wahrscheinlich, mich in die Badi zu legen.» Er benutzte das schweizerdeutsche Wort für das halb verfallene, halb private hölzerne Seebad am Ufer des Genfer Sees, das die Schweizer dem Strand oder dem Pool vorzuziehen schienen und das er in einem singenden, vage nach Berndeutsch klingenden Tonfall aussprach.

«*In die Body?*», wiederholte der Botschafter verwirrt.

Demian blickte auf und sah Livia und Toto am Empfangstresen stehen. Livia sprach, und Toto sah sich neugierig um. Er sagte: «Entschuldigen Sie mich» und stand auf, um zu ihnen zu gehen. «Livia!», rief er leise. «Schön, dass du es geschafft hast.» Er und Toto umarmten sich, und dann umarmte er sie. «Wo ist Fisti?», fragte er. «Ich dachte, du bringst ihn mit.»

«Er ist draußen bei deiner Tochter und bei Totos Date», sagte Livia. «Sie sind gleichaltrig, dem Aussehen nach, und sie lieben Hunde.»

«Was? Nicole ist hier? Wieso das denn?»

Er wollte zum Ausgang gehen, aber Toto fasste ihn am

Arm. «Lass sie mal», sagte er. «Die verstehen sich, und Nicole ist noch nicht ganz bereit für die Hauptsendezeit. Ich habe Miss Flake einfach so eingeladen, weil sie eh nie kommt und ich sie nicht mal kenne, aber jetzt steht sie da draußen und ist richtig nett zu deinem Mädchen, und dafür könnte ich sie küssen.»

«Ich weiß nicht, ob ich's hinkriege, dass sie beim Essen dabei sein können», sagte Demian. «Bei der Preisverleihung wollen sie definitiv nicht dabei sein, wenn es nichts zu essen gibt.»

«Ich habe ihnen schon gesagt, dass sie zum Essen kommen können», sagte Livia.

«Ich dachte, das gehört zusammen», stimmte Toto zu.

«Oh Mann.»

Toto blickte zu Boden und schabte mit der Fußspitze über den Teppich. «Wer entscheidet das denn?»

«Masud vielleicht? Naema ist gar nicht da. Sie hat ihren Enkel geschickt. Das ist der Typ da drüben, bei Masud und Ibtisam und dem Botschafter. Aber was macht Nicole hier?»

«Ich sag's nicht gerne, aber ich bin ihr begegnet, als sie auf der Kurfürstenstraße Männer aufgabeln wollte», sagte Toto.

«Und warum warst du da unterwegs? Ich dachte, du hast ein Date!»

«Sie wollte gerade zum Zoo, um die S-Bahn zu nehmen, und ein Freier ist ihr hinterhergelaufen. Ich hab sie an der Ecke gesehen und eingegriffen.»

«Okay, danke ...» Demians Miene war jetzt betont verwirrt, ganz bewusst starrte er auf ein weit entferntes Stück Teppich, um anzudeuten, dass er keine Ahnung hatte, was gerade vor sich ging. Natürlich war es witzig gemeint – so in der Art, dass er, wenn er wüsste, was hier vor sich ging, es lieber nicht wissen wollte, obwohl er es unbedingt wissen wollte, aber es leider wirklich nicht wusste.

Livia legte ihre Hand behutsam auf seinen Arm und sagte: «Das wird schon. Das Kind ist bloß verwirrt.»

«Oh Gott», wimmerte er gespielt und vergrub sein Gesicht an ihrer Schulter. Alle lachten und blickten auf, als sie die hohen lauten Stimmen der Mädchen hörten, die gerade die Lobby betraten.

«Toto! Da bist du ja!», rief Avianca. Sie führte Fisti an der einen Hand und Nicole an der anderen, und sie hüpfte ein wenig, als habe Fistis Art der Fortbewegung sie inspiriert.

Es sah recht gut aus, wie Nicole mit gleichmäßigen Schritten herankam, die Hand zur Sicherheit in Aviancas gelegt. Sie war richtig erleichtert, endlich auf Teppich zu laufen, wo die Absätze ihrer Stiefel nicht wie Pistolenschüsse knallten. Sie sagte, «Hey, Dad. Hey, Livia».

«Ich bin überrascht, dich hier zu sehen», antwortete Demian. «Eigentlich wirst du in ein paar Minuten zu Hause erwartet. Du solltest deiner Mutter schreiben. Sag ihr, dass du bei mir bist.» Weil ihm auffiel, wie rücksichtslos es von ihm war, sie vor einer Fremden wie ein kleines Kind zu behandeln, fügte er ein wenig plump hinzu: «Ihr seid also schon beste Freundinnen? Kanntet ihr euch vorher?» Die Fragen fühlten sich für ihn unverzeihlich an, doch er war wirklich verunsichert von dem, was sie Toto zufolge gerade getrieben hatte.

«Nein, wir haben uns gerade erst kennengelernt. Sie ist eine Freundin von Toto.»

Avianca ließ Nicole los und stellte sich vor. Sie ging nicht so weit, Demian zu küssen, sondern schüttelte ihm die Hand. Als brauchte sie lebendiges Fleisch, um sich sicher zu fühlen, ging sie wieder in die Hocke und legte einen Arm um Fistis Hals.

«Gut, sehen wir mal, ob wir euch eine Einladung zum Essen besorgen können», sagte Demian. «Ich stelle euch jetzt Masud al-Huzeil vor; seine Frau, Ibtisam; seine Exzellenz, den Botschafter; und Prinz Radi.»

«Ein Prinz?», sagte Avianca und sah Toto an. Sie richtete sich auf. «Du hast nicht gesagt, dass ein Prinz hier sein würde!» Sie richtete sich theatralisch das Haar und ihren Mantelkragen und machte einen kleinen Knicks.

«Wer ist wer?», fragte Nicole mit Blick auf die Gruppe, die sich – mit Ausnahme des Prinzen, der gerade eine Textnachricht in sein Telefon diktierte, in dem leicht gestelzten Französisch, das Telefone erforderten – lebhaft auf Arabisch unterhielten, immer wieder unterbrochen von Masuds schnaufendem Lachen.

«Pass zur Abwechslung einfach mal auf», sagte Demian. Er führte die beiden zu der sitzenden Gruppe und stellte sie, einen nach dem anderen, vor. Masud stand auf, um Livia und Avianca die Hand zu geben, doch der Botschafter schien sich nicht sicher zu sein, was er von ihnen halten sollte. Er blickte eindringlich zu Nicole, dann zu Masud und blieb sitzen. Masud war daher umso zupackender. Er fasste Nicole mit beiden Händen – er war ihr schon einmal begegnet, als sie noch ein unscheinbarer Junge war, schüchtern und klein für ihr Alter – und sagte, wie wunderbar sie aussehe. Endlich hob auch Radi den Blick. Er nickte zustimmend und stand dann auf, um den beiden die Hände zu drücken, sie mit Luftküssen zu begrüßen und um Nicole zu sagen, sie sei *magnifique*.

Avianca strahlte vor Vergnügen, als wäre sie persönlich daran beteiligt gewesen, sie für den Abend zu stylen. Nicole sah besorgt aus. Sie konnte sich schlecht Namen merken, war fahrig und nervös. Der Abend lief besser, als sie geplant hatte, aber auch ganz unerwartet. Vor allem wollte die Vorstellung nicht in ihren Kopf, dass Radi der Prinz sein sollte. Der Botschafter war älter und konservativ gekleidet. Weil Toto sie auf dem Weg zum Hotel zu Prinzessin Naema gebrieft hatte, hatte Nicole damit gerechnet, auf eine extrovertierte Dame in einem unvorteilhaften Hosenanzug zu treffen, die jünger war, als sie aussah, und Schönheits-OPs mit der Begründung ablehnte, dass ja niemand sich selbst ansehen müsse. (Toto hatte in seine Beschreibung leise Kritik an Schönheits-OPs eingewoben, weil er Demians Sorgen Nicoles Pläne betreffend ernst nahm.) Ins Männliche übertragen passte diese Vorstellung viel besser auf den Botschafter als auf Radi. «Vielen Dank, Eure Exzellenz», sagte sie ausweichend.

«‹Eure Hoheit›», flüsterte Avianca ihr zu.

«Ach, bitte», sagte Radi. «Nennt mich doch Radi. Und setzt euch.» Er legte seinen linken Arm auf die Rückenlehne des Sofas, und Nicole setzte sich außerhalb der Reichweite seiner Hand. «Kann ich euch was zu trinken besorgen? Ich hab mir sagen lassen, dass sie hier einen irren Straight Gin servieren.» Weil er während der Vorstellungsrunde getextet hatte, meinte er irrtümlich, Nicole und Avianca seien Prostituierte. Sie waren deutlich jünger als die anderen, trugen billige, auffällige Kleider; sie strahlten diese aufgesetzte Freundschaftlichkeit zweier

Escortladys aus, die sich vor der Tür eines Kunden zum ersten Mal begegnet sind, und Prostituierte waren eine schöne Ergänzung jeder Party, die diesen Namen verdiente. Die beiden schienen gut zu diesem Abend zu passen, der sich, Naemas redlichem Bemühen um ostentative Gastfreundlichkeit zum Trotz, infolge von Wissenslücken und allzu geringen Investitionen nicht ganz *comme il faut* entwickelte.

«Ist das was für mich?», fragte sich Nicole.

«Vielleicht ein Wodka Cola?»

Demian sah sie so eindringlich an, wie er nur konnte, um ihr die unmissverständliche Botschaft *Vergiss es, Kind, niemals* zu überbringen.

Sie hob ihr Kinn und senkte die Stimme, damit sie alt genug wirkte, um Alkohol in einer Bar zu trinken, und sagte: «Für mich einen Aperol Spritz. Es war ein langer Tag.» Sie klang unverkennbar männlich, wie ihr zu ihrem Schrecken sofort klar wurde. Doch sie errötete nicht, nahm sich nicht einmal die Zeit, ihr Kleid zu richten. Ihr Lächeln wich einer Miene gequälter Tapferkeit, grimmig und furchtlos, sie legte ihre effeminierte Pose ab, setzte sich auf und sah Radi kühn in die Augen – *out* aus Versehen und *proud* aus Prinzip, auch wenn dieses ein wenig gelitten hatte.

«Ganz bestimmt», sagte er. Für ihn war der Abend plötzlich um Längen interessanter geworden. Er winkte dem Concierge, der heraneilte, um spontan als Kellner einzuspringen.

Nachdem die Gruppe auf neun Personen angewachsen war, spaltete sie sich in zwei Teile auf, die grob als die Jungen und die Alten kategorisiert werden konnten. Avianca und Fisti saßen auf dem Teppich, mit Blick auf das Sofa, auf dem Nicole und Radi sich eingerichtet hatten. Masud, Ibtisam, Toto, Livia und der Botschafter hockten auf dem anderen Sofa und den Sesseln, nachdem Toto ein paar weitere aus der anliegenden Sitznische herbeigeschafft hatte.

Demian stand dazwischen und war sich nicht sicher, welches Lager ihn mehr interessierte. Von Nahem betrachtet und ohne ihren Mantel verfehlte Nicole als Mädchen ihr Ziel – die Brust zu flach, die Augen zu klein, der Oberlippenflaum musste dringend entfernt werden –, aber als Junge in Mädchenkleidern strahlte sie eine Sexiness aus, die sogar ihr Vater spürte. Wie er sie neben Avianca sah, musste er an die Szene in *Eine auswärtige Affäre* denken, in der Marlene Dietrich die rosig-attraktive Jean Arthur mit den Worten abtut, sie habe ein Gesicht «wie ein gut geschrubbter Küchenboden». Avianca war ein menschlicher Pfirsich, sexy auf eine Beiß-in-mich-rein-und-du-wirst-keinen-Widerstand-spüren-Art, aber Nicole – nicht als Mädchen, sondern als Junge, der ein Mädchen war – hatte Stil. Dieser Stil war beunruhigend, eine unbehagliche Mischung aus Selbstbeherrschung und blank liegenden Nerven, doch es war deutlich erkennbar, dass sie sich hohe Ziele stecken durfte. Er ließ seinen Blick, die Augen noch immer groß vor echtem und zugleich gespieltem Erstaunen, einen Moment lang auf Livia ruhen, die, obwohl sie sprach, keinerlei Emotion erkennen ließ. Ihre Schönheit war für ihn von der «Wer schaden könnt' und achtsam sich bewahrt»-Variante; sie schützte andere, indem sie ihre Krallen einzog wie eine Katze. Würde sie sich wie Nicole zurechtmachen oder wie Avianca nackt herumlaufen

(Avianca war keineswegs nackt, doch für Demian hatte sie etwas Nacktes an sich, so frisch und ungezwungen, wie sie war), würde es allen Anwesenden die Sprache verschlagen, da war er sich sicher. Sie würde es mit der kollektiven Vision der lebendigen Aphrodite in Pierre Louÿs' pornografischem Roman *Aphrodite* aufnehmen können. Und seine Tochter hoffte auf einen Körper, mit dem sie als Frau durchgehen konnte. Er seufzte.

Nicole entfaltete ihre schwarze Cocktailserviette und breitete sie auf ihrem Knie aus. Es war schwer, aus dem bauchigen Kelch zu trinken, ohne zu kleckern, und als sie sich den Mund abwischte, klebten ihre Finger. Sie sagte zu Radi mit tiefer und verruchter Stimme: «Wir bleiben nicht. Avianca und ich wollen vor dem Essen noch den Hund ausführen. Willst du nicht mitkommen?»

Radi fand das Angebot herrlich explizit, doch er sah sich gezwungen zu sagen: «Ich kann nicht. Ich bin es, der den Preis übergibt.» Nicole sagte, das sei doch sehr schade. Zur Beschämung ihres Vaters klang sie spöttisch und gönnerhaft, doch Radi antwortete: «Kein Problem. Wir sehen uns später, nach eurem Spaziergang.»

«Es wäre mir eine Ehre.» War das Sarkasmus? Demian war stark verunsichert.

«Wäre es das?», sagte Radi. Er beugte sich zu ihr – sie saßen ja auf demselben Sofa, aber einen Meter voneinander entfernt –, griff nach Nicoles Nackenhaar und zog leicht daran.

Demian zuckte zusammen, Nicole dagegen nicht. Sie sagte: «Doch», und Radi ließ seine Hand sinken und streichelte ihre Schulter. Nach einer – für Demian – gefühlten Ewigkeit drehte sie sich wieder zu Radi um und fragte –

taktlos, aber erkennbar mit der Absicht, ihre guten Manieren zu beweisen: «Also, Prinz Radi, was machst du so?»

«Beruflich?»

«Nein, um Spaß zu haben.»

«Mit dir reden, natürlich!»

Die Banalität und die Offensichtlichkeit ihres Flirts war zu viel für Avianca, und sie sagte: «Komm schon, Radi, was machst du so? Hast du einen Job, oder machst du nur so Prinz-Sachen?»

«Bei Zeremonien für meine Großmutter einzuspringen, ist für mich das höchste der Gefühle, was Prinz-Sachen angeht. Ich versuche, das zu ignorieren.»

«Würde ich auch. Wie findest du Livias Hund? Der ist der Beste, oder?» Sie rubbelte Fistis Ohren.

«Er gefällt mir sehr.» Es erstaunte ihn, dass der Hund Livia gehörte, und er sah zu ihr hinüber. Sie erwiderte seinen Blick ohne jedes Interesse und unterhielt sich weiter mit dem Botschafter. Er ließ von Nicole ab und beugte sich vor, um Fisti zu kraulen.

Avianca sagte: «Ich glaube, das ist der beste Hund, den ich je gesehen habe! Guckt doch mal, wie sich seine Ohren nach außen drehen!»

Fasziniert und zugleich gelangweilt begann Demian, dem Botschafter zuzuhören, der gerade eine Immobilieninvestition beschrieb, die er im Auge hatte. Das mögliche Bauprojekt lag in einem ehemals französischen Teil Istanbuls, wo Livia bereits mehrfach gewesen war. Mit vollendetem Feingefühl lobte sie ihn für seine Auswahl der heruntergekommenen Gebäude, die abgerissen werden sollten. Demian war sichtlich zwischen den beiden Unterhaltungen hin- und hergerissen, doch er spürte, dass seine Anwesenheit der Entfaltung von Nicoles Style im Wege stand. Was vielleicht etwas Gutes war? Oder nicht? Er nickte Livia zu und ließ sich auf einer Ecke ihres Sessels nieder. Dann stand er wieder auf. Er wollte sich zwischen den beiden Gruppen bewegen, aber er wollte ihr auch bei der Arbeit zusehen. Livia ging mit schwierigen Begegnungen um, indem sie sich gänzlich ihrer Performance hingab, schmeichelnde Körpersprache einsetzte und mit ihrer Miene warme, aber unpersönliche Emotionen zum Ausdruck brachte, während sie kurze Reden hielt, die gut informierte Neugier und absolute Diskretion ausstrahlten. Nichteuropäer fanden sie unnahbar oder arrogant. Das galt besonders für junge Leute wie Avianca, doch sogar den Botschafter hielt es auf Distanz. Sie verwies auf die dringende Notwendigkeit von bezahlbarem Wohnraum, die Fortschritte vor allem der japanischen Architektur in Bezug auf gemeinschaftlich genutzten Raum (all ihre Informationen stammten von Demian), das wärmer werdende Klima in Istanbul (reines Hörensagen – sie war seit der Niederschlagung der Proteste im Gezi-Park nicht mehr dort gewesen) und weitere Themen, die nichts mit ihr selbst zu tun hatten. Ihre Kunst der defensiven Gesprächsführung geriet nie ins Persönliche, nicht mal am Rande oder implizit. Und so blieben die dringendsten Fragen des Botschafters – ihre Adresse und ihre sexuelle Verfügbarkeit – undurchschaubare Mysterien. Eine solche Frage in einer so intelligenten, hochaktuellen Diskussion anzusprechen, hätte unmanierlich gewirkt und fehl am Platz. Er kontrollierte, ob sie länger als eine halbe Sekunde Blickkontakt mit ihm hielt. Tat sie nicht. Demian sah ihm an, dass er Qualen litt.

Noch immer stehend und sein Getränk trinkend, sah er weiter Livia zu und blickte zwischendurch immer wieder heimlich zu seiner Tochter, die jetzt zurückgelehnt auf der Couch lag, Radi mit glänzenden Augen anstarrte und auf alles, was er sagte, einsilbig und mit leisem Grunzen reagierte. In regelmäßigen Abständen schreckte sie unelegant auf und richtete sich das Haar, nur um dann wieder in ihre Rückenlage zurückzusinken. Avianca beteiligte sich aktiv an der Unterhaltung, nickte immer wieder zustimmend, was sie durch Einwürfe wie «Total!» unterstrich, und blickte wie bei einem Tennismatch von einem zum anderen, während sie mechanisch Fistis Rücken streichelte. Er hatte seinen Kopf zwischen seine Vorderpfoten gelegt und stellte sich schlafend. Radi untermalte seine Rede mit ausladenden Gesten. Allem Anschein nach redete er über das Kochen.

X

Im Verlauf von Nicoles Trans-Reise, die seit fast einem Jahr im Gange war, hatte Demian sich immer wieder zwingen müssen, seine inneren Schreckens- und Protestschreie zu unterdrücken, um, nachdem ein oder zwei Tage vergangen waren, zu erkennen, wie falsch er mit ihnen gelegen hätte. Ein spießiger, trampliger, ungenügend unterdrückter Konservatismus gab ihm trans-exkludierende feministische Gefühle ein, die aber wie gefrorener Blattsalat dahinwelkten, wenn sie mit den Nöten seines Kindes konfrontiert wurden. Gerade standen sie noch trotzig und wie eine eins; im nächsten Augenblick sackten sie schon in sich zusammen. Doch für diese instinktiven Zweifel, die in dem Drang wurzelten, sein Kind in Sicherheit zu wissen, in dem Drang, es zu beschützen (nicht das abstrakte Prinzip, das die Ärzte und Therapeuten des Kindes verfolgten, sondern ein konkretes, elterliches So-Sein, gegen das sich nicht ankämpfen ließ, die löwinnenhafte Weigerung, Schäden oder Bedrohungen hinzunehmen, das hartnäckige Bedürfnis, auf den Tisch zu hauen und aufzuhalten, welche Gefahr auch immer auf sie zukommen möge, was absolut inkompatibel damit war, sie überhaupt erwachsen werden zu sehen, ganz unabhängig von der Trans-Reise), für diese Zweifel sprach, dass sie auf tatsächlichen Empfindungen basierten, wie dies für jede vernünftige Ethik gilt. Während die unterstützende Haltung, wie er sie Harriet abgeschaut hatte – wenn er Nicole sagte, sie solle ihre

Wahrheit leben und so weiter, als sei er eine Art neutraler Sachwalter –, so aufgesagt wirkte wie ein Kompromiss, der durch Verhandlungen erreicht worden war. Dabei hatten weder Verhandlungen, noch irgendein Kompromiss eine Rolle gespielt. Er hatte sich in das Thema eingelesen und mit ihren Therapeuten gesprochen. Es schien Konsens zu herrschen, dass sie, wenn er ihr auch nur irgendetwas von dem verweigerte, was sie sich wünschte, jeden Kontakt abbrechen und, falls sie unter Druck gesetzt wurde, Selbstmord begehen würde.

Kurz gesagt, seine Ethik stand im Widerspruch zu seinem Handeln, das sich durch Zwang ergeben hatte. Weil er angenommen hatte, Handeln sei angewandte Ethik, verspürte er ein stetiges, nie endendes Rauschen der Bekümmerung in den Ohren, seit dem Tag, an dem sie ihr Coming-out gehabt hatte.

Seiner Frau – ein besserer Mensch als er – ging es nicht so. Der Geschlechtertausch störte sie nicht im Geringsten. Es war, als habe sie nie verstanden, was es für einen Mann bedeutete, einen Sohn oder Hoden zu haben, warum auch? Die Sache war ganz einfach, sofern etwas, das mit einer von Demians Emotionen zusammenhing, überhaupt als einfach bezeichnet werden konnte.

Toto sagte: «Entschuldigt mich», erhob sich von seinem Platz und tippte ihm auf den Arm. «Komm mal mit», sagte er.

Demian stand auf und folgte ihm an der Reihe von Sitznischen vorbei Richtung Wintergarten. Sie wussten beide nicht so recht, wohin sie gingen, nur dass sie sich irgendwo unterhalten mussten.

Jenseits der Rezeption füllte sich der breitere Teil der

Lobby allmählich mit Gästen. Einige der Männer schienen Deutsche im charakteristischen Winter-Look zu sein (spülwasserblondes Haar und bleiche Haut, in stylish engen Anzügen, denen es nicht geschadet hätte, ein wenig ausgelassen zu werden), während andere – offenkundig Araber – lange Gewänder trugen, dunkel und fließend oder weiß und steif wie gebackener Eischnee. Die arabischen Frauen, die größtenteils strassbesetzte Hosenanzüge trugen, schienen Kopfbedeckungen im Allgemeinen abzulehnen, dafür trugen viele der Männer welche, darunter auch zwei in voller Tuareg-Montur, mit herunterhängenden Gesichtsbedeckungen, die ihre Münder verdeckten. Einige trugen Dolche in juwelenbesetzten Futteralen am Bauch. Demian hoffte, dass es sich bloß um stumpfe Requisiten handelte, und seine Hand wanderte instinktiv zu der festen Seidenschlinge um seinen Hals. Einige der deutschen Frauen hatten sich für sexy Abendkleider entschieden, als sei dies nicht die Verleihung eines Literaturpreises, sondern eine Industrieveranstaltung, bei der reiche Player zu vermuten waren. In der Gesamtschau wirkte alles zusammengewürfelt und ungeordnet. Höchste Zeit, dass diese Leute auf ordentlich aufgereihten, geradlehnigen Stühlen Platz nahmen, die miteinander verschraubt waren – und jetzt war es beinahe so weit.

Toto führte Demian zu einer leeren Bar, einer von mehreren, die momentan nicht geöffnet waren. Sie setzten sich auf die Barhocker, von denen es nur zwei gab. Er eröffnete das Gespräch, indem er ernst und trocken sagte: «Jetzt lassen wir mal dem Schicksal seinen Lauf, und morgen kommt dein wiedergeborener Sohn zu dir und sagt, dass er schwul ist und das alles nur ein schlechter Traum war.»

«Das ist nicht witzig. Sie ist fünfzehn. Ich muss sie nach Hause bringen.»

«Das Schutzalter endet mit vierzehn.»

«Ich weiß, dass Pädophilie hier legal ist», sagte Demian. «Aber sie ist noch ein Kind. Vor ein paar Tagen hat sie mir ein Video gezeigt, in dem sich so eine Trans-Frau über Periodenschmerzen beklagt hat. Sie hat Angst, dass sie das auch kriegt, wenn sie Hormone nimmt. Ich saß nur da und dachte: ‹Sag jetzt nichts, sag kein Wort. Sie wird es dir nie verzeihen.› Aber wir schicken sie ja nicht auf die Nonnenschule. Die Grundlagen der Biologie sollte sie schon kennen.»

«Wir sind jetzt alle auf der Nonnenschule, Mann», sagte Toto. «Das ist das neue Mittelalter. *Homo sapiens* gehört nicht mehr zu den Tieren. Wir haben eine höhere Daseinsstufe erreicht.»

«Ich hätte eine Deutsche heiraten sollen. Die YouTube-Kanäle, wo sie ihre Ideen herhat, sind alle auf Englisch. Ihr Teletherapeut spricht Englisch. Der hockt in Delaware. Und Harriet sagt: ‹Mach doch, schneid deinen Penis ab, wen interessiert's, dann verlier ich einen Sohn, aber ich gewinne eine Tochter.› Für sie ist das wie der Umbau eines Gebäudes – als würden wir den Kirchturm abreißen, und schon ist es ein Gemeindezentrum. Und Nicoles Vorstellung davon, was es heißt, weiblich zu sein, diese Kleider und Schuhe ... wo weiblich sein doch bedeutet, weniger Selbstvertrauen zu haben, sich nützlich machen zu wollen und zu unterstützen und für weniger Geld mehr zu arbeiten. Das ist es, was Gender ausmacht, nicht die Optik! Wer hat denn Zeit, Kleider zu tragen? Wie oft kommt ein Mensch, der als Frau lebt, dazu, ein Kleid anzuziehen? Wann trägt Livia mal ein Kleid?»

«Sie hat bei eurer Hochzeit eins getragen. Du hast mit ihr getanzt. Du musst total besoffen gewesen sein, wenn du das vergessen hast.»

«Ah, stimmt.» Er erinnerte sich an einen gescheiterten Lambada. Bei genauerer Überlegung erinnerte er sich an weitere Gelegenheiten, zu denen er sie in einem Kleid gesehen hatte, darunter auch ihre eigenen Hochzeiten. Er hatte es verdrängt, weil sie dem Heiraten gegenüber wie ein kleines Mädchen war und sich durchs Leben treiben ließ, als habe sie keinen eigenen Willen, um in regelmäßigen Abständen den Avancen von Typen nachzugeben, die Frauen in Hauseingängen festhielten oder in Fahrzeugen zuschlugen, wo man ihnen nicht entkommen konnte. Diese Typen hielten sich für groß, gut aussehend und reich, selbst dann, wenn sie es gar nicht waren. Verglichen mit untersetzten, kahlköpfigen Proletariern waren sie es natürlich – und natürlich waren ihre Ehemänner groß, gut aussehend und reich, im Vergleich mit den meisten Menschen –, für ihn war es schwer, das zu beurteilen. Manche Männer sahen unendlich gut aus, und andere waren unvorstellbar reich. Nur die Körpergröße kannte Grenzen. Er konnte sich nicht erinnern, dass irgendeine ihrer Beziehungen länger als zwei Jahre gehalten hätte. Sie war eine Geliebte, eine Ehefrau, wie reiche Männer sie sich gern zulegten. Keine Trophäe, sondern ein Wanderpokal. Sie war immerzu verliebt, das sagte sie jedenfalls. Sie sagte es regelmäßig Demian und niemandem sonst.

Er ließ die Reihe ihrer Ehemänner im Gedächtnis Revue

passieren. Der erste war definitiv und im wahrsten Sinne groß gewachsen, an die zwei Meter, Mitte zwanzig, ein egomanischer Verleger von Kunstbüchern. Er sah aus wie ein Filmstar, aber aus der falschen Generation – ein Action-Star der Zwanzigerjahre, dünn und schlaff, mit hoher Stirn. Geld zum Ausgeben schien er keins zu haben (ging nur selten essen, gab nur selten eine Runde aus), dafür aber Zugang zu Häusern und Booten und so weiter, und er hatte Livia schonungslos gequält. Sie waren beide mit eigenen Projekten beschäftigt, noch zu jung, um an Kinder zu denken. Er verabredete sich irgendwo mit ihr und kam dann einfach nicht. Es war für alle klar ersichtlich, dass er Geliebte hatte, doch für ihn waren die kein Thema, weil sie ja seine Frau war. Als ihm nach anderthalb Jahren eine mexikanische Schauspielerin eine Vaterschaftsklage anhängte, wies Livia ihren Anwalt an, die Scheidungspapiere ffertig zu machen und sie ihm zuzustellen, sobald man ihn finden konnte. Er war einverstanden, und das war es dann.

Ihr zweiter Ehemann, neunzehn Jahre älter als sie und nicht sehr groß – eins achtzig mit Schuhen –, saß im Aufsichtsrat zweier DAX-Unternehmen. Er starb, um Hilfe krächzend und sein Hemd aufreißend, an einem unangekündigten Herzinfarkt auf der Terrasse eines abgelegenen Ski-Chalets in den französischen Alpen. Sie habe ihn sehr geliebt, sagte sie, doch darüber hinaus hätten die Umstände seines Todes sie traumatisiert. Erst Jahre später hatte sie beschreiben können, wie sie in dem Ferienhaus hin und her gelaufen war und versucht hatte, vier Dinge gleichzeitig zu tun (Herzdruckmassage, einen Defibrillator finden, einen Krankenwagen rufen, ihren sterbenden Ehemann trösten), und in allen vieren versagt hatte. Krankenwagen haben keinen Allradantrieb, sodass man an abgelegenen Orten im Winter die Feuerwehr rufen sollte oder die Bergrettung. Während sich ihr Ehemann krümmte, wandte sie all ihre Kraft auf, um immer wieder auf seine Brust zu drücken, während der Krankenwagen fast einen Kilometer entfernt parken musste, am Fuße eines Hangs. Der Arzt stieg mit seinem Defibrillatorkoffer vorsichtig die Einfahrt hinauf, rutschte immer wieder auf dem Eis aus und kam gerade rechtzeitig, um den Tod festzustellen. Demian war nach Genf geflogen und von dort mit einem Hubschrauber nach Avoriaz, um sie nach Hause zu holen.

Der Beschützer, den sie sich wünschte – nicht bloß «großzügig» und präsentabel, sondern präsent, aufmerksam, hilfsbereit, liebevoll, handwerklich geschickt, ohne Angst vor großen Spinnen und so weiter –, war ihr nie über den Weg gelaufen. Von allen, die sie persönlich kannte, war es Demian, der einem Mann zum Heiraten am nächsten kam. Es war immer schon Demian gewesen, doch der war seit dem dritten Unijahr mit Harriet zusammen. Er hatte Livia dringend davon abgeraten (sie beide studierten Architekturgeschichte, er mit Schwerpunkt Wohnungsbau, sie Englische Gärten), den Verleger zu heiraten, weil er «das Menetekel gelesen» hatte. Doch er sagte ihr nicht, was das Menetekel (Harriet) gemeint hatte (nämlich dass der Typ ein Macho-Dreckstück war). Weil Harriet entschied, ihre Ausbildung nach dem Diplom-Ingenieur am MIT fortzusetzen, verbrachten sie das verflixte siebte, besonders krisenanfällige Jahr ihrer Ehe außerhalb von Livias Reichweite. Der vorsichtige, pragmatische Demian schätzte Stabilität. Weil er von Haus aus rücksichtsvoll und nett war, maß er den Wünschen seiner Frau mehr Gewicht zu als seinen eigenen. Die geschiedene Gelegenheitsbesucherin Livia konnte da nicht mithalten. Bei der Rückkehr nach Europa war er bereits Vater.

Er starrte auf seinen Ehering und fragte: «Hast du Nicole wirklich dabei erwischt, wie sie sich prostituiert hat?»

«Nein», gab Toto zu. «Das war nur so eine Vermutung wegen ihres Outfits und weil dieser Typ ihr hinterhergelaufen ist. Sie war wahrscheinlich das einzige Mädchen da, das ein Kleid anhatte. Aber es ist nicht fair, einer Fünfzehnjährigen vorzuwerfen, dass sie Sex und Sexarbeit verwechselt. Wie du sagst, sie ist ja noch ein Kind.» Beim Gedanken an diese merkwürdige Erscheinung und an das Thema Verfolgtwerden im Allgemeinen sah er sich um. Und da war er und beobachtete ihn über seine Sonnenbrille hinweg: Nicoles Verfolger. «*Shit*», sagte Toto und drehte sich wieder zur Bar. «Das ist der Typ. Auf sieben Uhr, Schnurrbart.»

Demian sah einmal kurz hin und sagte «Ein Bulle. Sieht man doch. Verdammte Scheiße. Wo sind alle? Wir müssen rein. Die Preisverleihung fängt gleich an.» Er warf einen Blick in die Lobby und lehnte sich zurück, um besser sehen zu können. Niemand saß mehr auf den Sesseln oder den Sofas. «Wir sind spät dran», sagte er und klopfte nervös seine Anzugtaschen ab, um ja nichts zu vergessen. Dann sah er Masud an einer der geöffneten Bars stehen und sagte: «Nein, wir haben noch Zeit.»

«Für mich ist es schwer zu sagen, ob sie das wirklich hinkriegt», sagte Toto. «Ich kenne sie schon so lange.»

«Mir geht's genauso», sagte Demian. «Weißt du noch, als wir in der Schule waren, war *Gender* etwas, das einem von außen aufgezwungen wurde. Es hieß, man kann nichts oder niemanden ansehen, ohne es binär einzuordnen. Und jetzt soll es diese Binarität gar nicht mehr geben. Also genau das, was eigentlich unmöglich sein sollte. Wenn ich Nicole angucke, sehe ich meinen Jungen vor mir. Eigentlich ist sie ja noch ...»

«Ich versteh schon. Sie hat die *Performance* einfach nicht drauf. Die meisten Frauen haben das nicht drauf. Nicht mal Avianca hat das drauf.»

«Avianca muss nichts performen. Sie ist so sinnlich. Klingt das bescheuert?»

«Ich kenne sie ja erst seit heute. Ich wusste das nicht! Aber Livia hat sie drauf, diese Performance von Weiblichkeit. Du solltest sie bitten, Nicole unter ihre Fittiche zu nehmen.»

Demian schüttelte den Kopf. «Ich weiß nicht. Das ist irgendwie so ... schwul? Du weißt schon, die Schwulen denken immer, eine echte Frau ist jemand wie Livia, schön und voller Tragik. Nichtschwule Männer sehen durch die Fassade hindurch. Das klingt jetzt *richtig* bescheuert. Ignorier mich einfach.» Wieder musste er an Livias Männergeschmack denken, und ihm kam seine Vermutung in den Sinn, Livia könnte nicht nur auf Männer stehen. Wäre sie hetero, überlegte er, würde sie vielleicht auf wahrhafte Maskulinität reagieren und nicht nur auf Körpergröße, Gesichtsformen und Reichtum. Das ist es, dachte er. Livia ist eine Lesbe! Diese Typen erregen ihre Aufmerksamkeit, indem sie Männlichkeit performen, anstatt sie zu verkörpern. Maskuline Personen wie er selbst (reiner Selbstbetrug; er war schmal, mit Manieren und hübschem Gesicht, und hielt es für den Beweis sportlicher Stärke, mit dem

Fahrrad zu fahren) konnten dagegen ewig in der Ecke sitzen, so burschikos sein, wie sie nur wollten, als unsichtbare und elende männliche Mauerblümchen. Das war nicht ganz ernst gemeint; er erzählte sich oft selber Witze.

«Definiere ‹Fassade›», sagte Toto. «Die Frauen, mit denen ich schlafe, sind unbekleidet und frisch geduscht. Ihre Performance besteht darin, Arsch und Titten zu haben.»

«Aber du würdest sie nicht so kennenlernen wollen», sagte Demian. «Stell dir vor, du triffst am Pool ein Mädchen im Bikini, und dann zieht sie sich weiße Spitze an und diesen roten Lidschatten. Heulen würdest du.»

«Solche Mädchen haben Tattoos. Mädchen mit Tattoo fass ich nicht an. Kein Mädchen, dem die Freiheit wichtig ist, lässt sich ein Tattoo stechen.» Er schlug mit der Faust auf den Tresen. «Kein Mädchen, das auch nur ein Fitzelchen kriminelles Potenzial hat, lässt sich tätowieren oder piercen. Das ist ein dauerhaftes Erkennungszeichen.»

Demian nahm einen Bierdeckel und ließ ihn wie eine Münze um die eigene Achse rotieren. «Also, verrat mir mal, was hat der Prinz mit meiner Tochter vor?»

«Er ist nett zu einem Baby-Trans-Mädchen, aus Solidarität. Du überschätzt ihre Attraktivität.» Gelangweilt von Nicole wechselte er das Thema. «Also, ich war vor ein paar Tagen bei so einer interessanten Filmpremiere in Potsdam.» Demian schloss die Augen, neigte den Kopf und tat so, als würde er schlafen, doch Toto störte das nicht. «Das war so eine Doku ohne Budget über einen kommunistischen Dichter, der ein paar Übersetzungen gemacht hat, die ich in Ostberlin gekauft habe. Taoistisches Zeug, das Gefängnistagebuch von Ho-Chi Minh und so. Im Film erzählt er von seiner Kindheit im Krieg und wie er als einfacher Dichter nach China gegangen ist, als Literaturscout für irgendeinen ostdeutschen Verlag. Und dann plötzlich, ohne Vorwarnung, war er persönlicher Assistent des Leiters des Politbüros des ZK. Und ich so, *Was?*»

«Steile Karriere.»

«Kommunisten sind die einzigen Menschen auf der Welt, denen Literatur wichtig ist. Er war Dichter und Lektor – und dann zack, regiert er das Land.»

«Du vergisst die Araber. In Abu Dhabi gibt es einen Reality-TV-Wettbewerb für klassisches Arabisch, der *Dichterfürst* heißt, und noch einen für Umgangssprache, der heißt *Dichter der Millionen*. Die sind groß!»

«Aber die Sieger regieren nicht das Land.»

«Nein.»

«Dann ist der Film fast zu Ende, und so eine Süße interviewt den Dichter und den Regisseur auf der Bühne, kleine Podiumsdiskussion, und der Dichter erzählt Geschichten. In einer ging's darum, wie Wolf Biermann angefangen hat, regimekritische Gedichte zu veröffentlichen, und jeder im Verlag wollte derjenige sein, der ihn umerzogen kriegt. Man lud Wolf Biermann vor, um ihm vom Leiden der Künstler im Westen zu erzählen oder so, und schloss Wetten ab, wann er unterschreiben würde. Die Wetten liefen unter der Hand. Aber alle haben verloren, weil Biermann sich eben nicht umerziehen ließ. Und der Mann erzählt diese Geschichte, als wär's was Witziges, als hätten sie den nie ausgebürgert und ihm die Wiedereinreise verweigert. Das war krass böse.»

«Interessant.»

«Er hat gesagt, wie toll es in China während des Großen Sprungs nach vorn war. Die berühmte Hungersnot? Seine

Mama kam ihn in Peking besuchen, als alle nur Raupen und Baumrinde gegessen haben, und sie hatten richtig Spaß. Ich hatte ein paar Fragen für die anschließende Diskussion, aber die wollten alle nur über die Ukraine reden – wie böse die Ukraine doch ist, weil die den Krieg nach Europa tragen wollen. Und der niedliche alte Dichter findet das auch und hebt seine Stimme ein bisschen, mit so einem Blick, der hilflos, aber trotzig ist, und er klingt ganz piepsig. Kennst du diese Cartoon-Maus mit der Nerd-Brille?» Toto hatte sich zu Demian gedreht, die Arme durchgestreckt und die Hände auf den Knien, sich an die Details jenes Abends erinnernd.

Demian sah ihn verwirrt an. «Du meinst *Maus* von Art Spiegelman?»

«Keine Ahnung», sagte Toto. «Vielleicht meine ich den. Oder *Stuart Little*?» Ihm fiel ein, dass Demian sich nicht auskannte bei amerikanischen Kinderbüchern oder Fernsehsendungen, und er dachte, dass es wirklich *Maus* sein könnte. «Prinz Radi sieht irgendwie so ähnlich aus.»

«Mich amüsiert, wie sehr es dich überrascht, dass ein Kommunist ein schlechter Mensch sein könnte.»

Toto drehte sich wieder zur Bar, um seine Ellbogen aufzustützen. «Hey, als ich jung war, haben sie noch die Linke angeführt. Aber keiner hat mir gesagt, dass die niedlich sein können. Ich dachte, die Leute hätten Angst vor denen. Vielleicht haben die Russen Stalin ‹Papa Joe› genannt, weil er so niedlich war wie ein kleines Kaninchen.»

«Um die Welt zu beherrschen, musst du niedlich sein. Die Menschen würden einem Kaninchenbaby in den Abgrund folgen.»

Toto drehte sich wieder, um die Lobby nach Lebenszeichen abzusuchen, und sagte: «Ich wüsste gerne, ob Radi heute schon irgendwelche Journalisten hat abschlachten lassen.» Masud stand noch immer an der Bar; der gruselige Stalker war verschwunden. Folgte er immer noch Nicole? Aber die war jetzt bei Radi, nicht nur bei Avianca und dem Hund, ihr würde schon nichts passieren. Radi würde sich nichts gefallen lassen. Er hatte wahrscheinlich sogar einen Bodyguard.

«Das sind die Saudis», erwiderte Demian. «Er kommt aus einem der liberalen Emirate.» Er rückte seine Krawatte zurecht, die ihm plötzlich eng vorkam, und sagte: «Ich muss Nicole finden und sie nach Hause bringen.»

«Aber du willst nicht. Wenn er sie schwul machen würde, wäre dein Albtraum vorbei.» Er klopfte seinem Freund auf den Rücken. «Komm schon, gib's zu!»

«Ich muss wirklich los.»

«Bin gleich wieder da», sagte Toto und drehte sich auf seinem Barhocker, um nach dem Schild für die Toiletten Ausschau zu halten. Er fand es, rutschte vom Hocker und verschwand.

Demian stand auf und sah sich ebenfalls um. Er sah, dass Masud noch immer allein mit seinem Drink an der geöffneten Bar stand. Er ging auf ihn zu. «Masud!», rief er.

«Mein Bruder!», erwiderte Masud und umklammerte fest seine Hand, anstatt ihn zu küssen.

«Es ist so schön, hier zu sein. Vielen Dank noch mal für die Einladung.»

«Die Ehre ist ganz meinerseits.»

«Ich hoffe, der Familie geht es gut?»

«Gleichfalls. Wie gut deine Tochter aussieht!»

«Danke.» Er nutzte die Gelegenheit und bat darum, eine Frage stellen zu dürfen. Masud war natürlich einverstanden, und Demian sagte – leise, weil er sich gerade lächerlich machte – «Was hältst du von seiner Hoheit, dem Prinzen? Was macht er da?»

«Womit?»

Die Scham fuhr wie ein stechender Schmerz in ihn hinein, und er sagte: «Mit Nicole.» Was in Gottes Namen stimmt nicht mit mir, ging es ihm durch den Kopf; ich klinge wie ein schrulliger, rechtschaffener Handwerksmann, der fragt, ob der königliche Herr denn auch ehrbare Absichten seine Tochter betreffend hege. Nur hoffe ich, dass sie in die Fänge eines Sextäters gerät, nicht an jemanden, der sie heiraten will – einfach ein ganz stinknormaler Aufreißer, aber mit Kondom. Nicht so ein Romantiker, der sie zappeln lässt und ihr das Herz bricht. Nein, nein, nein. Damit will ich nichts zu tun haben.

«Radi ist jung, aber seine Großmutter genießt als intellektuelle Größe weithin Respekt», antwortete Masud und nickte aus tiefer Ehrerbietung gegenüber dem abwesenden Ehrengast.

«Weißt du, ob Radi ... Ist er ...» Demian nahm all seinen Mut zusammen und sagte: «Ich frage mich, ob er schwul ist.»

Masud streckte den Arm aus und tätschelte ihm die Schulter. «Demian, mein Freund», sagte er. «Warum den Mann in kolonialistische Denkschubladen stecken?» Demian sah ihn verwirrt an. «Eure Kolonisten kamen im 19. Jahrhundert zu uns, als sie einander für das vor Gericht gezerrt und umgebracht haben, was sie selbst am meisten liebten – sich mit jungen Männern und Knaben zu vergnügen. Und jetzt nennt ihr uns ‹mittelalterlich›, weil wir praktizieren, was ihr uns beigebracht habt. Ha!»

«Moment. Wir nennen euch ‹mittelalterlich›, wenn ihr schwul seid?»

«Nein. Wegen unserer Grausamkeit! Die Briten haben die Araber gelehrt, grausam zu sein. Nach islamischem Recht steht auf Sodomie die Todesstrafe, wenn vier rechtschaffene Männer es bezeugen können. Aber warum sollten vier rechtschaffene Männer einem Akt der Sodomie beiwohnen? Das ist ein Rätsel, kein Gesetz. In den ersten tausend Jahren des Islam kam das Gesetz kein einziges Mal zur Anwendung. Unsere besten Juristen haben wunderbare Gedichte über bartlose Knaben geschrieben. Sind die denn weniger schön als Frauen?»

Demian sagte nichts, dachte nur bei sich, ja sicher – bist du blind?

Masud, der ihn offensichtlich für schwer von Begriff hielt, sagte: «Mein lieber Freund. Radi ist nicht schwul. Wenn er schwul ist, bin ich es auch.»

XI

Als er einen Bekannten auf sich zukommen sah – einen Mann in saudischem Gewand, dessen Shemag mit golfballgroßen Quasten besetzt war –, wechselte Masud das Thema und fing an, über das Wetter in Norwegen zu sprechen. Demian hörte ihm mit großen Augen zu und wartete nervös darauf, dass Toto zurückkam. *Masud nicht schwul, okay – hat er mich deshalb immer auf diese langen Spaziergänge ins Nichts mitgenommen und meine Hand gehalten …?* Gleichzeitig schämte er sich, weil ihm die Freundschaft des großen Schriftstellers viel bedeutete, die immer unschuldig, unkompliziert und großzügig gewesen war. Aber waren echte Männer so?

Ein paar Schritte hinter Masud und dem Neuankömmling betraten Demian und Toto einen Saal, auf dessen Schild «Bellevue» stand. Der Raum war groß und in demselben aufgesetzt dezenten Nachkriegsstil eingerichtet wie der Rest des Hotels. Ein deckenhoher Vorhang hinter dem Podium verbarg das Publikum vor neugierigen Zuschauern und vorbeifahrenden Autos. Die Gästeschar, die in der schmalen Lobby beträchtlich gewirkt hatte, bestand in Wahrheit nur aus etwa dreißig Personen. Sie waren fünf Minuten zu spät, doch auf dem Podium war niemand, und es tat sich noch nichts. «Das sind weniger Leute, als ich dachte», raunte Demian.

«Mehr Essen für uns», antwortete Toto. Während Masud sich zu Ibtisam setzte, wählten sie Plätze in der Mitte des Raumes, am Mittelgang, vier Reihen hinter der nächsten besetzten Reihe.

Auf jedem der 240 gepolsterten Stühle lag ein Programm der Veranstaltung, gedruckt auf steifem Karton. Das Geschenkpaket bestand aus einem ledergebundenen Notizbuch mit dem Wappen der Herrscherfamilie, einer Bibliografie von Naemas Werken (sie genoss in den Emiraten eine gewisse Bekanntheit als konservative feministische Philosophin im Selbstverlag), Masuds 1998 erschienene Kurzgeschichtensammlung in der deutschsprachigen Suhrkamp-Ausgabe und ein Kugelschreiber aus Nickel und Palisander. Unabhängig voneinander und ohne sich abzusprechen, nahmen beide Männer die Stifte aus ihrer Hülle und steckten sie in die Innentaschen ihrer Jackets, warfen einen kurzen Blick auf das Programm – Vor- und Rückseite – und legten den Rest unter ihre Sitze auf den Boden.

Das gedruckte Programm war außergewöhnlich detailliert und machte ihnen Hoffnung. «18:00–18:02 – Einleitende Worte Seiner Exzellenz des Botschafters. 18:03–18:07 – Begrüßung durch Ihre Königliche Hoheit. 18:08–18:15 – Laudatio durch Prof. Dr. honoris causa mult...» Nach dieser exakten Abfolge präziser und zeitlich streng begrenzter Beiträge, die pünktlich um 18:45 enden sollten, würde um 19:00 im Pavillon das Menü des mit Michelin-Stern ausgezeichneten Kochs serviert werden. Schon jetzt war es sieben Minuten nach 18:00. Die arabischen Gäste saßen im Pulk ganz vorne, um den Botschafter versammelt, der in Abwesenheit Naemas automatisch zum Ehrengast wurde, genau wie Masud und Radi. Ein paar Sekunden lang suchten die Freunde vergeblich das

Publikum ab, bis Toto sagte: «Da ist Livia.» Sie saß neben Ibtisam in der dritten Reihe und unterhielt sich. Mit ihrem dunklen Mantel und dunklem Haar fiel sie nicht auf.

«Wo sind die Mädchen?», fragte Demian. Er drehte sich um, ob sie sich vielleicht im hinteren Teil des Raumes herumdrückten, doch dort standen nur Tische. Seine Befürchtungen sprach er lieber nicht laut aus. Vielleicht hatte Nicole sich mit Radi zurückgezogen, um sich zu vergnügen. Vielleicht heulte sie allein auf der Damentoilette. Alles, was er hatte, war ein geistiger Schmierblock der Möglichkeiten, die nicht einmal als Ideen oder Theorien durchgehen konnten – die hätten mehr Substanz gehabt. Außerdem konnte es genauso gut sein, dass sie nach Hause gegangen und Avianca mit dem Hund allein gelassen hatte.

«Ich wette, sie führen Fisti aus», sagte Toto.

«Siehst du Radi irgendwo?»

Er schüttelte den Kopf. «Der vertritt ja Ihre Königliche Hoheit, also dürfte Programmpunkt zwei schon mal ausfallen. Die können früher zur Sache kommen, und wir kriegen früher was zu essen.»

Der Botschafter trat um 18:16 auf die Bühne und sprach zwölf Minuten lang auf Arabisch. Dann stand ein schmächtiger Deutscher mit grauem Bart auf und las eine vorab angefertigte Übersetzung der Ansprache des Botschafters vor. Das dauerte nur sieben Minuten, weil der Botschafter recht viel ausgeschmückt hatte. Als Radi an der Reihe sein sollte, war es 18:35. Ein älterer Herr mit schwarzer Baskenmütze und rotem Schal wurde auf Arabisch vorgestellt und trug etwas vor, das wie der Canto eines Versepos klang. Er stand nicht auf dem Programm.

Demian versicherte Toto, er habe keine Ahnung, was gerade geschehen war oder wer der Mann gewesen sein könnte. Inzwischen war es 18:48. Im vorderen Teil des Raumes öffnete sich eine Tür zum Gang, und Radi trat herein, um eine von Naema verfasste Hagiografie – ebendie, die in englischer Sprache in den auf jedem der Sitze ausgelegten Pamphleten abgedruckt war – mit etwas Mühe auf Arabisch und mit ebenso viel Mühe auf Deutsch zu verlesen, woraufhin die Uhr bei 19:04 stand.

Demian versuchte, sich in Trance zu versetzen.

Toto zappelte herum und fragte sich, ob sie Nicole unbeschützt zurückgelassen hatten. Weil sie aber wahrscheinlich bei Avianca und Fisti und unter den wachsamen Augen des Hotelpersonals war, würde, selbst wenn der Perverse (Klaus) den Mut aufbrachte, sich zu entblößen oder was er da vorhatte, jemand da sein und verhindern, dass die Situation allzu haarig wurde. Ganz zu schweigen von Nicole selbst, die den Kerl unmöglich für sexuell akzeptabel halten konnte. Jetzt, da sie Radi hatte, war er definitiv aus dem Rennen. Der weibliche Verstand (Toto gefiel es, Nicole einen weiblichen Verstand zuzuschreiben) fühlt sich in jeder Situation zu dem Mann mit dem höchsten Status hingezogen, und das war eindeutig Radi, selbst die zwielichtigen Typen hinter der Rezeption standen noch über dem Perversen. Das war ein Prinzip, das er selbst sich schon viele Male zunutze gemacht hatte, indem er im frisch gebügelten Hemd ohne einen einzigen fehlenden Knopf in Absturzkneipen gegangen war.

Klaus hatte sich unterdessen ein gezapftes Bier bestellt, das warm und ohne Chips oder Nüsse serviert wurde. Abgelenkt vom Bestellen, Sichbeschweren und Zu-früh-Bezahlen, war ihm der übereilte und heimliche Aufbruch der Mädchen entgangen. Sich auf seine Intuition verlassend, hatte er sein halb leeres Bier stehen gelassen, um mit dem Aufzug ins Restaurant zu fahren. Er war nicht unfehlbar; und als er zurückkam, war sein Glas abgeräumt worden. Jetzt saß er schmollend vor dem Ersatzbier, das ebenfalls warm war.

Als Radi die Preisverleihung wieder verließ, wie er gekommen war, standen noch fünf Punkte auf dem Programm: die Überreichung des Preises durch den Professor, Masuds Dankesrede, Grußworte eines Mitarbeiters der deutschen Kulturstaatsministerin, Masuds Lesung aus dem eigenen Werk sowie die Schlussworte des Botschafters.

Radis verspäteter und nur kurzer Besuch der Veranstaltung, deren Gastgeber er angeblich war, war auf eine dringliche Textnachricht des Botschafters hin erfolgt. Die beiden jungen Damen hatten ihn von seinen Pflichten abgelenkt, drüben im Hotelbistro, wohin er sie für weitere Aperitifs geführt hatte. Deren samtverhangener Eingang ging zum Flur hinaus, der zum Bellevue-Saal führte, nur ein paar schnelle Schritte auf dickem Teppich entfernt. Das Bistro, fensterlos, mit dunklen, runden Sitznischen, war leicht zu übersehen, genau wie diejenigen, die darin saßen. Die Beleuchtung ging nicht über das Minimum hinaus, das notwendig war, damit die Gäste nicht über mattschwarze Hunde stolperten – Teelichte hinter Rauchglas, symmetrische Marmorwandleuchter, die ein schwächliches, flackerndes, orangefarbenes LED-Licht verbreiteten. Dies war die Aufreißzone des Hotels, wo eine zweiundsechzigjährige Frau für achtundvierzig gehalten werden konnte und jüngere Menschen glamourös und geheimnisvoll erschienen.

Seit sie hier saßen, hatte Avianca den Großteil des Gesprächs bestritten, auf Radis Stichworte hin, der – genau wie Livia – wusste, wie man Fragen schmeichelhaft formuliert. Anders als Livia jedoch hatte er kein Interesse daran, das Ganze möglichst unpersönlich zu halten. Und so wurden er und Nicole in die detaillierteste Autobiografie eingeweiht, die Avianca seit ihrer Ankunft in Berlin von sich gegeben hatte. «Meine Eltern haben sich getrennt, als ich noch klein war», erklärte sie, immer wieder von ihrer Margarita schlürfend, «also habe ich bei meinem Dad gewohnt, der Pfleger in einer Psychiatrie ist, in Charles Town, West Virginia. Er musste viele Spätschichten übernehmen, und keiner der Nachbarn wollte sich um mich kümmern. Aber wir wohnten in der Nähe einer Blockbuster-Videothek, das war eine der letzten, weil dem Typen das Haus gehörte. Das war so ein netter älterer Typ, den alle Raelius nannten, weil er Ray hieß, aber so eine Art weiser Philosoph war, wie so ein alter Grieche. Und der hat mich in seinem Laden abhängen lassen, wenn mein Dad arbeiten war. Also fing ich an, auch da zu arbeiten. Das war Kinderarbeit, aber eigentlich auch nicht, weil ich bloß DVDs zurück ins Regal räumen musste und Kassetten zurückspulen und so. Das hat Spaß gemacht, und er hat mir fünf Dollar die Stunde gezahlt. Aber das Geschäft lief richtig schlecht und wurde immer schlechter, und er hat zu viel getrunken und bekam dann Darmkrebs und starb, wovon ich nicht viel mitbekommen habe, weil ich noch ein Kind war. Er wohnte ja nicht in dem Laden, es hat ihm nur das Gebäude gehört. Und als er starb, hat er es mir vererbt. Das ganze Haus! Seine Kinder waren nicht so begeistert. Die haben mich praktisch aus der Stadt gejagt! Also musste ich bei meiner Tante in Little Philadelphia unterkommen, das ist der schwarze Teil von Sheperdstown. Die meinte, bring die Arschlöcher vor Gericht! Hab ich dann auch gemacht. Sie musste einen Kredit aufnehmen, um den Anwalt zu bezahlen, aber das war es wert, weil wir am Ende einen sehr ordentlichen Vergleich hatten. Und ich dachte, was mach ich jetzt mit dem ganzen Geld? Ich hab ein bisschen meiner Tante gegeben, ein bisschen meinem Vater, und dann dachte ich mir, bevor ich es fürs College oder sonst was verschwende, will ich lieber die Welt sehen. Also habe ich mir eine Kabine auf der *Queen Mary 2* gebucht, von New York City nach Europa.»

«Du bist mit dem Schiff gekommen?» Radi war beeindruckt.

«Ich mag keine Düsenflieger. Ich finde schon, dass Menschen fliegen sollten, aber nicht so schnell. Eher so wie Feen oder Schmetterlinge, so flatternd. So will ich fliegen.»

«Ein Heißluftballon würde dir gefallen», sagte er. «Wir sollten irgendwann mal zusammen Ballon fahren.»

«Das wäre toll», sagte sie. «Jedenfalls war es super, diese ganzen alten reichen Leute bei den Mahlzeiten auf dem Schiff kennenzulernen, weil man sich nicht aussuchen kann, bei wem man sitzt, und dann bin ich nach ...» Sie suchte nach dem Namen des Hafens (Southampton) und sagte schließlich: «London? Und da war's einfach nur teuer und versnobt, überhaupt nicht freundlich, zumindest nicht die bekannten Stadtteile. Brixton war okay. Aber immer noch teuer. Also bin ich nach Paris, und da waren sie genauso schlimm. Dann habe ich mir überlegt, bevor ich in den Süden fahre, will ich nach Berlin, und es war irgendwie, keine Ahnung. Genau wie West Virginia? Vor allem im Süden, also im Süden von Berlin. Ich dachte, das ist es! Alles ist so *billig*, sogar meine Miete. Hier kann ich von dem Geld, das ich habe, ewig leben. Das ist mir wichtig – nicht zu arbeiten, und das so lange, wie ich damit durchkomme.» Sie lachte über sich selbst, aber auf eine freundliche, nachsichtige Weise. «Mein Plan ist, mich mit so vielen Leuten anzufreunden, wie ich kann, für so lange, wie es geht.»

«Du bist genau wie ich», sagte Radi. «Wir sind wie Zwillinge.»

«Aber ich bin mir sicher, dass du studiert hast», sagte Avianca. «Ich hab hingeschmissen in der ...» Sie runzelte die Stirn und sah zum Eingang, dem hellsten Fleck der Bar, als würde sie in ihrem Bewusstsein nach dem schwer zu fassenden Widerschein früherer Schulbildung suchen. Sie erinnerte sich an die friedliche, ruhige Videothek, an einer Haarnadelkurve am Rande eines Bergdorfes gelegen. Das Rauschen von Wasser auf Felsen, das den leeren Parkplatz erfüllte, das jammernde Röhren vorbeifahrender Pick-ups. Wasseramseln am Fluss. Den tiefblauen, schmalen Streifen Sommerhimmel. «...fünften Klasse? Danach bin ich von Raelius unterrichtet worden.»

«Du wurdest im *Blockbuster* unterrichtet?», fragte Nicole. «Das kann nicht legal sein.»

«Ich habe so viel gelernt», sagte sie. «Die meisten Leute, mit denen man redet, haben eh alles, was sie wissen, aus dem Fernsehen. Und ich hab so ziemlich jeden Film gesehen. Auch jeden bulgarischen und jeden australischen

Film. Ich hab das Gefühl, ich könnte euch alles erklären, was ihr wissen wollt.»

Radi sagte: «Mir sind Orte lieber, die nicht in Filmen vorkommen.»

«Stimmt – die besten Orte sind vielleicht in einem einzigen Film, so wie Verona. Es gibt nur einen Verona-Film, der mir einfällt.»

«Ich würde gerne einen sehen, der in Schibam spielt.»

«Wo ist das denn?»

«Im Jemen. Da gibt es uralte Hochhäuser aus Lehmziegeln, weiß getüncht in so rhythmischen Mustern. Extrem schön und es gibt da auch eine ganz eigenartige erotische Subkultur.»

Avianca zog die Stirn kraus, sie konnte sich beim besten Willen nicht vorstellen, was sie auf Radis Kommentar hätte erwidern sollen. Der Gedanke an den Jemen – ein Land, das nicht für seine Filmindustrie bekannt ist – war neu für sie. Dass Radi das Wort «erotisch» benutzt hatte, löste bei Nicole indessen ein willkommenes körperliches Unbehagen aus. «Ich glaube, das kommt in einem der *Star Wars*-Filme vor», warf sie ein.

«Ja, Wüsten sind Science-Fiction», antwortete Radi. Er erinnerte sich, wie er mit neun Jahren zum ersten Mal *Star Wars* gesehen hatte (den ersten Film, *A New Hope*). Er hatte sich sofort mit dem surferboyblonden Luke Skywalker identifiziert, dem stolzen Sohn der Wüste, der sich spirituellen Rat von einem ausgesprochen ketzerischen Mystiker einholte und schwatzenden Berbern Vieh verkaufte. Dies war während Radis stummer Phase gewesen. Ein noch deutlich jüngerer Kameljockey hatte ihn bei einem Rennstallbesuch verführen wollen, und er hatte dagegen protestiert, indem er verstummte und sich weigerte, auch nur ein einziges Wort zu sagen, bis er – nach einer Woche vor dem Fernseher – nach Montreux zurückgeflogen wurde, allein.

«Das stimmt!», sagte Avianca. «An Orten ohne Wasser ist es wie auf dem Mars zu leben.»

Nicole musste plötzlich an Demians Ausführungen über The Line denken. «Ja, genau, mein –» Sie scheute sich, das Wort «Dad» auszusprechen, und fing noch einmal von vorne an. «So ein Bekannter von mir liebt Saudi-Arabien *und* den Mars total. Ich glaube, der will dahin ziehen. Er ist nach Florida geflogen, um sich Elon Musks Mars-Rakete anzusehen.»

«Hast du *Der Marsianer* gesehen?», warf Avianca ein. «Die Sonneneinstrahlung auf dem Mars würde ihn grillen wie ein Stück Speck.»

«Ich würde lieber in Portugal leben», sagte Nicole. «Da ist es hell, aber nicht *so* hell.»

«Da war ich noch nie», sagte Radi. Das stimmte. Portugal galt als geschmacklos. «Wir fahren zusammen hin. Du kannst mir alles zeigen.»

«Du kommst aus Montreux, oder?» Sie wollte sich lieber Montreux zeigen lassen. Radi reagierte nicht, also fragte sie Avianca, «Gibt es einen Montreux-Film?»

Während Avianca noch überlegte, antwortete Radi: «Es gibt was noch Besseres – einen Montreux-Song: ‹Smoke on the Water›.» Als er ihre wenig beeindruckten Gesichter sah, summte er das Riff, und sie nickten, den hatten sie schon einmal gehört. In der Schweiz war der Song allgegenwärtig, Teil einer jeden Parade und jedes Folklore-Festivals, von Nationalfeiertagen bis zum Sächsilüüte-Fest, mit dem die Zürcher Bürger in jedem Frühling die längeren Arbeitszeiten begrüßen. Die Nachricht des Botschafters mit der Aufforderung, zur Zeremonie zu kommen und seinen Text aufzusagen, ließ sein Telefon vibrieren. «Entschuldigt mich», sagte er. «Gleich wieder da.»

In seiner Abwesenheit drehte sich ihre Unterhaltung um die Frage, ob er heiß sei oder nicht. Avianca wollte sich nicht festlegen, woraufhin Nicole mit der Beichte rausrückte, sie stehe total auf ihn.

Avianca ermutigte sie und kam sich recht großmütig vor, Radi aufzugeben. «Ich würde einen Typen mit Geld gar nicht daten wollen», sagte sie. «Du könntest dir ja wenigstens was von deinen Eltern leihen, wenn er mal was Teures machen will.» Kurz überlegte sie, ob ihr eine teure Freizeitbeschäftigung einfiel, außer auf Kreuzfahrt zu gehen, dann sagte sie: «Stell dir vor, er schenkt dir was richtig Schönes zu Weihnachten, und du kannst ihm nur Kekse backen.»

«Das wäre doch kein Problem, oder?», sagte Nicole. Ein solcher Geschenketausch passte zu den von ihr angestrebten Geschlechterrollen. Ihr Mann würde für sie sorgen, in Form eines Saphirarmbandes oder so, und sie würde backen, wenn sie nicht gerade ihre prestigeträchtige, aber wenig lukrative Karriere verfolgte, in Performance-Kunst oder so etwas. «Aber ist er nicht Muslim?»

«Essen die keine Kekse?»

«Die feiern kein Weihnachten!»

«Ich meinte bloß, wenn er Kekse will, dann kauft er sich so viele Kekse, wie er will. Er kann alles kaufen, worauf er Lust hat. Deshalb muss man einem Typen wie dem etwas schenken, das es nicht zu kaufen gibt.»

«Klar! Aber wenn der Typ dich liebt, ist es ihm schon wichtig, wer das Geschenk gemacht hat, auch wenn es nur Kekse sind.»

Auf diese naiv gelehrte Weise lief das Gespräch weiter, bis Radi, nach kaum einer Viertelstunde, zurück in die Bar kam. Er ließ sich neben Nicole fallen und sagte: «So viel dazu. Meine Arbeit ist erledigt. Es ist zehn nach sieben. Hat jemand Hunger?» Weil er spät gefrühstückt und das Mittagessen ausgelassen hatte, kamen ihm Berlins unzivilisierte Zeitrhythmen ganz gelegen.

«Kriegen wir nach der Zeremonie nicht eh was zu essen, umsonst?», fragte Avianca.

Er sah sie spöttisch an. «Und wann soll das sein? Ich hab jetzt Hunger. Du nicht?»

«Es geht», log sie. Sie war ausgehungert, hatte zuletzt um elf Uhr morgens eine Zimtschnecke und einen Cappuccino gehabt, und dann die beiden mit Kiwischeiben dekorierten Margaritas, die Radi zu finanzieren versprochen hatte. «Es ist noch früh, und jemand muss auf Fisti aufpassen.» Sie war in drei Teile gespalten, und nur einer dieser Teile – der kleinste – hoffte darauf, den Abend mit Radi zu beenden. Der zweite wollte lieber Rücksicht auf Toto nehmen, der sie ja eingeladen hatte, und der dritte genoss es, Nicoles unerwarteten gesellschaftlichen Triumph mitanzusehen. Sie konnte nicht sagen, welcher der beiden letzteren Teile unschuldiger war – der, der aus Moral geboren war, oder der, der sich aus Freude speiste –, doch beide sagten ihr, es sei höchste Zeit, den Hund zu nehmen und sich davonzumachen.

Radi kam ihrem Wunsch nach, indem er Nicole zu einem Essen à deux einlud, oben im Restaurant. Dass die

Einladung vollkommen überflüssig war, machte es so romantisch. Sie hatten erst wenige Minuten zuvor Catering-Mitarbeiter Servierwagen voll Essen Richtung Pavillon schieben gesehen. Nicole ging davon aus, dass die Zeremonie gleich zu Ende sein würde. Mit oder ohne Radi würde sie gleich etwas essen. Sie blickte zärtlich auf, unsicher, was sie sagen sollte. Ums Essen machte sie sich gerade die wenigsten Gedanken, Zeit mit dem Prinzen zu verbringen dagegen stand ganz oben auf der Liste ihrer dringlichsten Bedürfnisse. Sie wollte ihm in einem dunklen und privaten Raum näherkommen und hatte dabei etwas Intimeres im Sinn als ein Restaurant, eine Besenkammer vielleicht, wo es weniger auffiel, dass sie keine Ahnung hatte, was man so tat. Es war eine dieser klassischen BDSM-Fantasien, die Jungfrauen auf der ganzen Welt miteinander teilen. «Ich hab Riesenhunger», log sie und fummelte durch ihr Kleid hindurch an ihrer Strumpfhose herum.

«Das will ich ändern», sagte Radi und legte seine Hand auf ihr Knie. «Ich habe echt keine Lust mehr, aufs Essen zu warten. Komm, wir gehen hoch.»

Nicole blickte sich nervös um. «Das wird Dad nicht gefallen, aber eigentlich ... der kann mich mal. Oder?»

«Wer ist ‹Dad›?», fragte Radi. Er war ein wenig verwirrt und dachte zuerst an einen Zuhälter, dann an einen älteren Liebhaber. Dann erinnerte er sich, wie Masud Nicole begrüßt hatte, wie Demian sie im Auge behalten hatte, als sie sich in der Lobby unterhielten, und dass Demian und Masud befreundet waren. Dass Fisti Livia gehörte ... Mit einem Mal passte alles zusammen. Die Mädchen waren nicht angeheuert worden, um mit ihm ins Bett zu gehen. Sie taten es unbezahlt. Avianca lachte so ausgelassen wie eine Sechsjährige, während sie versuchte, den Hund aus ihrem Wasserglas trinken zu lassen, und Nicole starrte ihn mit unverhohlenem Verlangen an, die Pupillen geweitet, als hätte sie Acid eingeworfen. Zum ersten Mal seit langer Zeit hatte er das Gefühl, überfordert zu sein.

Innerlich brodelte es in Nicole. Ein dampfendes Tableau des sexuellen Chaos tat sich vor ihrem inneren Auge auf und ließ sie ihre Umgebung beinahe vergessen. Äußerlich gab sie zustimmende Laute von sich. Sie wollte eigentlich schlagfertig «Du bist Daddy» antworten, aber zum Glück war es nicht zu verstehen. Sie entfaltete sich und stand auf, majestätisch groß in ihren Stiefeln und mit einer beneidenswert definierten Muskulatur in den Bereichen, die von dem eng anliegenden, funkelnden Kleid nur knapp verdeckt wurden. Statt in die Hocke zu gehen oder sich wieder hinzusetzen, beugte sie sich steif nach vorn, um nach ihrer kurzzeitig vergessenen Tasche zu greifen, und Radis Gedanken bewegten sich in etwa in dieselbe Richtung wie ihre (Richtung Abgrund). Kurz überlegte er sogar, Essen aufs Zimmer zu bestellen. Er winkte dem Kellner und wies ihn an, die Rechnung auf sein Zimmer zu buchen, inklusive allem, was Avianca noch bestellen wollte. Dann verabschiedete er sich ohne weitere Umschweife von ihr und trat ins Licht hinaus. Nicole brauchte einen Moment, um ihren zweiten Aperol Spritz runterzukippen, dann folgte sie ihm zu den Aufzügen, die zum Michelin-Stern-prämierten Restaurant im vierzehnten Stock führten.

Zufrieden sah Avianca ihre Freundin im Schlepptau des entschlossenen Prinzen verschwinden. Sie erhob sich von dem Tisch voller Gläser und spazierte mit Fisti durch die

Lobby zu ein paar weniger abseits stehenden Sofas, wo sie einen Bildband über das Hotel aufschlug und auf das Herausströmen der Menge aus dem Bellevue zu warten begann, um sich ihr anzuschließen und mitzuessen.

Weil sie sich von hinten beobachtet fühlte – oder vielmehr als sie merkte, dass sie jemand anstarrte, weil Fisti zurückstarrte –, drehte sie sich um und blickte Klaus in die Augen. Der nahm sofort sein Telefon herunter. Sie zog den Hund näher an sich heran und rieb ihm die Flanke. Als sie sich wieder umdrehte, war Klaus verschwunden. Tatsächlich war er bloß um eine Ecke gebogen, um sie im Schutz einer dünnen Trennwand weiter observieren zu können, unsichtbar genug. Das Buch war sehr langweilig, mit haufenweise Fotos von Kaffeekannen, Kissen und saunierenden, in monogrammbestickten Handtüchern gewickelten Pärchen. Sie entschied, stattdessen mit Fisti nach draußen zu gehen.

XII

Im Aufzug fragte Radi als Erstes: «Und was ist dein Jungenname?» Seine Hemmungen – ohnehin nicht sein hervorstechendstes Merkmal – waren durch die Mangel gedreht worden und inzwischen komplett eingeschlafen. Er sagte es mit einem amüsierten Lächeln, gegen den Spiegel mit Facettenschliff an der Wand gelehnt und die Arme verschränkt. Er wollte sie, und er war sich ziemlich sicher, dass er sie im Grunde längst hatte. Er hatte es selbst in der Hand, wie der weitere Abend verlaufen würde. Doch er war ein Flugangler, niemand, der zahme Antilopen im Wildpark abschoss. Er wollte nicht, dass es zu einfach war. Außerdem hegte er einen gewissen Widerwillen gegenüber hübschen, weißen Oberschichtjungs, die ihr Geschlecht wechselten. Eigentlich tauschten die ihre Privilegien doch gegen ein Schild ein, auf dem TRITT MICH stand, das sie in Nicoles Alter aber jederzeit wieder ablegen konnten. Radis Haut war dunkel genug, dass er die Anonymität vermied. In der Ersten Welt achtete er darauf, nicht nur jede geschlechtliche Ambiguität zu vermeiden, sondern sich so zu kleiden, dass er Thorstein Veblens Konzept der demonstrativen Verschwendung verkörperte, mit teurer Uhr, Designerbrille usw. Gleichzeitig konnte er sich ungestört in von Armut betroffenen Menschenmengen bewegen, indem er sich einfach weniger schick anzog. Er genoss seine Wandlungsfähigkeit. Doch er hätte sich niemals dafür entschieden, weiblich zu sein.

Das Lächeln verblasste sofort, als er ihre Reaktion sah. Sie zuckte zusammen, als hätte die Panik sie gepackt, wich in die Ecke des Aufzugs zurück und keifte ihn an: «Kilian!»

Sie war es ihm nicht schuldig, so ehrlich zu sein. Es war ein rührender Beweis wohlerzogener Jugendlichkeit. Kindlicher Einfachheit, schon fast. Er bereute es, gefragt zu haben. Mit verschränkten Armen – er wollte nicht bedrohlich wirken – sagte er: «Tut mir leid, tut mir wirklich leid. Aber das ist ein schöner Name, finde ich.»

«Das ist nicht mein Name!»

«Es ist schön, mehr als einen Namen zu haben», erwiderte er rügend. «Meine Großmutter nennt mich ‹Kohlkopf›, auf Französisch.»

«Das ist ein alter Name, ich benutze ihn nicht mehr.»

«Alt? Du?» Er sah ihren verwirrten Blick und fuhr fort: «Ich sag nicht, dass du zu jung bist. Du hast das perfekte Alter. Pass auf. War nicht böse gemeint. Ich wollte dich ärgern. Ich hab mich danebenbenommen.»

«Hast du auch!»

«Du kannst mich nennen, wie du willst. Ich habe gehört, dass es Leute gibt, die mich ‹Radi, der Pfähler› nennen.»

Nicole lachte – ein impulsives, nervöses Jaulen, kurz und laut. Sie hielt sich den Mund zu. Radi dachte, dass man sich über die Schnittmenge zwischen Teenagerhumor und Porno wohl nicht wundern durfte. Die Aufzugtüren gingen auf, und sie schritten über den Teppich auf das Empfangspult zu. Der Oberkellner führte sie zu einem Tisch am Fenster, mit Ausblick auf eine finstere Skyline aus gedrungenen Apartmentgebäuden und Bäumen, und zog den Stuhl für Nicole hervor.

Als sie saßen, sah Radi erst aus dem Fenster und dann sie an. «Das hier ist schön», sagte er aufrichtig. «Unglaublich, wie das Licht jemandem in deinem Alter schmeichelt. Du siehst wirklich toll aus.»

Jetzt hatte Nicole jede Orientierung verloren. Sie setzte ihrerseits zu einem Kompliment an, brach aber ab, weil sie nicht wusste, was um alles in der Welt sie bloß sagen konnte. Sie hatte erwartet, dass dominante Männer auf Knopfdruck fies sein konnten – und bereit, auf die Vorliebe für rituelle Selbsterniedrigung einzugehen, falls diese ausdrücklich gewünscht war –, nicht erwartet hatte sie diese ständige verunsichernde Mischung aus fies und bezaubernd. Als er ihr Unbehagen sah, ruderte Radi zurück und entschied, seine Verführungskünste ruhen zu lassen, die ohnehin unnötig waren; sie war schon jetzt Wachs in seinen Händen. Er betrieb Konversation und verschob die heißen und heftigen Themen auf später, wenn sie beide nicht mehr so hungrig sein würden.

Bei Brot mit Butter und Mineralwasser fragte er sie nach ihrem Lieblingsverein und ihrem Lieblingsvideospiel. Sie schämte sich zu verraten, was ihr gefiel, also versuchte er es mit Modedesignern und Popstars, doch auch dazu fiel ihr nichts ein. Schließlich fragte er sie nach der Schule, und sie sagte, ihr Lieblingsfach sei Kunst. Es war ein Feld von zentraler Bedeutung für ihren Vater, deshalb wusste sie recht genau, welche Künstler gut sein sollten. «Ich mag Thomas Demand», sagte sie, und dann, «Ai Weiwei ist ein Idiot». Doch das war bloß Wissen aus zweiter Hand, und sie kannte die Arbeiten nur aus Ausstellungen in Museen und Galerien. Radi ließ solche Arten des Kunstkonsums augenblicklich déclassé erscheinen, indem er große Werke beschrieb, die nur in Privathäusern zu sehen waren und die seine Identität stark geprägt hatten – und das schon als Kind! Der Wein wurde gebracht, und er prüfte ihn und befand ihn für gut. Obwohl sie wusste, dass niemand von ihr erwartete, sich mit fünfzehn mit Wein auszukennen, wurde Nicole sich ihrer kulturellen Unbedarftheit aufs Deprimierendste gewahr. Um die Kunstwerke zu sehen, die er bewunderte, hätte sie Einladungen in Villen in Zürich und Genf benötigt. Dabei sollte große Kunst doch im öffentlichen Raum zu sehen sein, weil öffentliche Räume etwas Gutes waren. Ihr Vater pries nur weniges so regelmäßig und so nachdrücklich wie öffentliche Räume. Er liebte öffentliche Räume noch mehr, als er Kunst liebte. Bei ihren persönlichen Erfahrungen mit Kunst ging es um Popstars, deren Musik sie in ihrem Zimmer hörte, weil sie glaubte, dass eine gemeinschaftliche Identität gemeinsame Ikonen benötigte wie Taylor Swift oder Beyoncé – öffentliche Räume –, was es für sie schwer vorstellbar machte, sich eine Identität anhand eines Gerhard-Richter-Gemäldes aufzubauen, das nur wenige Menschen je gesehen hatten. Sie führte gerade eine recht interessante und herausfordernde Unterhaltung, aber nur mit sich selbst, tief in ihrem Kopf. Sie versuchte, sich mit etwas halbwegs Klugem zurückzumelden, doch diesen verständnislosen Blick eines Mondkalbs bekam sie einfach nicht mehr aus dem Gesicht.

Als der fünfte Gang vor ihr stand, hatte sie fast aufgehört, überhaupt etwas zu essen. Sie stocherte zaghaft in ihrem mysteriösen Michelin-Menü herum, vom Hunger angetrieben, Wein zu trinken. Sie sah Radi beim Essen zu und versuchte abwechselnd nachzuahmen, wie er seine

Leckerbissen auswählte und zerlegte, und sogar, wie er kaute, so wie jemand die Bewegungen eines besseren Tänzers zu imitieren versucht, um dann zu beschließen, dass es alles nichts bringt. Fahrig und bemüht, für ihn attraktiv zu bleiben, verlor sie nach und nach das Gefühl dafür, wer sie war. Sie konnte es kaum erwarten, dass das Essen endlich vorbei sein würde, damit sie die Augen zumachen und sich fügen konnte, ohne elegant und charmant sein zu müssen. In dieser Sexfantasie ging es tatsächlich ums Schlafen. Währenddessen ließen die Miniportionen aromatischer Speisen und Wein sie vergessen, warum sie so heftig errötete und ihren Appetit verlor. Die Antwort (Alkohol) kam ihr nicht in den Sinn.

Radi wollte es jetzt wissen. Er lebte im Allgemeinen so, als könne Masturbation ihn in einen Idioten mit haarigen Handflächen verwandeln, immerzu hielt er Ausschau nach irgendwelchen neuen Sexpartnern. Wäre es später gewesen und er in einem Kaff wie etwa Allen, Kansas, hätte er Angst gehabt, eine Zurückweisung könnte bedeuten, dass er heute Nacht nicht zum Zuge kommen würde. Doch so, wie es stand, machte er sich keine Sorgen. In seinen Augen war ihr Gesichtsausdruck eine Mischung aus Verwirrtheit und Unsicherheit, gepaart mit vorauseilender Prahlerei. Sie hatte die Aufmerksamkeit eines Prinzen auf sich gelenkt; sie würde ihn nie mehr vergessen. Er konnte mit diesem Stolz anfangen, was er wollte.

Doch der Alkohol brachte ihre Wahrnehmung richtig durcheinander. Als sie, nach der Hälfte der Gänge, zurückblickte, blitzten nur einzelne unzusammenhängende Erinnerungen auf. Er bombardierte sie mit verfänglichen

Komplimenten und Zweideutigkeiten – es war mehr, als sie aufnehmen konnte, mehr, als sie je erwartet hätte oder verarbeiten konnte. Sie brauchte eine Pause. Sie musste schlafen, ohne ihre unbequeme Unterhose und die engen Schuhe, dann ausgeruht aufwachen, masturbieren und dann online gehen, um sich ihre Wahrnehmungen bestätigen zu lassen.

«Ich frage mich, ob Ólafur Elíasson auch äthiopische Akte im Repertoire hat», sagte er gerade.

«Ich glaube, meine Eltern kennen den.»

«Ich kenne Leute, die ihn kennen. Das Problem ist, dass er nie da ist. Ein Schauspieler hat mir gesagt: ‹Wenn du deine Berliner Freunde im Winter sehen willst, fahr nach Zermatt.›» Er lachte nachsichtig und fand selbst, dass er behämmert klang.

«Ich hasse Skifahren», sagte Nicole. Sie lehnte sich zurück und seufzte, wischte sich den Mund mit einer Serviette ab und griff nach ihrem Weinglas, um herunterzuspülen, was auch immer Gang sechs gewesen sein mochte – Geweih in Aspik oder vielleicht Koralle? Es war schwammartig und schmeckte nach Orange, und sie hatte nur zwei Bissen geschafft. «Und Snowboardfahren hasse ich auch. Eigentlich hasse ich Schnee.»

«Geht's dir gut?», fragte Radi, als er sie in sich zusammensacken sah.

«Ich muss schlafen», sagte sie. «Ich glaube, ich hab letzte Nacht überhaupt nicht geschlafen.»

«Du kannst in meine Suite gehen. Ich hab zwei Chipkarten.»

«Das wäre unhöflich. Dann würdest du allein essen. Was ist überhaupt der nächste Gang?» Er reichte ihr die

Speisekarte und lächelte. Sie las, hüstelte und sagte: «Austern*sorbet*?»

Er sagte: «Verrat mir eins, Kilian. Hast du schon mal –»

«Ich heiße Nicole!»

«Was spielen Namen für eine Rolle? Ich habe hundert Namen und du auch bald. Hast du schon Erfahrung, Nicole?»

Sie hatte damit gerechnet, an diesem Abend irgendeine Variante dieser Frage zu hören, aber nicht über einem Teller voll Geweih in Aspik, während sie sich so erschöpft fühlte, so gelangweilt vor Frust, dass ihr die Tränen kamen, und krank vor Nervosität, weil man sie mit dem Namen ihres ehemaligen Avatars angesprochen hatte. Nichts an diesem Abendessen fühlte sich jetzt noch romantisch an. Anstatt zu versuchen, einen cleveren Spruch oder eine überzeugende Lüge vorzubringen – sie hatte sich in ihrem gesamten kurzen Leben noch nie weniger klug gefühlt –, sagte sie: «Nein, ich bin Jungfrau.»

Überraschenderweise reagierte er, indem er scharf Luft einzog, als habe er diese Möglichkeit nie in Erwägung gezogen.

«Das ist nicht meine Schuld!», fuhr sie fort und sah ihm unfreiwillig innig in die Augen. Ihr Mund bebte, als müsse sie gleich weinen. Sie fuhr sich mit zwei Fingern über die Oberlippe, um sie zu beruhigen und um sich zu überzeugen, dass ihr nicht plötzlich ein Schnurrbart gewachsen war. Alles lief komplett schief. Sie fühlte sich wie bei ihrem allerletzten Klaviervorspiel, als sie es so versaut hatte, dass sie mit dem Klavierspielen ganz aufhörte.

An einem mentalen Scheidepunkt und von untypischer

Zögerlichkeit geplagt, unterbrach Radi seine Agenda. Sexuelle Initiationsdienste waren nicht so seins. Weil an seiner eigenen Schule quecksilbrig-queere Sexualitäten ohne Ende abgefeiert wurden – die Schule lag im Wald, in den Bergen oberhalb von Montreux, und den Schülern klebte permanent verrottendes Laub am Rücken –, fiel es ihm schwer, Unerfahrenheit in Nicoles Alter nicht als Perversion zu betrachten. Gleichzeitig schien sie es absolut zu wollen, sodass das Ganze kompliziert zu werden versprach, und möglicherweise unhygienisch.

Nicole hatte ihrerseits das Gefühl, dass sie eine Exitstrategie brauchte. Wenn er mich noch einmal «Kilian» nennt, dachte sie, stech ich ihn ab. Sie befingerte die langen Zinken einer Toastgabel und stellte plötzlich fest, dass seine Hände manikürt waren und ihre nicht; ihre Nägel waren kurz und ungepflegt. Aufs Neue brach ihre Hingabe an ihre komplizierte Identität in sich zusammen und zerfiel zu hilfloser Verliebtheit. Sie wollte, dass er es ihr «besorgte», während sie passiv auf seinem Hotelbett lag. Sie sollte wohl doch das Angebot annehmen, auf sein Zimmer zu gehen, sich auszuziehen, zu duschen und die Zähne zu putzen und dann dazuliegen und auf das Vergnügen zu warten. Sie konnte eine gewisse ängstliche Energie nicht unterdrücken, die ihre Beine unter dem Tisch zappeln ließ, während sie an den scharfen Zinken der Gabel herumspielte. Er sah nicht wie jemand aus, der sich brutal bedienen würde. Dafür war er zu süß. Zu verwöhnt. Vielleicht erwartete er einen semiprofessionellen Blowjob, und sie wusste nicht, wie das ging, oder sexy Hüftbewegungen, die sie nicht beherrschte. Wenn er mich doch einfach nur küssen würde oder so, überlegte sie. Doch das durfte sie nicht zulassen; ihr Mund schmeckte ekelhaft von all dem Wein und der Butter.

Ihre offensichtliche Bedrücktheit rührte Radi, und sein Verlangen kehrte mit Macht zurück. «Hab keine Angst vor mir, mein Hübscher», sagte er und streichelte ihre Wange.

«Hübscher?», antwortete sie heftig. Sie wiederholte es, diesmal lauter. Es war, als hätte er ihr einen Rettungsring hingeworfen, der sie davor bewahrte, weitere Entscheidungen treffen zu müssen. Sie fasste mit beiden Händen dieses bewusste Missgendern, hielt sich daran fest, um den Kopf über Wasser zu halten, und begann sich (im übertragenen Sinne) mit Armen und Beinen strampelnd ans trockene Ufer zurückzukämpfen. Sie legte die Gabel ab und warf ihr Haar trotzig nach hinten. Sie beugte sich hinab, tastete nach ihrer Tasche, die, weil sie klein und weich war, umgekippt und unter die Bank geschoben worden war. Als sie unter dem Tisch hervorkam, sah sie ihn mit einer offen feindseligen Miene fester Entschlossenheit an. Sie sprang auf, dass die Gläser umkippten. Radi fing seines noch rechtzeitig, doch ihres vergoss Pinot Noir über den halben Tisch.

«Du bist perfekt, so, wie du bist», sagte er in drängendem Ton. «Viel wunderbarer, als du denkst. Vielleicht hat dir das noch nie jemand gesagt.»

«Mein Vater!», zischte sie. «Mein Vater sagt das! Du bist genau wie mein Vater!»

Der Kellner kam mit einem frischen Tischtuch. Sie schoss im Zickzack Richtung Damentoilette davon und richtete sich beim Gehen das Kleid. Radi blickte mit ausdrucksloser Miene aus dem Fenster. Er hatte etwas ganz

Konkretes herausfinden wollen – ob sie ihm vielleicht erlauben würde, ihren Schwanz zu berühren; er war kein Egoist, der es nur auf ihre Prostata abgesehen hatte –, und er hatte seine Antwort erhalten.

Nachdem sie schnell gepinkelt hatte, im Stehen, um sich den Kampf mit der Strumpfhose zu sparen, schminkte sie ihre Wimpern nach und trug den Lippenstift neu auf. Der Spiegel war groß und dunkel wie ein Alpensee, was ihrer zarten Jugend schmeichelte, und sie erinnerte sich daran, dass es noch andere Menschen als Radi gab. Sie hatte das Gefühl, ein Initiationsritual bestanden zu haben. Sie war jetzt, ohne Zweifel, eine vollwertige Frau. Sie hatte einem Prinzen eine virtuelle Ohrfeige verpasst, weil er frech geworden war – so wie sie es in einer strenger regulierten Gesellschaft, vor der Wende zur femininen Gewaltlosigkeit (oder der Maskulinisierung der Gewalt, je nachdem, wen man fragte), fünfzig oder hundert Jahre zuvor, wortwörtlich getan hätte.

Sie sah auf ihr Telefon. Sie hatte zwei brandneue Textnachrichten ihres Vaters – die mussten gekommen sein, als sie ihren Ausraster hatte –, die lauteten: *«Wie war's bei dir»* und *«Hier öde, essen übelst»*. Ihr Akku war bei neun Prozent.

Sie schrieb zurück. *«Hier auch»* und *«burger king?»*

XIII

Der Professor hatte gerade – auf Arabisch – seine Lobrede auf Masud begonnen, man sah währenddessen, wie der Übersetzer für den Vortrag seinen Ausdruck auf Fehler und Abweichungen überprüfte. Er habe Durst, flüsterte Toto und sah sich um, wohin man verschwinden konnte. Zu seinem Erstaunen entdeckte er, dass im hinteren Teil des Saales ein Buffet eröffnet worden war. Zwei Tische waren rundherum mit weißen Leinentüchern verhüllt, und vermutlich von darunter waren Getränke und Snacks hervorgeholt worden. Zwei Frauen in weißen Kitteln, schwarzen Hosen und Kopftüchern standen dahinter, die Hände hinter dem Rücken verschränkt, vor sich Bowlenschüsseln, die zur Hälfte mit Flüssigkeit gefüllt waren – eine gelb, eine rot –, sowie Platten voll Gebäck und Kanapees.

Toto stand auf, ging auf Zehenspitzen zu ihnen und bestellte flüsternd (er war sich seines übergroßen Optimismus bei diesem Versuch bewusst) zwei Gläser Weißwein. Eine der Frauen erklärte ihm – in normaler Lautstärke, als würde nicht gerade eine Rede gehalten werden –, es stünden Mango-Limette-Papaya und Himbeer-Granatapfel zur Auswahl.

Natürlich, dachte er. Muslime. Er warf einen Blick auf Demian, der traurig auf sein Programm starrte, während der Professor kein Ende fand. Viele der Zuschauer blickten auf ihre Telefone, ein paar standen auf, um zu Toto an den Buffettisch zu kommen, während andere die Gelegenheit nutzten, um an ihm vorbei den Raum zu verlassen. Als Masuds Freund und als Hirte einer Gruppe mehr oder weniger ungeladener Gäste konnte Demian sich nicht einfach so davonmachen. Toto fühlte mit ihm mit. Er überlegte, ob er so lange wegbleiben durfte, dass er ihnen beiden richtige Drinks an der Bar holen konnte. Doch wäre es bei einer muslimischen Veranstaltung erlaubt, Alkohol mitzubringen? Er hatte keine Ahnung, ob für Anhänger einer Kultur, über die er so gut wie nichts wusste, schon die Anwesenheit von Alkohol in einem Konferenzsaal ausreichte, um diesen zu verunreinigen. Oder schenkten ihre Gastgeber Saft statt Wein aus, um Geld zu sparen? Unwahrscheinlich.

Er nahm zwei Kelche gelben Punsch auf cremeweißen Cocktailservietten entgegen und ließ seinen Blick über das Publikum schweifen. Anstatt direkt zu seinem Platz zurückzukehren, stellte er die Gläser ab, nahm sich noch eine Serviette und verschlang drei Petit Fours und ein Eclair, die er mit einem großen Schluck Punsch hinunterspülte. Er ließ sich das Glas mit einer Kelle wieder auffüllen und machte kehrt, um mit den Getränken zu Demian zurückzukehren. Aber in aller Ruhe. Er hatte es nicht eilig, sich das Geschehen erneut regungslos von seinem Platz aus ansehen zu müssen.

Er bemerkte, dass der Typ vom deutschen Kulturministerium, der in einer ansonsten unbesetzten Reihe vor ihnen saß, immer wieder zu zittern anfing und mit einem Mal sein Gewicht nach links und dann nach hinten verlagerte, ruckartig, scheinbar unwillkürlich. Der Mann war rundlich und schon älter, sein Dreiteiler aus Flanell viel zu warm für ihn in einem gut beheizten Raum. Unter Totos Blick griff er in seine Hosentasche, holte ein Stofftaschentuch hervor und wischte sich damit Gesicht und Hals ab. Er schien sich ganz und gar unwohl zu fühlen, als ob er im Delirium tremens zu Boden sinken würde, wenn er noch eine Minute ohne Drink aushalten musste.

Toto kehrte zu seinem Platz zurück und reichte Demian den plumpen Kelch mit dem klebrig-süßen Saft. «Leider kein Alkohol», flüsterte er. «Islam.»

«Sind die high?», flüsterte Demian zurück.

«Du meinst, wie soll man hier sonst rumsitzen, sich Kolibrifutter reinziehen und sich diese Scheiße anhören, wenn man nicht high ist.»

«Im Ernst», flüsterte er. «Ich hab noch nie darüber nachgedacht, aber jedes Mal, wenn ich Masud sehe, ist der so was von high.» Ohne einen konkreten Beweis zu haben, schien ihm das plötzlich sehr einleuchtend. «Das ist sein Geheimnis – Haschisch.»

«Na, und? Du warst wahrscheinlich besoffen. Hast du mal mit ihm gesprochen, als ihr nicht gerade im Urlaub wart?»

Demian war sich nicht sicher. «Was haben wir hier eigentlich verloren?», fragte er. Anstatt zu antworten, richtete Toto seinen Blick auf die Bühne. «Ich mach mir Sorgen um Nicole», fuhr Demian fort. «Aber sie würde mir schreiben, wenn sie in Schwierigkeiten stecken würde.» Er wusste, es war noch viel zu früh, um sie anzuschreiben und erwarten zu können, dass sie antwortete.

«Such sie doch, wenn du willst.»

Resigniert sank Demian in sich zusammen. «Nach der Laudatio.»

Artig hörten sie sich die wortgetreue Übertragung der Lobeshymne an, die der Übersetzer vortrug. Sie war kürzer als die Rede des Professors, die verschiedene Anekdoten enthalten hatte, die die Taxifahrt vom Flughafen betrafen. Dann schleppte sich der Ministerialrat vom Staatsministerium für Kultur nach vorn, um seinen Part aufzusagen. Als er nach dem Mikro griff, schien er den Botschafter in der ersten Reihe zu erkennen, seine Miene hellte sich auf, und es gelang ihm, ohne sich zu verheddern, die Eckpunkte der Autorenkarriere Masuds vorzutragen, die wichtigsten Romane, Preise und Stipendien, die er von seinem Handy ablas.

Als Nächstes wäre die arabische Übersetzung des gerade Gesagten an der Reihe gewesen. Doch weil der Ministerialrat es nicht geschafft hatte, seinen Text rechtzeitig abzugeben – ein Assistent hatte den Job einer KI übernommen, den Text mithilfe von Wikipedia zusammengestückelt und ihm erst am Nachmittag gemailt –, hatte der Übersetzer eine eigene Biografie verfasst. Er starrte auf den Ausdruck in seinen Händen, sichtlich mit der Frage beschäftigt, welche Fakten er erwähnen sollte. Einige der Preise, die Masud erhalten hatte, schienen dem Übersetzer läppischer, nationalistischer Schrott, nicht der Rede wert. Er zog die politischen Schriften vor, die als Samisdat veröffentlicht worden waren. Konnte er erwähnen, dass Masud ein Kommunist war, der in Smolensk ausgebildet worden war? Unterdessen bedachte der Botschafter ihn mit einem intensiven, kritischen Blick, der fast schon verächtlich wirkte. Der Übersetzer fragte sich, ob seine selbstzensierte Präsentation aufgezeichnet werden würde. Das führte dazu, dass sie recht knapp geriet und doch

Zeit beanspruchte, weil sie beinahe gestottert war und größtenteils ohne Eigennamen auskam. Nicht zum ersten Mal fragten sich viele der Anwesenden, warum die ganze Zeremonie nicht auf Englisch abgehalten wurde, eine Lingua franca, die alle Anwesenden verstanden, anstelle des jeweils für eine Seite unverständlichen Deutsch und Arabisch.

Es war jetzt 19:38, und Masud betrat das Podium, einen Sechshundert-Seiten-Roman in der Hand.

Er fing an, indem er ausufernde Komplimente in verschiedenen Sprachen verteilte, er pries das Klima in Deutschland, die Landschaft des Sudans und aus irgendeinem Grund den Milliardär und Philanthropen Len Blatvatnik, den Besitzer des Grand Hotels in Saint-Jean-Cap-Ferrat. Es dauerte sieben Minuten, bis er das Buch aufschlug, und als er das tat, sahen Toto und Demian, wie Livia sich zu ihnen umdrehte, die Augen wie in Trauer aufgerissen, und sie stumm um Hilfe anflehte.

Livia litt nicht unter Selbstentfremdung wie Toto. Sie ärgerte sich nicht, ihren Abend auf dem Altar des kostenlosen Abendessens geopfert zu haben; sie war ja gekommen, um ihre Freunde zu sehen, und weil der Abend vielleicht interessant werden könnte, mal was anderes. Doch genau wie sie hatte sie den Kürzeren gezogen. Die Veranstaltung oszillierte zwischen hirntötender Langeweile und kompletter Unverständlichkeit und ging einfach nicht zu Ende.

Toto hob sein leeres Glas und deutete auf den hinteren Teil des Raums. Livia legte die Tasche auf ihren Stuhl, stand auf und zwängte sich aus der Reihe, obwohl Masud nach wie vor las, um grazil zum Buffet zu schreiten, wo sie ein Glas Himbeer-Granatapfel-Punsch entgegennahm. Dann rutschte sie auf den Platz hinter Toto. «Wann ist hier endlich Schluss?», flüsterte sie.

«Er ist fast fertig», antwortete Toto. Es war eine bewusste Lüge, mit der er Masud auf magische Weise beschleunigen zu können hoffte. Doch der Schriftsteller las weder schneller, noch sprang er direkt zum Ende. Als die deutsche Übersetzung schließlich ordnungsgemäß verlesen war, zeigte die Uhr 20:14. Das Publikum war ausgedünnt, selbst der Botschafter schien gewillt, das Ganze schnell abzuschließen, und beschränkte seine Rede auf wenige Lobesworte, die er – oh Wunder – auf Englisch von sich gab.

Nach kurzem, erschöpftem Applaus erhob sich das verbleibende Publikum und blieb in lockerer Konversation stehen. Der Applaus war wohl nicht nur kurz, sondern überflüssig gewesen, denn die eigentliche Zeremonie, in der Masud, der Botschafter und verschiedene andere, nicht identifizierte Würdenträger Glückwünsche entgegennahmen, konnte nur von Angesicht zu Angesicht und in aller Ausführlichkeit durchgeführt werden. Toto, Demian und Livia standen mit ihren Saftgläsern da und fragten sich, wann einer der Ehrengäste oder ein wieder aufgetauchter Radi – nominell war er ja der Gastgeber des Abends – sie endlich zum Essen führen würde. Da dies eine bestuhlte Veranstaltung sei, merkte Toto an, werde es vielleicht erst anfangen, wenn alle Platz genommen hatten.

Um Punkt 20:30 strömte die kleine Menschenschar in den Flur, zunächst in Richtung der Fahrstühle, in der kollektiven, aber irrigen Annahme, das Essen fände im Michelin-Stern-prämierten Restaurant im obersten Stockwerk statt. Dabei wurde das Essen bereits seit neunzig Minuten warm gehalten, und der Michelin-Stern war längst nur noch eine blasse Erinnerung.

Die neun Tische im überheizten Glaspavillon, jeweils für zehn Personen gedeckt, litten an einem auffälligen Mangel an Weingläsern. Es gab keine. Toto setzte sich neben den Mann vom Kulturministerium, der sich von der Bar in der Lobby einen Highball geholt hatte, und die anderen gesellten sich dazu. Der Ministerialrat war hungrig und schlecht gelaunt, er fing gleich an, sich den Inhalt des Brotkorbs in den Mund zu schieben, eine Scheibe nach der anderen. Neben ihm saß ein bärtiger, lächelnder Mann mit starkem slawischem Akzent, in einem blassblauen Leinenblazer über einem wollenen Pullunder. Der Ministerialrat schwärmte vom ganz unbürokratischen Vergnügen, mit Goethe-Instituten in Diktaturen zu operieren. Eine schaumige Suppe wurde serviert – ihr blumiger Geschmack erinnerte Demian an Quittenmarmelade –, gefolgt von einer winzigen, salzigen Torte aus in Aspik ertränkter Wachtel, die Toto mit einem Hockeypuck verglich. Der dritte Gang war ein Lammkarree. Es war rot und zäh und reagierte auf Messerattacken, indem es tiefdunkles Blut absonderte. Der Slawe schlug vor, es in die Küche zurückzuschicken und wieder am Lamm anzubringen.

Entzückt fragte Demian ihn: «Darf ich fragen, was Sie hergeführt hat?»

«Russland führt mich her.»

«Ist es der ...» Er wollte nicht «Krieg» sagen oder ihn fragen, ob er Ukrainer sei. «Sind Sie ein *Expat*?» Der

Mann schüttelte den Kopf. «Genießen Sie politisches Asyl?» Demians Wortwahl unterstellte, dies sei gleichbedeutend mit Urlaub.

«Ich bin russischer Journalist», erwiderte er.

«Ah!», sagte Demian, darum bemüht, mitfühlend zu klingen. «Was schreiben Sie so?»

«Verrat. Ich schreibe, dass russisches Volk Putin fallen lässt, wenn er den Krieg verliert. Russen sind wie Hunde. Sie wollen guten und mächtigen Herrn, sie wollen Zar. Russen werden ihn umbringen. Sie suchen sich neuen, stärkeren Zaren. Nichts kann dieses Reich aufhalten, außer Krieg verlieren und Umerziehung. Totaler Neustart wie in Deutschland nach Ihrem letzten Krieg.» Er lächelte zufrieden und legte seinen scharfen Tonfall ab. «Erst besuch ich Deutschland», rechtfertigte er sich, «dann schreib ich Artikel wie diese. Jetzt lebe ich hier immer.»

«Bereuen Sie es manchmal, Putin kritisiert zu haben?», fragte Livia. «Ich glaube, ich wäre traurig, wenn ich Sachen schreiben würde, wegen denen ich nicht mehr nach Hause dürfte.»

«Ja», sagte er. «Krieg in Ukraine, erst habe ich dagegen geschrieben, ich denke, mein Schreiben bringt Frieden! Was ein Idiot, was für Irrsinn! Jetzt schreibe ich Werbung für Krieg. Ich sage, NATO soll Flugzeuge und die guten Drohnen liefern, die Kamikazedrohnen. Ändere ich NATO? Nein!» Alle außer dem Ministerialrat hatten aufgehört zu essen und hörten ihm zu. «Warum kümmert Wladimir Wladimirowitsch überhaupt Pressefreiheit?», fügte er an. «Niemand liest! Die Menschen, die lesen nie, nie, gar nichts, und sie gehorchen Machthaber, Mörder, nicht Schreiber!»

«Er sollte Sie veröffentlichen lassen, was immer Sie wollen», sagte Demian.

«Richtig. Ich veröffentliche auf Deutsch! In *Freitag*, sozialdemokratische Zeitung, *niemand* liest das!» Mit den Ellbogen das Tischtuch zerknitternd, riss er verzweifelt die Fäuste hoch und sah den um ihn Sitzenden nacheinander in die Augen. Dann blickte er zur Decke und sagte, beinahe auf den Tisch schlagend: «*Wen! Interessiert das! Verdammt!*»

Nach einem Moment der Stille schlug Livia vor, er könne doch unter jemandes anderen Namen veröffentlichen.

«Nein», sagte der Russe. «Ich veröffentliche unter meinem Namen. Er soll wissen, es ist Russe, der Russland hasst. Ich hasse Russland.»

«Verständlich», sagte Toto. Dann senkte er die Stimme und fragte: «Sind Sie manchmal nervös, wenn Sie so wie hier in der Öffentlichkeit essen? Ich meine, was ist mit Polonium und dem, äh, wie heißt das noch, Nowitschok –»

«‹Öffentlichkeit›?», gab der Russe zurück. «Mein Freund, wir essen mit arabischer Öl-Dynastie!»

«Sind Sie sicher?», erwiderte Toto und blickte sich um. «Ich meine, ich kann den Prinzen nirgendwo sehen ...»

Demian verpasste ihm unter dem Tisch einen Tritt, und der Ministerialrat wechselte das Thema und schwärmte davon, wie viel Spaß es gemacht habe, mit den Goethe-Instituten im Russland der Perestroika zu arbeiten. Der vierte Gang wurde serviert: Rote-Bete-Salat mit Kapuzinerkresse in einer durchweichten Brioche. Livia sagte, sie wünschte sich, ihren Hund anrufen zu können, um zu fragen, wo er gerade sei.

«Kein GPS?», fragte der Russe. «Ich habe Tracker an meinen Kindern. So wird man nicht verrückt.»

«Auf die Idee bin ich noch nicht gekommen», gab sie zu.

«Ich sollte Nicole einen Tracker verpassen», sagte Demian.

«Nein, solltest du nicht», sagte Toto.

«Ist das Ihre Frau?», fragte der Ministerialrat, der eine kurze Essenspause eingelegt hatte.

Demian versuchte, nicht zu lachen, und antwortete, nein, das sei seine fünfzehnjährige Tochter, die vermutlich schon zu Hause sei, und dass sie sich niemals darauf einlassen würde, sich tracken zu lassen.

Livia fragte den Russen, was er tun würde, wenn Putin die Tracker hacken ließe. Er schaute kurz besorgt, dann sagte er: «Ich weiß, weil ich uns tracke, dass wir nie etwas tun, was nicht Routine ist. Zehntausend Schritte, jeden Tag, immer selbe Schritte. Wenn er uns finden will, er weiß wo.»

Der Gedanke, dass Kinder aufgrund ihrer vorhersehbaren Bewegungsmuster leicht zu finden seien, erinnerte die drei Freunde noch mehr an Nicole, und sie sahen einander vielsagend an. «Ich muss mir mal die Beine vertreten», sagte Toto. «Ich schau mal, was die jungen Leute so treiben.»

XIV

Die Lobby war leer, bis auf eine Person: Klaus, der in einem Polstersessel an einem niedrigen Tisch saß und den Raum über sein Telefon hinweg im Auge behielt. Weil sein Nacken steif geworden war, drehte er jedes Mal den gesamten Körper, als würde er im Sitzen voguen. Bei seinem Anblick ging Toto direkt zum Conciergetresen. Er fand Demians These, der Mann sei ein Polizist, wenig plausibel – er hielt ihn für einen schmierigen Freier von der Kurfürstenstraße –, aber selbst wenn es doch ein Zivilbulle und das Bier eine alkoholfreie Attrappe war, hatte er, Totos Auffassung nach, kein Recht, ihnen einfach so nachzuspionieren. «Sehen Sie den Typen da?», sagte er zum Concierge. «Der ist uns vor Stunden hierher gefolgt. Er gehört nicht hierher. Sie müssen ihn rausschmeißen.»

«Er scheint niemanden zu belästigen.» Das stimmte. Was die anderen Hotelgäste betraf – dass das Personal ihn nicht mochte, spielte keine Rolle –, hatte sich Klaus aufs Beobachten beschränkt, ein lässliches Vergehen, außerdem observierte Klaus sie ganz professionell nur aus den Augenwinkeln, während er gleichzeitig Gruppenchats auf Telegram verfolgte. Der Concierge schien auf der Hut zu sein, als hinge auch er der Polizisten-Theorie an; tatsächlich hielt er Klaus für einen Leibwächter – ob für den Botschafter oder für Radi, das wusste er nicht, und es interessierte ihn auch nicht.

«Haben Sie gesehen, wohin Prinz Radi gegangen ist?»

«Diese Information kann ich Ihnen nicht geben.»

«Haben Sie das junge Mädchen gesehen, das bei ihm war?»

«Diese Information kann ich Ihnen nicht geben.»

«Was ist mit dem Mädchen mit dem Hund?»

«Sie sagte, falls jemand fragen sollte, sie sei mit ihm draußen spazieren.»

«Danke. Also, sagen Sie vielleicht der Security, sie soll mal dafür sorgen, dass der Typ uns nicht so anstarrt.» Er drehte sich um und wollte auf Klaus zeigen, doch der war nicht mehr zu sehen. Als er sich wieder umdrehte, lächelte der Concierge ihn nachsichtig an. Das ärgerte ihn. Er lief durch die lang gezogene Eingangshalle und nahm die Arme hoch, um die Automatiktür zu aktivieren. Vom Rande des Vorplatzes aus konnte er Avianca und Fisti unter einer riesigen Eiche am Kanal sehen, wo sie Stöckchen holen spielten. Ganz in der Nähe stand Klaus, sogar von hinten nicht zu verwechseln, mit seinem blassen Igelhaarschnitt. Er lehnte regungslos am Geländer, sein Telefon in der einen Hand haltend und es mit der anderen vor den Elementen schützend.

«Avianca!», rief Toto. «Bist du nicht hungrig?»

Sie schnalzte mit der Zunge, um Fisti von dem Stöckchen abzulenken, und dann kamen die beiden zum Hotel zurückgelaufen. «Ich war abgelenkt!», sagte sie im Näherkommen.

«Wenn du jetzt kommst, kriegst du vielleicht noch Brot und das Dessert.»

Klaus drehte sich um, um Toto in den Blick zu nehmen und sich das Gesicht einzuprägen. Weil er keine besonderen Kennzeichen ausmachen konnte, blieb ihm nur, die

Marke seiner Schuhe zu raten. Bei Avianca brauchte er nicht so ins Detail zu gehen; das Mädchen würde überall auffallen; ihr Gesicht erschien ihm bemerkenswert und einprägsam – vom Pudel ganz zu schweigen –, während Toto sich mit seinem dutzendgesichtigen Bollerkopf von anderen weißen Berliner Männern höchstens durch seine Körpergröße unterschied. Avianca bereitete ihm keine großen Sorgen. Sie war eine volljährige Amerikanerin – ein typisches Call-Girl, kein Opfer von Menschenhandel. Er stellte sich vor, wie sie nach ihrer unvermeidlichen ersten richtigen Tracht Prügel um Hilfe betteln und wie er dann sagen würde «Heul mir nichts vor, Süße! Du wusstest, worauf du dich einlässt!» Sie war nicht die Schutzbedürftige. Der Junge war es, den er retten musste. Doch nachdem sich das kriminelle Geschehen nun unerwarteterweise ins Hotel verlagert hatte, anstelle wie von ihm vermutet in den öffentlichen Park, hatte er keine Möglichkeit der Observierung. Zeit, die Sache auf sich beruhen zu lassen, nach Hause und ins Bett zu gehen. Avianca war sicher polizeibekannt. Über sie würde er jederzeit an Toto und den Jungen herankommen. Er fragte sich, ob der Pudel zur Teilnahme an sexuellen Akten abgerichtet war. Ja, ganz zweifellos wohl. Er hatte so verstörende und traumatisierende Videos gesehen (im dienstlichen Rahmen), dass er wie unter Zwang nach ähnlichen Videos zu suchen begonnen hatte, weil doch irgendwie Mittel und Wege gefunden werden mussten, um so etwas in Zukunft zu verhindern. Er liebte Hunde. Doch er liebte auch Kinder, und Sex-Videos mit Kindern waren emotional noch lähmender. War es nicht unverzeihlich, den Jungen mit dem Araber zum Fahrstuhl gehen zu lassen? Was hätte er tun können?

Er war *undercover* unterwegs – na ja, streng genommen gar nicht im Dienst –, und sein Revier war die Kurfürstenstraße, nicht der Tiergarten, er befand sich auf fremdem Gebiet. Er sah sich um, lehnte sich zurück, die Ellbogen aufs Geländer gestützt. Weil er keinen anderen Polizisten sah, blieb er stehen. Er beobachtete die Tür und wartete – sie konnten doch nicht ewig da drinnen bleiben –, und nach ein paar Minuten betrat er erneut die Lobby, ließ sich in einer der Sitznischen nieder und wartete.

Toto, Avianca und Fisti betraten den Pavillon, wo gerade Espresso und Crème brulée gereicht wurden. Avianca ließ die durchnässte Leine fallen – sofort sprang Fisti auf Livia zu und legte sich ihr zu Füßen – und informierte die Gruppe, dass Nicole mit Radi zum Abendessen ins Restaurant gegangen war.

Blicke wanderten umher, und schließlich sagte Toto: «Demian. Jetzt reiß dich bitte mal zusammen und schreib deiner Tochter.»

«Richtig», sagte er.

Zu ihrer aller Überraschung kam keine zwei Minuten später ihre Antwort. Zunächst zeigte Demian sie nur Toto, wortlos. Doch dann konnte er nicht mehr an sich halten. «Sie will zu Burger King», rief er und schob seinen Stuhl nach hinten, dass die Beine auf dem Parkett kratzten. Er stand wackelig auf, geradezu hysterisch vor Erleichterung. «Wisst ihr was? Sie hat recht! Scheiß auf diesen Scheißladen hier!»

Während sich die anderen von ihren Stühlen erhoben und nicht recht wussten, ob es angemessen war zu lachen – ob zu lachen so ausgelegt werden könnte, als würden sie Demians Omniphobie (die Furcht vor allem) billigen –, schrieb er ihr zurück, sie solle subito in der Lobby aufkreuzen, und lief schon Richtung Tür. Er spürte, wie sich in seinem Kopf tektonische Platten verschoben. Ihm war nun unwiderleglich klar geworden, dass Nicole tatsächlich seine *Tochter* war. Hätte er so eine Panik geschoben, wenn ein männlicher Teenager ein Date gehabt hätte? Ganz bestimmt nicht. Sie war so leicht zu verletzen, so leicht in Tränen zu versetzen, und machte es sich immer selbst so schwer, genau wie er, es war seine Aufgabe als verantwortungsvoller Erzeuger, ihr das Ganze ein wenig zu erleichtern.

Zwei Stunden hinter dem Zeitplan waren sie die ersten Dinnergäste, die aufbrachen, den Ministerialrat und den Russen nicht eingerechnet, die nach dem Lamm gemeinsam losgezogen waren, um eine bessere Bar zu finden (leider hatten sie das Interesse aneinander verloren, sobald sie das Hotel verlassen hatten, und sich nach einem kurzen, unergiebigen Spaziergang getrennt, um zu Hause allein weiterzutrinken). Am Haupttisch unterhielten sich Masud, Ibtisam, der Botschafter und zwei andere Männer aus dem Emirat so zwanglos, als wollten sie bis zum Ende bleiben, beschattet von trauernden Kellnern.

«Sollen wir uns verabschieden?», fragte Livia.

«Die sehen beschäftigt aus», sagte Demian. Er wusste nicht, ob jemand abseits ihres Tisches die kleine Szene bemerkt hatte, die er gemacht hatte, und es widersprach seinem Drang zur Höflichkeit, nicht zu wissen, bei wem er sich zu bedanken hatte. Der Gastgeber des Abends – Radi – war nirgendwo zu sehen. Er trat auf Masud und Ibtisam zu, um ein paar warme Worte und kurze Umarmungen auszutauschen, und neigte den Kopf in Richtung der anderen, dann nickten alle einander quer durch den Raum zu.

«Es gibt einen Burger King in der Kurfürstenstraße», sagte Toto, während sie die Lobby durchquerten. «Da kam sie her, als ich sie getroffen habe.»

«Der am S-Bahnhof Tiergarten ist näher», sagte Demian. «Sie isst nie zu Hause. Sie holt sich wahrscheinlich jeden Tag einen Burger.»

«Rindfleisch ist trans», sagte Toto. «Überleg mal. Die kastrieren sie und tun Östrogen ins Futter, als Wachstumshormon, damit sie fetter werden. Bevor es in Deutschland Burgerläden gab, war das hier das Land ohne Dickerchen – weißt du noch? Jetzt sehen die hier alle aus wie Kleiderschränke. Wenn sie genug Burger King isst, braucht sie gar keine Hormone mehr.»

Demian nickte verhalten und sagte: «Gab es nicht in den Fünfzigern einen Rindfleischskandal in Frankreich, als fünfjährigen Jungs plötzlich Brüste gewachsen sind?»

«Die Spermienzahl», sagte Toto bedeutungsvoll.

«Das ist nicht nachhaltig», warf Avianca ein, die von hinten näher gekommen war. Sie hatte genug gehört, um zu wissen, dass es um Burger King ging. «Ich bin keine Vegetarierin, aber da würde ich nichts essen.»

«Luxushotels sind auch nicht wirklich ‹woke›», sagte Toto. «Wir könnten damit anfangen, die Grenze bei Ölscheichs zu ziehen.»

«Die Grenze hab ich schon gezogen», sagte Avianca. «Ich war mit Fisti draußen. Ich sterbe vor Hunger.»

«Deine Pommes gehen auf mich», sagte Toto.

«Nein, auf mich», sagte Livia. «Dafür, dass du auf meinen Hund aufgepasst hast. Wir gehen da jetzt alle hin. Der

Burger King ist nicht weit von mir. Und anschließend könnt ihr alle auf einen Absacker zu mir kommen. Das fänd ich super.» Alle schmunzelten, so abwegig war die Idee.

«Guckt mal, da ist Nicole!», sagte Avianca. Mit rotem Gesicht kam sie durch die Lobby auf sie zugewankt, sichtlich angetrunken und aufgewühlt. Avianca lief ihr mit entzückter Miene entgegen, blieb abrupt stehen und nahm sie in den Arm. «Alles okay?», fragte sie.

«Alles gut», sagte Nicole, die in Aviancas Armen wieder munter wurde. «Aber das war die totale Vollkatastrophe. Der Typ hat mich immer nur ‹Kilian› genannt!»

In der korrekten Annahme, dass dies ihr Deadname war, erwiderte Avianca: «Oh mein *Gott*! So ein *Loser*!»

«Aber echt.» Nicole legte den Arm um Aviancas Schultern und hielt sich an ihr fest, während sie in ihren Stiefel griff und eine Socke hochzog (sie trug Socken über der Strumpfhose, was die Stiefel weicher machte, aber auch sehr eng). «Das Essen war echt so *Katzenfutter*, und der scheiß Wein war *so schlecht*. Und wir haben nur über *Kunst* geredet. Bäh! Nie wieder!»

«Und was hast du mit Radi gemacht?», fragte Toto, im Sinne von «Wo hast du den gelassen?».

«Ich habe ihm gesagt, dass ich aufs Klo muss, damit ich abhauen kann. Ich sterbe vor Hunger. Kann ich mal deine Powerbank haben?»

«Ich hab sie nicht dabei, tut mir leid. Wir sind selbst ziemlich hungrig.»

«Du warst aber nicht zu unhöflich, oder?», fragte Demian.

«Ich hab ihm meine Meinung gesagt», sagte Nicole. «Aber ich hab ihm keine verpasst.»

Demian tröstete sich mit dem Gedanken, dass das Geschehene Radi zu peinlich sein würde, um anderen davon zu erzählen. Radi stand Masud offensichtlich nicht sehr nah, also würde Demian ein Bericht des Abenteuers seiner Tochter aus dritter Hand erspart bleiben. Dann erinnerte er sich, dass der Prinz aus der obersten Schicht einer schamlosen Herrscherkaste stammte, die keinerlei Reue für Verbrechen kannte, bis hin zu Mord und Sklaverei. Vielleicht war Radi komplett immun gegenüber Schuldgefühlen. Höchstwahrscheinlich war er niemals niedergeschlagen oder melancholisch, weil er seine Aggression immer nach außen weitergeben konnte. Taten Menschen wie er jemals etwas, über das sie nicht prahlen konnten? Vermutlich nicht. Die Geschichte würde schon bald die Runde machen. Er würde sie von Masud zu hören bekommen. Mit einem Stirnrunzeln machte er sich klar, dass Nicoles allererstes Date aus der Perspektive eines Mäuschens wohl unglaublich, unvergesslich komisch gewesen war. Und doch beneidete er dieses Mäuschen nicht.

XV

Radis Strategie, mit Kränkungen umzugehen, bestand darin, so schnell wie möglich weiterzumachen. Er hatte in seinem Leben gesellschaftlich und sexuell schon viele unwahrscheinliche Versuche unternommen, manche ohne Erfolg, doch die erreichten Ziele überwogen zahlenmäßig so sehr, dass sie die Fehler nicht nur aufwogen, sondern löschten. Wenn er an diesen Abend zurückdenken würde, würde er sich an die unangenehme Situation mit Nicole erinnern, doch wenn alles nach Plan lief, würde das dadurch überschattet und schließlich ausradiert werden, dass er sich mit Freunden in Friedrichshain traf, um exzellente Drogen zu nehmen und bei einer einwöchigen Fantasy-Sexparty vorbeizuschauen, die in einem noblen Landhaus am Rande der Stadt angelaufen war, wenn seine Informationen stimmten. Einen Moment lang machte er sich Vorwürfe, sie nicht dazu eingeladen zu haben, das hätte sie bestimmt aufregend gefunden, doch dann erinnerte er sich, dass sie ein Mädchen war. Und bei seinen Freunden traf sich eine schwule Szene. Sie würde sich bestimmt wunderbar amüsieren, doch der Morgen danach würde die Hölle sein. Mädchen gehörten nicht zum Geschlecht der Götter. Schuldgefühle waren ihr Markenzeichen. Er knabberte an Gang sieben herum und nippte an seinem Wein. Dann fuhr er, weil er nichts zu verlieren hatte, mit dem Fahrstuhl nach unten.

Wenn Toto sich wieder einmal selbst verleugnete, nur

um mit jemandem im Bett zu landen, hatte er schon seit Langem die Angewohnheit, sich immer wieder zu sagen, «Ich habe nichts zu verlieren außer meiner Würde und Selbstachtung». Radis Einstellung war da ganz anders. Seine Selbstachtung und seine Würde standen nie auf dem Spiel. Sie waren unverletzlich und – bisher – noch unverletzt geblieben. Doch es war noch zu früh, um seine Freunde zu kontaktieren. Die Chancen standen gut, dass Nicole in der Lobby auf ihn warten würde. Er hatte ihr wehgetan. Sie würde mehr davon wollen. Sie hatten keine Kontaktdaten ausgetauscht. Normalerweise konnte man als Mann den Schmerz unendlich ausdehnen, indem man die Frau eine Telefonnummer in sein Telefon tippen ließ. Weil er das nicht getan hatte, glaubte Nicole vielleicht, er kontaktiere sie nur deshalb nicht, weil er nicht in der Lage dazu war. Selbst ein dummes Kind würde nicht erwarten, dass er Masud bat, Demian nach ihrer Nummer zu fragen. Doch es war unrealistisch zu denken, dass sie sich allzu lang grämen würde. Sie würde ihn zu einer Figur in einer bösen Geschichte machen, die sie vierzig Jahre lang erzählen würde, es sei denn, er wickelte sie noch ein wenig mehr ein.

Er trat aus dem Fahrstuhl in die Lobby und sah sich flüchtig um. Beim Ausgang bildete der große Pudel – jetzt wieder an Livia befestigt – die Nachhut. Er schloss von ihm auf die anderen, die bereits draußen sein mussten, und dann fiel ihm ein, dass er seinen Mantel vergessen hatte. Kalt war ihm nicht. Er wusste nicht, wie kalt es draußen sein würde. Wahrscheinlich sehr kalt. Vielleicht fiel sogar Eisregen.

Er tänzelte ein wenig, rutschte auf den glatten Sohlen

seiner Slipper über den Teppichboden, erwischte Fisti und beugte sich hinab, um ihm den Rücken zu streicheln. Fisti blieb stehen und drehte sich zu ihm um. «Hey, wo geht's denn hin, Baby?», sagte er mit der ganz besonders freundlichen Stimme, die er nur Hunden gegenüber benutzte.

Livia erschrak ein wenig, doch dann erkannte sie Radi. «Oh, hallo», sagte sie. «Wir haben Sie beim Abendessen vermisst.»

«Ich habe ein so nettes Treffen mit Nicole gehabt», sagte er.

«Ich weiß nicht, ob sie es auch so nett fand», sagte sie. «Sie sollten es vielleicht ein bisschen langsamer angehen. Nicole ist noch sehr jung.»

Die Gelassenheit, mit der sie das sagte, ihn über den Hund hinweg ansehend, während ein Windhauch von der Tür ihr das Haar ins Gesicht blies, beeindruckte ihn sehr. Von jemandem, den er respektieren konnte, zur Ordnung gerufen zu werden, war eine Erleichterung nach dieser ermüdenden Erfahrung, den Abend mit Menschen zu verbringen, die er mit einem an Verachtung grenzenden Desinteresse übersah. Er hatte gedacht, dem Moment, in dem sein Interesse an Nicole nachließ, würde ein Orgasmus vorangegangen sein, kein so ruhiger Nachweis moralischer Autorität, doch der hatte sich still und heimlich eingeschlichen, und darüber war Radi froh. Die Automatiktür nach draußen ging hinter ihr zu. Jetzt standen sie allein auf dem gummierten Teppich des Hoteleingangs. Ihm fiel nicht ein, was er sagen konnte, außer dass ihm sein Egoismus leidtue, und er war noch nicht so weit, um das zu sagen.

«Na, dann einen schönen Abend», sagte Livia. «Fisti,

komm.» Die Tür öffnete sich erneut, und Toto trat neben sie.

«Was ist?», fragte Toto. «Hey, Radi.»

«Wir haben uns nur verabschiedet», sagte Livia und meinte es ganz offensichtlich als letztes Wort.

«Wollen Sie mitkommen?», fragte Toto den verlegen schweigenden Prinzen.

Livia blickte Toto vielsagend an. Er ignorierte sie. Es war zu spät, um die Frage ungefragt zu machen. Er hatte einfach nur gedacht, dass Radi, als ihrem Gastgeber, seinerseits ein wenig Gastfreundschaft zustand. Sein unbegleitetes Date mit Nicole war für niemanden gut verlaufen, doch ein fröhlicher Ausflug mit den Erwachsenen mochte das vielleicht wieder wettmachen. Er verspürte ein unhinterfragtes, erkennbar absurdes Mitleid mit dem einsamen Prinzen. Parallel dazu (die beiden Gedankengänge kreuzten sich nicht) glaubte er, dass weiterer Kontakt mit ihm Demian guttun würde, der ja derzeit mit Transphobie zu kämpfen hatte – in Form von Homophilie – und sichtlich darauf hoffte, dass Nicole ihrem auffälligen Kokon am Ende als stinknormaler schwuler Boy in Chinos und Barbourjacke entschlüpfen würde. Ihre Transition wurde von ihrem Umfeld pausenlos beobachtet und unterstützt, online wie in der Schule, weswegen ihr Vater das mit einem modischen Trend verwechselte; er hatte sich Hoffnungen gemacht, dass sie mit Radis Hilfe den Absprung schaffen und sich für eine etablierte Identität entscheiden könnte. Totos Ansicht nach lief es darauf hinaus, sie zu zwingen, ihre eigene Jugendkultur gegen die von Demian und Toto einzutauschen. Sie waren zu einer Zeit aufgewachsen, als Schwulsein so nervenzehrend war wie heute das Transsein. Toto befand sich in einer Art Hassliebe zu Schwulen, denen er unterstellte, es sich zu leicht zu machen. Männer waren einfach solche kleinen Schlampen, fand er, von allem sofort aufgegeilt. Dabei fand er ein so frisches, gut gelauntes Mädchen wie Avianca, die allem Anschein nach leichte Beute war, weniger attraktiv als die unerreichbare (für ihn), zutiefst liebenswürdige (für ihn), überaus heiratswürdige (für offenbar nach dem Zufallsprinzip ausgewählte Milliardäre) Livia. Seine selbstbetrügerische Eifersucht, so ambig wie sonst alles Verdrängte, vermittelte sich nach außen hin als Unfähigkeit, Radi aufzugeben.

«Sehr gerne», sagte Radi. «Aber ich muss noch meinen Mantel holen.» Er drehte sich zum Pförtner und beschrieb ihm einen mit mongolischem Lammfell gefütterten Wildledermantel – ein witziges Teil, wie man es in Berlin tragen konnte –, der im Kleiderschrank seiner Suite hing. Der Pförtner sprach in sein Headset.

Toto ging nach draußen, um den anderen zu eröffnen, dass Radi mitkommen würde. «Seid nicht sauer», fing er an. «Der sah total geknickt aus, und er hat versprochen, sich zu benehmen.»

Nicole blickte von Aviancas außergewöhnlich großem Telefon auf – sie hatten sich einen Comedyclip angesehen – und überraschte sie alle mit einem Grinsen. Sie stieß sogar ein triumphierendes «Yes!» hervor, als würde er ihr gleich auf den Knien hinterhergekrochen kommen. Bildlich gesprochen besaß Radi gar keine Knie, und es war eher ein Sich-Herablassen als ein Kriechen. Trotzdem fand Nicole die Vorstellung schmeichelhaft, dass der Prinz ihr hinterherlief, was er ganz bestimmt mit sichtlich verletzter Arroganz tun würde, und jetzt vor einem Publikum, zu dem auch ihr langweiliger Vater gehörte. Sie hätte frohlocken können. Als er schließlich mit Livia und Fisti durch die Tür trat, prachtvoll in teures Leder gewandet, war sie genauso stolz, wie er aussah. «Sorry, dass ich dich da hab sitzen lassen», sagte sie, so hochnäsig, wie sie nur konnte.

«Ach, kein Problem», antwortete er. Er stellte sich jedem Einzelnen noch einmal vor, als hätten sie in der Zwischenzeit seinen Namen vergessen. Er hatte gar nicht erst versucht, sich ihre zu merken. An Abenden wie diesem blieb der Großteil der Rechenleistung seines Gehirns ungenutzt. Er erinnerte sich wie durch Magie an die Namen der Menschen, die er traf, sogar noch nach Monaten – glaubte er jedenfalls. In Wirklichkeit vergaß er fast jeden auf der Stelle. Wie sollte er sich darüber Gedanken machen, dass er die Namen von Leuten vergaß, deren Existenz er kaum wahrnahm. In der gegenwärtigen Runde wurde dieser halb unsichtbare Status von Avianca, Toto und Klaus eingenommen.

Sie setzten sich in Bewegung, Radi lief mit etwas Abstand mit. Die Nacht war lichtdurchflutet. Ein graues Leuchten durchdrang die Landschaft aus allen Richtungen zugleich. Viele Farben waren zu sehen, keine davon ansehnlich: dumpfes Grau, gräuliches Pfirsichorange, unbeschreibliches Nichtschwarz, schmutziges Weiß. Kein Mond, keine Sterne, bloß der Widerschein ferner Straßenlaternen in den Wolken, der Kanal wirkte lebendig vom trüben Wolkenschein und bewegte sich in langsamem Rhythmus wie unter einem Ölteppich. Die feuchtkalten Bäume reckten bedrohlich Äste in die graue Luft. Die Gruppe rückte instinktiv zusammen, ging näher beieinander, als sie es bei Tage getan hätte oder als wenn es warm gewesen wäre. Klaus stand noch immer am Wasser herum. Die Gruppe vergrub sich zum Schutz gegen die Kälte in ihre Mäntel – ein leichter Nebel hing in der Luft, der nicht als Regen durchgehen konnte – und ging langsam an ihm vorbei, während er sich in den Schatten einer alten Eiche zurückzog. «Bulle», flüsterte Demian.

«Ah, ich hatte mich schon gefragt, wer der Mann ist», sagte Livia. «Warum folgt er uns?»

«Ich glaube nicht, dass der uns folgt. Guck.» Sie bewegten sich auf die Brücke über den Kanal zu, und Klaus war unter dem Baum geblieben. Demian achtete darauf, nichts zu sagen, was Livia hätte beunruhigen können. Und er hatte ihr, meinte er, eine absolut ehrliche Antwort gegeben. Klaus folgte der Gruppe nicht. Er folgte Nicole.

XVI

Sie waren kaum zehn Meter weitergegangen, als Toto laut Halt rief. Sein eigentlicher Adressat war Klaus, den er loszuwerden hoffte, indem sie plötzlich an einem gut beleuchteten Ort hielten. Er zeigte auf die Stelle, wo der Leichnam der großen Revolutionärin Rosa Luxemburg von einer rechten Miliz am 15. Januar 1919 in den Kanal geworfen worden war. In schweren Bronzebuchstaben, llang gezogen wie Bleisatz, schob sich ihr Name auf Hüfthöhe durch das Geländer in den Gehweg hinein. Bewunderer hatten zwei Nelken hineingesteckt, von denen nur noch Teile übrig waren – rot für den Sozialismus, weiß für den Tod. Die Gruppe stellte sich auf, um auf das sacht strudelnde graue Wasser hinabzublicken. Eine einsame Schneeflocke landete auf der Oberfläche und schmolz nicht sofort.

Mit den Händen in den Taschen spazierte Klaus hinter ihnen vorbei. Alle spürten seine Anwesenheit, doch niemand sah ihn direkt an, bis auf Radi, der ihn bisher noch gar nicht wahrgenommen hatte. Sogar Fisti sah nur von Livia zu Demian und wieder zurück.

Nicole war die Erste, die sich wieder in Bewegung setzte. Sie war hungrig und wollte etwas essen. Toto folgte ihr. Die Prozession nahm langsam Geschwindigkeit auf, die Treppe hinauf und über die Brücke. Auf dem Scheitel der Brücke blieb er stehen, um sich nach Klaus umzusehen, der nirgendwo auszumachen war. Er musste, überlegte Toto, am Kanal weitergelaufen sein, anstatt ihn zu überqueren. Der Weg war nachts eine Sackgasse, die zu einem verschlossenen Tor führte – eine der abseitigsten Ecken des Parks, schwer zu sagen, was für ein anrüchiges Volk sich dort versammelte. Die Anspannung, sich beobachtet zu fühlen, wich Erleichterung, alle standen aufrecht auf der Brücke und sahen sich um. «Hast du mal ihre Briefe aus dem Gefängnis gelesen?», fragte Demian Livia.

«Die sind so schön», sagte Livia. «Ihre Persönlichkeit ist so warm und herzlich, da hat man das Gefühl, sie wäre der Mensch, den man an seiner Seite haben möchte, wenn man ins Gefängnis muss.»

«Sie hätte dableiben sollen», scherzte Radi und lief weiter.

«Häh?», sagte Toto.

«Zu ihrer eigenen Sicherheit!»

«Sie war im Gefängnis nicht sicher», sagte Livia ungläubig. «Man hat sie geschlagen.»

«Tut mir leid», sagte Radi. «Es sollte ein Witz sein, darüber, dass man Leute ins Gefängnis steckt, um sie zu schützen. Das passiert oft ... Frauen, die geschlagen wurden ... also, in arabischen Ländern ...» Er wollte den Mund halten, doch der Geist von Rosa Luxemburg drängte ihn, seine Haltung zum Feminismus klarzustellen, und er schloss mit: «Nicht cool.» Livias kritischer Blick ließ ihn die traurige Inkohärenz seines Abends spüren. Mit dem Privatjet anzukommen, die anderen Ehrengäste sitzen zu lassen, die zweifelhaftesten Aspekte seiner Sexualität offenzulegen und dann zu erwarten, dass man ihn ernst nahm – das passte nicht zusammen. Er befand sich in einem tiefen Loch. Es hatte sich wie ein Podest angefühlt, aber es war ein Loch.

«Ist ihr Leichnam immer noch da unten?», fragte Avianca und zeigte auf das Wasser. «Ist das so was wie ihr Grab? Wo ist ihr Grab?»

«Muss irgendwo sein!», sagte Toto.

«Man weiß es nicht», sagte Demian. «Der Leichnam lag monatelang im Wasser, und als er schließlich angespült wurde, hätte es irgendwer sein können. Ich war mal bei ihrem angeblichen Grab. Traurige Sache. Man geht hin, um sie zu ehren, und muss an lauter Denkmälern für Stalinisten vorbei.»

Radi versuchte mit einem zustimmenden Murmeln anzuzeigen, dass er links, Stalinismus ihm aber *de trop* sei. Vorsichtig suchte er einen Weg zwischen den Pfützen hindurch. Seine nackten Fußgelenke waren schon nass, über den Zustand seiner Sockenbommeln mochte er gar nicht nachdenken. Er spürte, wie sie mit jedem Schritt kleine Schlammspritzer gegen seine Waden schleuderten. Er verlangsamte sein Tempo auf das von Nicole, die hinter ihm ging, und die Gruppe begann sich zu ziehen. Fisti hatte bereits mit Avianca die Brücke hinter sich gelassen. Livia folgte ihnen, und die anderen folgten ihr. Die Nacht war windstill gewesen, nun kam eine Brise auf, und die Reflexionen auf dem Wasser begannen zu zittern, genau wie Radi, Avianca und Klaus (der sich im Schatten vor ihnen duckte). Avianca vermisste ihre Mütze. Klaus' billige Fleecejacke war viel zu dünn, und sein Anorak konnte es mit stundenlangem Nebel nicht aufnehmen. Radis Körpertemperatur war ein paradoxes Durcheinander. Seine Beine waren Eiszapfen, die Zehen, steif gefroren, bohrten sich mit Macht in sein Bewusstsein, doch sein Rumpf war unter dem Wollmantel so warm, dass der unbedeckte Kopf als Hitzeableiter herhalten musste. Die beschlagene Brille erschwerte bedauernswerterweise die Sicht. Nicole war Alkohol so wenig gewohnt, dass sie die Kälte nicht spürte. Livia, Demian und Toto waren in Handschuhe, Mützen und Schals gepackt und bis auf ihre eisigen Gesichter angenehm warm. Fisti war zwar barfuß, sonst aber fast komplett behaart, und niemand der Anwesenden wusste, was er fühlte. Das herauszufinden, hätte langwierige Experimente erfordert. Man hätte ihn mit einem Kaschmirmantel ausstatten müssen, so weich, dass er ihn kaum wahrnahm, diesen mit leichten Gurten befestigen und ihm perfekt angepasste Gummischuhe anlegen, ihn in die Eiseskälte hinausschicken und abwarten müssen, ob er versuchte, sich all das abzukauen. Hätte er sprechen können – wäre er mit dem Intellekt gesegnet gewesen, seine Situation zu analysieren und davon zu abstrahieren, und mit den Mitteln, seine Schlüsse zu kommunizieren –, dann hätte er gesagt, dass die kältesten Teile seines Körpers Ohren und Genitalien seien, ob ihm bitte mal jemand eine Mütze und eine Hose geben könne. Doch nur wenige hatten in dieser großen Stadt jemals einem Hund Beanie und Shorts angezogen, sodass diese unter der Wahrnehmungsschwelle verbliebene Mode sich nicht durchgesetzt hatte und es die benötigten Accessoires nirgendwo zu kaufen gab. Fisti hielt sich warm, indem er hopste und sprang, und jeder, der ihn sah – selbst Livia –, glaubte, er liebe die Kälte.

Demian und Toto debattierten, ob der Biergarten hinter der Brücke (Café am Neuen See) wohl offen war. Die gesamte Gruppe bog links auf eine Treppe ab, um nachzusehen, obwohl es überall dunkel und still war und Avianca bereits gegoogelt hatte, dass das Lokal geschlossen hatte.

Der Neue See war eher ein Teich, so groß wie ein Football-Feld, das gewundene Ufer und die Inseln mit niedrigen Holzpfählen befestigt. Der Biergarten war eine Baustelle, was mitten im Winter nicht verwunderte, und menschenleer. Der Bootsverleih atmete Trostlosigkeit, die schiefe, verwitterte Bude wachte über ein einsames Boot, das halb versunken im torfbraunen Wasser lag. Wo sonst zahllose Tische und Bänke auf der bloßen Erde standen, ragte nun geisterhaft der Neubau einer überdachten Holzbühne auf. In dem Allwetter-Restaurant, das ein Stück vom Wasser entfernt lag, sah man eine Vierergruppe schick gekleideter Männer sich bei Kerzenlicht unterhalten, vor sich leere Kaffeetassen, auf Kuchentellern schwarze Krümel in Vanillesauce, die Physalis-Garnitur unberührt, daneben leere Biergläser mit einem dünnen Film abgestandenen Schaums. Weil dies Berlin war und nicht Thessaloniki, wurde längst nicht mehr serviert und die Kellner waren nach Hause gegangen. Irgendwo in der Küche rauchte ein einsamer Koch einen Joint und wartete darauf, dass die Nachzügler endlich gingen. Um sie herum war die Dunkelheit, in der Klaus stand, versteckt in einem Wald aus Stuhlbeinen, die von leeren Tischen emporragten, und wärmte sich an einem lodernden Dekokamin, in dem hauchdünne Flammen billigsten Propangases, stark gestreckt mit Kohlendioxidgas, an einem merkwürdig aussehenden Stapel Fake-Scheite züngelten.

Er betrachtete die Fotos, die er den Abend über gemacht hatte, und fragte sich – angesichts der knisternden erotischen Spannung, die wie eine Gewitterwolke über der Gruppe hing –, warum es so schwer war, einmal zwei von ihnen gleichzeitig im Bild zu erwischen. Er war mit Videospielen und Superhelden aufgewachsen, nicht mit Büchern und Gesprächen, und nahm die Welt visuell wahr. Worte waren für ihn nur ein Deckmantel, der Wahrheiten verbarg, die für das geübte und prinzipientreue Auge eindeutig waren, wie wenn der nervöse Schurke mit laufender Nase dem naiven Mädchen schmeichelte und sie darauf reinfiel, während der Superheld es gleich checkte.

«Scheint nicht zum Biergarten zu gehören», sagte Avianca mit einem Blick auf ihr Telefon und dann wieder auf die älteren Herren drinnen. Sie konnte das Restaurant nicht finden, weil Google ihr keine Läden anzeigte, in denen ein Hauptgericht mehr als sieben Euro kostete. Während sie und Livia bei Nicole blieben, deren wunde Füße jeden Umweg verboten, liefen die Männer ein paar Meter am Ufer entlang und sahen sich um. Der provisorisch wirkende Schuppen aus rohen Kiefernbrettern enthielt eine Kreissäge, was die Szenerie verunstaltete. Daneben war Bauholz gestapelt. Die Pächter schienen einen Teil des Biergartens überdachen zu wollen, damit sie ihr Bier auch bei Regen verkaufen konnten.

Keiner von ihnen kommentierte die Umgebung, die kaum mehr als die Banalität des Realen ausstrahlte. Stattdessen fragte Demian Radi, was er von Masuds Büchern hielt. Das erschien ihm eine unverfängliche Frage zu sein, weil ja immer Naema die Preisträger auswählte.

Radi gab zu, dass er kein einziges Wort gelesen hatte. «Er ist ein geradezu zwanghafter Erzähler», sagte er. «Solange er lebt, brauchen wir seine Bücher nicht.»

«Stimmt», sagte Demian. «Er hört einfach nicht auf. Wenn er es nicht aufschreiben würde, würde das jemand anderes für ihn machen.»

«Vielleicht tut das schon jemand», sagte Toto.

Demian nickte. «Nabokov hat immer seine Frau alles tippen lassen, und manche sagen, sie habe sehr viel daran verbessert.»

«Ich meinte Diktierprogramme. Er schaltet sie am Morgen ein, und zum Mittagessen ist der Roman fertig.»

«Vielleicht ist es KI», schlug Radi vor. «Er gibt ihr den Befehl, beduinische Nabati-Fabeln im Stil von Oscar Wilde zu schreiben, *et voilà*.»

Demian sah ihn an.

«Ich meinte Spracherfassungssoftware», wiederholte Toto.

«Er könnte auch Assistenten Werke nach seinen Vorgaben verfassen lassen», fuhr Radi fort. «Er ist eine *Brand*. Er könnte seinen Stil lizenzieren und Gebühren dafür nehmen.» Er hatte das Gefühl, sich mächtig ins Zeug zu legen, um sich aus diesem kommunikativen Loch herauszuschaufeln, aber die Richtung stimmte nicht. Um von diesen Leuten ernst genommen zu werden, musste er ernster sein, so wie vorhin, als er dem Mann von postpostmoderner Architektur vorgeschwärmt hatte, dessen minderjährige Tochter er vergeblich – Gott sei Dank – und aus reiner Machttrunkenheit zu erobern versucht hatte. Warum war niemand außer Livia wütend auf ihn? So benahm er sich zu Hause nie. Das war so ein Berlin-Ding. Berlin war eine Ostblock-Stadt, eine russische, eine arabische Stadt, ein Mann musste hier hart sein.

«Welcher ‹Stil›?», fragte Demian. «Er beschreibt doch

nie irgendwas. Er benennt es einfach, wie Adam im Garten Eden. Das ist die reine Schöpferkraft. Das macht ihn so großartig. *Si dieu avait crée les choses en les nommant …*»

«Der Elstir der Wüste», erwiderte Radi. Der Proust-Verweis war recht versteckt, doch Demian lächelte sofort kennerhaft. Radi wäre traurig gewesen, hätte er gewusst, warum, nämlich nicht in Anerkennung seines Scharfsinns, sondern weil er einen kleinen Homo-Test bestanden hatte, und das trotz Masuds Behauptung – die er bereitwillig unterschrieben hätte –, dass ein Araber mit Selbstachtung in alle Richtungen offen ist. Ermutigt sagte er: «Ich meine es wirklich so – dass wir seine Werke gar nicht brauchen, solange er lebt. Die posthumen Veröffentlichungen werden viel interessanter sein.»

«Wegen der Zensur?», fragte Toto. «Oder der Selbst-Zensur?»

«Wir alle zensieren uns selbst», sagte Demian. «Deshalb sind wir interessanter, wenn wir tot sind.»

«Uns ist kalt», rief Avianca ihnen klagend zu, also kehrten sie zum Weg zurück, ließen den Biergarten und das Restaurant hinter sich und gingen weiter. Die Frauen unterhielten sich über Hunderassen. Avianca war gegen Möpse, wegen der Qualzucht. Livia bevorzugte ebenfalls Promenadenmischungen, von Fisti einmal abgesehen. Nicole sagte, ihre Eltern hätten ihr nie erlaubt, eine Katze zu haben.

«Du hattest doch eine Katze», protestierte Demian.

«Das war Mamas Katze!», sagte Nicole. «Die war schon vierzehn, als ich geboren wurde!»

«Nicht da lang», rief Toto. Avianca führte Fisti gerade

einen schmalen Pfad entlang, der in ein Dickicht junger Tannen führte. «Das ist eine Sackgasse. Wir sollten sowieso noch beim Liebknecht-Denkmal vorbei. Das wäre nur gerecht.» Es war gut, dass Avianca kehrtmachte, weil sie sonst direkt in Klaus hineingelaufen wäre, der gerade gegen einen Baum pinkelte. Diese Leute aus dem Schatten des Baumwerks heraus zu beobachten, war ganz einfach, und er fühlte sich nun viel entspannter als die ganzen Stunden davor.

«Vor zehn Jahren», sagte Toto, «wäre das hier eine einzige schwule Cruising-Area gewesen. Jetzt läuft das alles über Apps.»

«Ich bin nicht auf den Apps», sagte Radi.

«Ich liebe Onlinedating», beteuerte Toto.

«Du kennst mich über Tinder!», sagte Avianca stolz und kam mit Fisti zu ihm herangelaufen.

«Ich hab Angst vor den Apps», sagte Nicole.

«Du bist zu jung für Onlinedating», sagte Demian.

«Datingportale sind kein sicherer Ort für Trans-Personen», sagte Avianca.

«Klar, aber wo ist es schon sicher?», klagte Nicole.

«Datingportale sind ein *Safe Space* für Menschen, die sich gar nicht sicher fühlen müssen», sagte Toto. «Sie sind für niemanden ein *Safe Space*. Es wäre Wahnsinn, zu denken, dass man da sicher ist. Man postet sein Gesicht und seine sexuellen Vorlieben und bietet sich wildfremden Leuten an. Also echt!»

«Das klingt schrecklich», sagte Livia.

«Ich mag sie nicht», sagte Radi. «Profilbilder sind tot. Ich ziehe die Lebenden vor. Wie sie sich bewegen, wie sie riechen.»

«Ja, aber nicht alle Lebenden», sagte Toto. «Nur die gut aussehenden, die nicht stinken.»

«Sei nicht albern», sagte Radi. «Wenn alle nur auf attraktive Menschen stünden, würden wir alle toll riechen und schön sein. Aber schau uns doch an.» Er deutete mit großer Geste auf die umliegenden Bäume, um die acht Milliarden unansehnlichen, miefenden Menschen aufzuzeigen, die sich gerade dahinter versteckten.

«Sexuelle Freiheit ist etwas historisch Neues», behauptete Avianca. «Früher konnten die Leute nicht wählen. Ein stinkender, hässlicher Typ mit Geld konnte ein hübsches Mädchen heiraten, damit seine Kinder normal aussahen. Du bist aus dem Nahen Osten, oder?»

«Meine Eltern», sagte Radi zögernd, nicht ganz sicher, ob das Gespräch gerade eine beunruhigende Richtung nahm.

«Gibt es in deiner Familie arrangierte Ehen?»

«Sie versuchen es. Das auf jeden Fall.» Er blickte in den Himmel und stieß ein leises Lachen aus.

Sie war begeistert. «Wow!», sagte sie. «Haben sie wirklich versucht, dich mit jemandem zu verkuppeln? Mit wem?»

«Mit meinem Cousin Keitan. Er ist bezaubernd. In meiner Familie haben wir schon so lange schöne Frauen geheiratet, dass wir alle gut aussehen.»

«Er ist dein *Verwandter*?» Sie presste die Lippen aufeinander und dachte angestrengt nach. «Vielleicht spielt Inzest bei gleichgeschlechtlichen Ehen keine Rolle?»

«Das ist kein Inzest. Die Halbschwester seiner Mutter ist die Halbschwester meines Vaters.»

«Das denkst du dir gerade aus, oder?»

«Er ist trans und ein ziemlich guter Künstler. Meine dummen Tanten meinen, er würde mir als Ehemann gefallen. In der Schweiz könnte ich das machen, seit letztem Jahr. Einen Mann heiraten.»

«Aber du magst ihn nicht?» Erschrocken schlug sie die Hand vor den Mund. Nicole tat ihr leid, weil Radis Antwort sie vielleicht verletzen würde. Die Antwort würde – da er sich geweigert hatte, eine Zweckehe mit seinem Trans-Cousin einzugehen – fraglos transphobisch ausfallen. Zum Glück ging Nicole Radi bewusst aus dem Weg. Sie lief vor ihnen und stritt sich mit Toto und ihrem Vater über Haustiere. «Ist er prä-OP?», fragte sie. «Könntet ihr Kinder haben?»

«Avianca, Schätzchen», sagte Radi. «Du bist ja neugieriger als die Datingportale.»

«Hättest du gern Kinder?»

Er lachte bloß und tätschelte ihren Arm.

Der breite, gewundene Große Weg war mit blassgelbem Rollsplit geschottert, und sogar um diese Uhrzeit nutzten Fahrradfahrer ihn, um von Mitte in die Westberliner City zu kommen, manche beinahe unsichtbar, ohne Licht oder Reflektoren. Wie Fledermäuse zischten sie vorbei. Die schlanken Bäume – ausgewachsen, aber nicht sehr alt, da der Park achtzig Jahre zuvor von Bomben und von Berlinern auf der Suche nach Feuerholz plattgemacht worden war – vereinigten sich über ihnen in einem Gewölbe und schirmten das graue Leuchten des Himmels ab, die wenigen Straßenlaternen warfen trübe Kegel aus Licht. Sie blieben auf der rechten Seite und ließen die Fahrräder links vorbei.

XVII

Links von ihnen tat sich wieder eine Aussicht auf den Neuen See auf. Toto ließ sie anhalten und führte sie über den Weg. Vorsichtig nach Fahrrädern Ausschau haltend, näherte sich die Gruppe dem Liebknecht-Denkmal. Es lag ein Stück vom Ufer des Sees entfernt, am Ende eines kurzen und matschigen Pfads. Verwitterte Nelken und Blütenblätter in rot und weiß waren in die Fugen zwischen den Mauersteinen gedrückt. Neben der Säule stand eine unlesbar dunkle Plakette in englischer und deutscher Sprache. Liebknecht, erklärte Toto, sei hier ermordet, aber nicht in den See geworfen worden. «Es war schmerzlos», sagte er. «Sie haben ihm gesagt, er soll zum Wasser gehen, und jemand hinter ihm hat die Pistole erhoben und ihm in den Hinterkopf geschossen.»

Demian sagte skeptisch: «Bei Dostojewski gibt es eine Passage über einen Mann, dem der Tod bevorsteht, indem ein Felsen von der Größe eines Hauses auf ihn fallen gelassen werden soll. Natürlich tut das nicht weh, aber er lebt trotzdem in schrecklicher Angst.»

«Sicher tut das weh», wandte Livia ein.

Weil er nicht zu Ende gedacht hatte, was ihm von Dostojewski in Erinnerung war (es war eine zynische Passage aus *Die Dämonen*, in der es um einen angehenden Selbstmörder ging), sah Demian sie nur bewundernd an.

Angespornt durch das Interesse ihres Vaters an dem Thema hob Nicole die Hand und erklärte, sie habe vor

Kurzem gelesen, dass der russische Begriff für den Tod durch ein Erschießungskommando «zerschossen werden» laute. Sie machte Gesten, die den Einsatz der Gewehre ausdrückten, und sagte: «Ich dachte immer, sie nehmen sechs Freiwillige, und jeder schießt. Allerdings ist nur bei einem scharfe Munition drin, und sie wissen nicht, bei wem. Aber in Filmen ist es immer so» – sie presste die Arme an den Körper und zuckte wie jemand, der an einem Baum gefesselt ist und von sechs Kugeln hintereinander getroffen wird – «*Peng, Peng, Peng, Peng, Peng.* Jetzt versteh ich das!»

Radi hatte genug gehört und ging zum Großen Weg zurück. Toto fragte die anderen, ob sie schon einmal in der Gedenkstätte Plötzensee gewesen seien. Bis auf Demian war niemand dort gewesen. Er erklärte, das sei der Todestrakt der Nazis für politische Gefangene gewesen, direkt neben dem heutigen Gefängnis. «In Deutschland gibt es keine Todesstrafe», fügte er für Radi hinzu.

«In der Schweiz auch nicht», rief Radi. Die Resignation hatte dem Wunsch Platz gemacht, nicht mehr ständig mit diesem Araberprinzen-Ding in Verbindung gebracht zu werden. Aus Überzeugung und aus taktischen Gründen kam er noch einmal zu ihnen zurückgelaufen und sagte: «Claude Lanzmann schreibt in seinem Memoir *Der patagonische Hase*, dass er niemals ein Land besuchen würde, in dem es die Todesstrafe gibt, und nachdem ich das gelesen hatte, habe ich beschlossen, es genauso zu machen. ‹Reisen ist gefährlich.›»

Dass er den Macher von *Shoah* zitierte, fand Demian interessant – als Abweichung von antimuslimischen Klischees übertraf es bloßes Schwulsein bei Weitem –, doch sein Mannesstolz ließ ihn schweigen, weil er Claude Lanzmann und die pauschale Weigerung, die USA zu besuchen, schlicht nicht überbieten konnte.

Unterdessen hatte sich Toto an Nicole gewandt. «Du weißt doch, dass man Menschen hängt, indem man eine Falltür öffnet, damit sie runterfallen und sich den Hals brechen.» Nicole wusste ganz genau, was er meinte. Radi war plötzlich deprimiert. Er wusste, dass Erhängen lange dauert. Wer es eilig hat, sucht sich eine andere Methode. Doch Filmemacher, abgesehen von Claude Lanzmann, wollen den Tod immer schnell und würdevoll darstellen. *Peng*. Er sagte nichts. «Also bin ich in das Gebäude rein», fuhr Toto fort, «wo die Nazis tausend politische Gefangene aufgehängt haben, und ich denke mir, Moment, wie haben sie denn hier einen Galgen reingekriegt? Die Decke ist so niedrig, dass man sie fast berühren kann. Und ich frage den Aufseher, und der sagt: ‹Sehen Sie diese Haken?› Da ist so eine Reihe von Haken, die in die Decke geschraubt sind. Sie haben den Leuten Klaviersaiten um den Hals gelegt und sie ganz langsam hochgezogen.»

«Scheiße, das ist ja krass», sagte Nicole.

Toto versicherte ihr, dass er genauso überrascht gewesen war, als sich die Nazis noch schlimmer als gedacht erwiesen.

Demian blickte beschämt zu Boden. Sein Kind und sein bester Freund hatten gerade die wohl blödesten Gedanken ausgesprochen, die je irgendwem in der gesamten Geschichte der Menschheit in den Sinn gekommen waren. Hilfe suchend sah er Livia an. Sie stand bei den Pfählen der Uferbefestigung, lauschte dem Murmeln der Enten und fixierte eine Bank am anderen Ufer des Sees – sie versteckte sich, wie sie es immer tat, wenn jemand gegen die Nazis vom Leder zog. Ihr gerechtfertigter Hass fühlte sich wie kleine Peitschenhiebe an, wie Tentakel von Feuerquallen, die auf die Haut ihrer Seele einprasselten. Radi dagegen kam es vor, als wäre er von Kindern umgeben – hatten sie nie Bilder von amerikanischen Lynchmorden gesehen oder die an Baukränen baumelnden Körper im Iran? Wie waren die denn wohl so weit nach oben gekommen?

Avianca war auch absolut nicht hilfreich dabei, diesen Eindruck zu entkräften. «Wie creepy ist das denn!», sagte sie. «Am Plötzensee war ich» – der Name bezog sich auf den Fisch, der See war ein recht verwahrlostes Überbleibsel eines uralten, langsam schmelzenden Brockens Gletschereises – «schon eine Million Mal» (sie meinte fünf Mal), «aber ich hab nie irgendwelche Haken gesehen. Vielleicht haben sie die rausgedreht? Das war mal ein ziemliches Drecksloch, aber jetzt gibt es da die beste Pizza.» Die Info, dass es im Strandbad Plötzensee gute Pizza gab, hatte sie vom Hörensagen. Sie war bisher nur auf der schlammigen Seite des Sees gewesen, wo man keinen Eintritt zahlen musste.

«Ich meine doch die Gedenkstätte Plötzensee», sagte Toto. «Die ist bestimmt einen Kilometer vom Strandbad entfernt. Jedenfalls reden immer alle von der Weißen Rose, diesen drei christlichen Studenten, die enthauptet wurden, aber die Nazis wollten *wirklich* nicht, dass die Leute sich den Kommunisten anschließen.»

«Sophie Scholl war hot», sagte Nicole.

«Was hat das denn jetzt damit zu tun?», rief Demian.

«Hast du mal die Fotos gesehen, auf denen sie kurzes

Haar hat? Sophie Scholl mit Bubikopf sieht aus wie Elliot Page! Ich sag nicht, dass sie trans war.»

«Natürlich sagst du das», sagte Avianca, sah Toto nach Bestätigung suchend an und lachte.

Toto blickte traurig auf Karl Liebknechts Namen, der auf der Backsteinsäule stand, weil Livia und Demian nicht lachten. Radi sah Nicole an. Eine Ente quakte. «Es wird kalt», sagte Livia. «Kommt, wir gehen weiter.»

Sie lief los, Demian und Toto folgten ihr eilig. Demian wies darauf hin, dass ihr Verfolger verschwunden war. Toto prahlte, er habe ihn abgeschüttelt – als wären sie nicht auf einem beleuchteten Hauptweg aus dem Biergarten spaziert, sondern auf ausgeklügelten Schleichwegen entkommen. Livia tätschelte ihm den Arm. Die jungen Leute fielen zurück und taten, als seien sie so fasziniert von den Enten wie Livia und überrascht, dass sie Fisti so gar nicht interessierten. Der drehte sich zu seinem Frauchen um und bellte leise. Avianca steckte ihm die Leine unter das Halsband, um sie trocken zu halten, und er trottete auf sie zu. «Fisti!», sagte Livia und lächelte die jüngere Frau an, während sie sein Ohr kraulte. Radi blieb stehen, um die Gedenktafel zu lesen. Es wollten ihm aber nicht so recht relevante Gedanken einfallen, und er tat sich schwer, Anschluss an diese Erwachsenenclique zu finden. Es war das Einfachste, bei den Jüngeren zu bleiben. Er versuchte, sie dazu zu bewegen, ein wenig schneller zu gehen, damit die Gruppe zusammenblieb. Mit allen sechs Leuten wären sie zu breit für den Großen Weg gewesen, selbst ohne Fahrräder. Doch die Mädchen blieben hinten, auch hinter ihm, um sich über Kinderzeug zu unterhalten. Er beschleunigte sein Tempo und schloss zu den anderen auf.

XVIII

Also geht's um Geld?», fragte Demian Livia gerade.

«Eigentlich nicht. Es geht um die Rechte der Pächter. Es war so, dass mein Vater – erinnerst du dich? Der ist gestorben.»

«Vor drei Jahren, in Mailand, in der ersten Covid-Woche.» Er hatte keine Trauerfeier bekommen und zuvor keinerlei ärztliche Versorgung. Eine herzzerreißende Episode, unvergessen.

«Hab ich euch mal sein Haus im Drömling gezeigt?»

Weil sie nicht wussten, wie sie reagieren sollten, zuckten beide Freunde bloß mit den Schultern. Livia beschrieb eine endlose, durchfurchte Landschaft, mit niederländisch anmutenden Kanälen, Pappelreihen, Erlenhainen und Flussauen voller Leben, wo der Himmel nicht von Kondensstreifen durchzogen wurde, sondern von Schwärmen von Gänsen und Kranichen, und der ICE-Bahnhof in Wolfsburg – wohlhabende Stadt des VW-Werks – war mit dem Auto nur zwanzig Minuten entfernt. «Das Problem ist nur», endete sie, «dass da Pächter drinsitzen.»

«Wenn du Eigenbedarf anmeldest, kannst du denen kündigen», sagte Toto.

«Das will ich gar nicht. Sie kümmern sich um die Wasserbüffel. Das sind die asiatischen, nicht die mit dem Mozzarella Die fressen die jungen Bäume, damit das Sumpfland frei bleibt. Ich kann mich doch nicht um Wasserbüffel kümmern! Ich weiß nicht wie, und ich will es auch gar nicht wissen.»

«Wasserbüffel sind immer asiatisch, auch die in Italien», sagte Toto. «Es gibt nur eine Art von domestiziertem Büffel.»

«Wie soll denn Mozzarella asiatisch sein?», fragte Demian.

«Marco Polo?»

Traurig und ein wenig widerstrebend mischte Radi sich ein. «Die kommen aus Indien», sagte er. «Es stimmt nicht, dass Asiaten Milch und Käse nicht mögen.» Es gefiel ihm gar nicht, dass er schon wieder den Mann aus dem Orient geben musste, doch das war nun mal sein einziges belastbares Alleinstellungsmerkmal.

«Jedenfalls sind die Mieter Bauern, und ich bin es nicht», sagte Livia. «Ihre Tiere machen das Ganze schön, und die braucht es da. Aber jetzt gehört das Haus mir, und ich könnte da Pferde halten.»

«Was willst du damit sagen?» Toto täuschte Verwirrung vor.

«Ich hatte so eine Idee –»

«Dass du mitten im Nichts leben und dich mit Pferden anfreunden könntest?», fragte er. «Vergiss es. Du gehörst in die Stadt. Du würdest da durchdrehen.»

«Ich will nicht Bauernhof spielen», sagte sie. «Ich hatte diese Idee, eine Art Aufnahmezentrum für traumatisierte Flüchtlingskinder aufzubauen, mit Therapiepferden, wo die Umgebung natürlich und lebendig ist.»

«Flüchtlings*kinder* sind siebzehn», sagte Toto. «Die wollen nicht im verdammten Drömling wohnen.»

«Ich meinte jüngere Kinder und ihre Mütter», stellte sie

klar. Weil sie ein Tête-à-Tête mit Demian erwartet hatte, hatte sie nicht viel darüber nachgedacht. Jetzt fügte sie an – der Gedanke war ihr gerade gekommen –, dass die älteren Kinder eine weiterführende Schule besuchen und bei Volkswagen in die Lehre gehen könnten, sobald sie Deutsch gelernt hatten.

Demian fragte, ob die Pächter das Haupthaus belegt hatten oder irgendwelche Nebengebäude.

«Sie könnten ins kleinere Haus umziehen», sagte sie. «Ins Torhaus. Das ist näher bei den Scheunen. Sie könnten sich um die Pferde kümmern. Wir bekommen EU-Gelder für die Büffel, wegen der Wiesen. Für Pferde kann man bestimmt auch Gelder bekommen.»

«Und wo liegt dann das Problem?», fragte Toto, während Demian noch nachdachte.

«Ich will nicht im Haus meines Vaters im Drömling wohnen, aber ich will an einem friedlichen, wunderschönen Ort mit Pferden leben. Wisst ihr, was ich meine?»

«Ich schon», sagte Toto. «Du willst dein Leben ändern, ohne dein Leben zu ändern.»

«Ich fange langsam an, Englische Gärten zu hassen. Jeder will einen haben. Die sehen aus wie Golfplätze. Ich liebe am Drömling das Funktionale, die quadratischen Wiesen mit diesen schmalen Gräben. Den Tieren ist Ästhetik völlig egal. Die machen nichts außer fressen und scheißen. Das ist so perfekt.»

«Du könntest eine Stiftung für die Flüchtlingsfamilien gründen und Sozialarbeiter einstellen», schlug Demian vor.

«Ob die Büffel die Pferde verletzen würden?», fragte Livia. «Büffel sind ziemlich brutal.»

«Das ist der Kaffernbüffel», sagte Toto entschieden. «Die leben in Afrika. Wasserbüffel sind bloß nasse Kühe. Reitest du überhaupt?»

«In den letzten Jahren nicht mehr», gab sie zu.

«Du könntest dir Mini-Ponys zulegen», schlug Demian vor. «Die Flüchtlinge könnten mit ihnen spielen.»

Sie schüttelte den Kopf. «Da gibt es zu viele Wölfe. Man kann da keine kleinen Tiere haben, wenn man keine Hütehunde hat. Ich mag Hütehunde nicht. Zu aggressiv. Ich mag Fisti.» Sie blickte auf ihn hinab, als suchte sie in seiner kritiklosen Akzeptanz ihrer Pläne Trost.

Schweigend gingen sie ein paar Schritte. Dann sagte Toto: «Also fühlst du dich zu diesem Ort hingezogen, und er gehört dir jetzt. Das Potenzial und die Verantwortung sind eine Belastung für dich, dabei willst du eigentlich nur ab und zu mal zu Besuch da sein. Und das nicht mal lang genug, um einen Kaffee zu trinken, weil du die Pächter nicht magst.»

Demian versuchte, das Gespräch in eine unaufgeregtere Richtung zu bewegen, und fragte: «Ist es denn ein schönes Haus?»

Sie zuckte mit den Schultern. «Es ist ein preußisches Herrenhaus. Nichts Besonderes. Man müsste Millionen reinstecken, wenn man da gut wohnen wollte. Im Sommer kann man hin, aber es ist nicht saniert. Nur Kachelöfen und keine Dämmung, so wie Häuser früher waren. Aber der Ausblick – da ist nichts. Perfekte Leere. Keine Handschrift irgendeines Designers. Nur die des Bauern. Als wäre man der erste Mensch. Wie Eva.» Sie driftete ab in formloses Träumen.

Was für ein seltsamer Gedanke, fand Demian, nützliche

Dinge mit der Natur gleichzusetzen. Setzte sie Landwirte mit Tieren gleich oder Künstler mit Gott? Nein, sie sagte, dass die Landwirte wie Gott seien, während sie selbst etwas anderes sei – etwas weniger Wertvolles –, das entfremdete Subjekt, das der Rechtfertigung bedurfte.

«Hast du deinen Vater da je besucht, als du klein warst?», fragte Toto. «War er selbst überhaupt mal da?»

«Er hat es nach der Wiedervereinigung gekauft. Er war nur da, um Hirsche und Fasane zu jagen. Es ist was Genetisches, was mich mit dieser Leere verbindet.» Die Männer schwiegen. Über den Lärm des Verkehrs auf nassem Asphalt hinweg hörten sie die hellen Stimmen der jungen Leute, den Regen, der von Blättern tropfte, und das Schmatzen ihrer Schritte auf dem nassen lehmigen Boden. Demian sorgte sich, dass Livia depressiv sein könnte, so, wie sie immer wieder von dem Erbe ihrer Nazi-Vorfahren anfing. Toto – weil sie die Jagd erwähnt hatte, die er ablehnte – stieß sich an ihrer Aneignung transgenerationaler Traumata. Radi war gerührt, doch er sagte nichts. Was für eine poetische Vision von Pflicht und Freiheit, ging es ihm durch den Kopf, sich in einem Sumpfgebiet um Klimaflüchtlinge zu kümmern! Wasserbüffel, die sich den Wölfen entgegenstellten, um arabische Kinder auf einem preußischen Landsitz zu beschützen! Sie hatte das Tölpelhafte eines Genies, die erlösende Torheit eines Parzival. «Das ist ein Naturschutzgebiet», sagte sie und rieb sich mit den Handschuhhänden nervös die Oberarme. Sofort hörte sie wieder auf, weil sie nicht wollte, dass die anderen merkten, wie kalt ihr war. «Die mögen Fisti nicht.»

«Wenn es da Wölfe gibt, welchen Unterschied macht dann ein Pudel?», fragte Toto.

«Der Naturschutzbehörde ist es nicht egal», sagte sie mit ernster Miene. «Die lassen Wölfe und Füchse überall herumlaufen, aber Fisti darf ich nicht von der Leine lassen! An der Landschaft ist gar nichts mehr natürlich. Das sind nur Felder und Weiden. Friedrich der Zweite hat sie die Sümpfe trockenlegen lassen, als sie das Haus gebaut haben.»

«Aber jetzt läuft alles gut, oder?», fragte Toto. «Die Pächter sind jung genug, um noch lange weitermachen zu können, und die Büffel sind glücklich, und alle verdienen Geld, ja?»

«Ja.»

«Dann *vergiss das Ganze*», sagte er.

«Was?», fragte Demian. Ihm gefiel Totos Tonfall nicht.

Doch Toto ließ nicht locker. «Du musst das Haus deines Vaters vergessen. Das ist genau so, wie wenn ich eine sexy Frau kennenlerne, die schon mit einem reichen Sack zusammen ist, und dann quäle ich mich eine Woche lang, weil ich sie nicht vergessen kann. Du musst über dieses Haus hinwegkommen.»

Sie hatte sich danach gesehnt, sich mit Demian zu beraten, der ihr jedes Mal half, indem er konkrete Schritte vorschlug, um ihre Träume zu verwirklichen. Es waren immer viel zu viele Schritte, mit zu vielen unkontrollierbaren Variablen, und nach einem langen Gespräch und jeder Menge Luftschlössern einigten sie sich darauf, noch einmal darüber zu reden, wenn sie sich besser informiert hatte, und dann ließen sie das Thema ruhen. Toto dagegen schien um jeden Preis eine Lösung finden zu wollen. Er ließ sie nicht aus den Augen, setzte seine Stiefel mit jedem Schritt wie zur Betonung mitten in eine Pfütze und sagte: «Die ganze Idee, dahin zu ziehen, ist die klassische Furcht vor der Freiheit. Sich niederlassen und Verantwortung übernehmen. Das ist so anti-Livia.»

«Du verstehst das falsch», protestierte sie. «Es ist einsam. Ich fühl mich allein, und wenn ich mich allein fühle, fühle ich mich frei. Niemand beobachtet mich.»

«Dein Problem ist, dass du zu viele Freunde hast», warf Demian von der Seite ein. «Du kannst in dieser Stadt nirgendwo hingehen, ohne Leute zu treffen, die mit dir reden wollen.»

«Hör nicht auf ihn», sagte Toto. «Berlin ist voll von Leuten, die keine Ahnung haben, wer du bist. Du bist ja nicht *berühmt* oder so. Du musst nur mal aus deiner Bubble raus und nach, keine Ahnung, Lichterfelde oder so.»

«Ich hatte überlegt, nach Lwiw zu ziehen», sagte Livia, als wäre sie nicht gekränkt. «Vor dem Krieg.»

«Ich habe gehört, in Sarajewo sind noch ein paar Wohnungen frei», erwiderte er mit kühlem Sarkasmus.

«Was ist mit Wien?», fragte Demian. «Da gibt es Leute, mit denen man reden kann, aber sie sind nicht von hier. Die haben ihre eigene provinzielle Szene. Das ist wie eine Insel. Das rote Wien, wo jeder ein Recht auf eine Sozialwohnung hat. Ich kenne da ein paar fantastische Künstler.»

«Was ist mit Kairo?», fragte Toto. «Das ist das Paris des Nahen Ostens.»

Radi erinnerte sie daran, dass er auch noch da war, indem er sagte: «Das Paris des Nahen Ostens war Beirut. Das bedeutet nur, dass es da Bordelle gab. Das macht es zu einem ‹Paris›. Bangkok ist das Paris von Thailand.»

«Paris ist das Paris von Frankreich», warf Toto ein.

«*Exactement.*»

«Ich will in gar keinem Paris von irgendwas leben», sagte Livia. «Ich will die Leere.»

«Vielleicht die Sahara?», sagte Toto. «Was meinst du, Radi? Ihr habt da unten doch noch ein bisschen freie Fläche, oder?»

Demian fühlte sich unangenehm berührt, doch er wollte nicht wie ein Pedant dastehen, indem er Totos falsche geografische Verortung der Rub al-Chali korrigierte. Stattdessen wandte er sich an Radi, bezugnehmend auf ihr neu gefundenes Thema Sahara und zum Teil von den Fragen inspiriert, die er sich zum Energiegewinnungspotenzial des Naturschutzgebiets Drömling gestellt hatte. «Das erinnert mich – haben die eigentlich je dieses große Erneuerbare-Energie-Projekt umgesetzt?»

Was hat das mit mir zu tun, fragte sich Radi. Weiß er, dass die Emirate am Persischen Golf liegen? Doch Pedanterie war unstatthaft, selbst für einen Factchecker. Er setzte sein bestes Pokerface auf und sagte, da gebe es unzählige Projekte, doch wahrscheinlich habe Demian Desertec im Sinn, das große Solarfeld mit Stromleitungen unter dem und um das Mittelmeer herum.

«Nein, dieses hydroelektrische», erwiderte Demian. Der Stolz auf seine Geografiekenntnisse war weniger stark als der Wunsch, das Thema ihrer Unterhaltung zu wechseln, und so fing er damit an, dass seit mindestens hundert Jahren Menschen den Plan verfolgten, Turbinen in einem künstlichen Kanal zu installieren, der das Mittelmeer mit einem tief gelegenen Tal in Ägypten, der Qattara-Senke, verbinden sollte. Es waren nie Geologen, sondern irgendwelche Durchgeknallten, doch die Idee hatte für Fans des Geoengineering einen anhaltenden Reiz, weil sich Nordafrika dadurch zu einem grüneren und feuchteren Ort machen lasse, zudem könne der weltweite Meeresspiegel merklich um einige willkommene Millimeter gesenkt werden. Allerdings waren die möglichen Folgen für Grundwasserleiter unter der Wüste und die benachbarten seismisch aktiven Gebiete unbekannt und würden es auch bleiben, weil die ganze Idee gaga war.

«Ich dachte, du magst Land Art», scherzte Livia.

«In der Senke gibt es Oasen und Salzwiesen mit gefährdeten Arten. Es gibt wilde Geparden. Stellt euch mal vor, wilde Geparden zu sehen!»

Toto wandte sich an Radi: «Hast du schon mal wilde Geparden gesehen?»

«Nein», erwiderte der. «Die sind in Montreux nicht verbreitet.» Niemand lachte. «*Personne ne les a vus*», schob er nach. «In der Qattara gibt es auf zwanzigtausend Quadratkilometern vielleicht zwanzig Geparden.»

«Überdosis Leere», sagte Toto. «Ich bevorzuge meine Leere in Maßen.»

«Das stimmt nicht», sagte Livia und wechselte das Thema effektiver, als Demian es vermocht hätte, indem sie das Gespräch wieder auf ihre verletzten Gefühle lenkte, ein Gegenstand, der alle immer faszinierte «An solchen Orten gibt es keine Leere – nicht mal Privatheit. Man kann nicht alleine hin, weil man dann sterben würde. Solche Orte sind nie einsam, sogar die Forscher haben immer einheimische Guides dabei.»

«Man kann in der Wildnis allein sein und trotzdem sicher», hielt Demian dagegen, erschrocken von ihrem plötzlichen Gefühlsausbruch. «Manche Leute segeln allein über die Ozeane.»

«Der Ozean ist nicht allein!» Sie sah ihn sichtlich gequält an. Geradezu händeringend. «Man meint, man ist allein, aber überall um dich herum sind Tiere, die im Wasser leben. Da unten kann man nicht atmen, nicht mal für eine Minute. Man ist nicht frei. Man ist gefangen.» Sie war froh, dass ihre Vehemenz Radi aus Nordafrika befreit hatte und sie selbst aus einer Diskussion persönlicher Moralvorstellungen, und sie war ganz beglückt von der Erinnerung daran, wie ebenjene Erkenntnis ihr bei scheinbarer Windflaute mitten im Atlantik gekommen war, ihre einzige Begleitung ein italienischer Diplomat, der gerade schlief. Sie hatte ihre Ängste beruhigt, indem sie sich nackt auszog und sich über die Leiter am Heck ins Wasser gleiten ließ, eine Schleife mit einem Durchmesser von einem halben Meter schwamm, und sich dann, hyperventilierend vor Angst, zurück an Bord zog. Das Boot – von Autopilot gesteuert – bewegte sich doch, und das Meer dahinter war ein strudelnder Mahlstrom.

Toto erinnerte sich, dass sie schon ernsthafte Segeltouren absolviert hatte, aber, soweit er wusste, niemals solo auf dem Ozean. Sie hatte einmal ihren damaligen Freund auf seiner Yacht Richtung Kapverden begleitet, war aber auf den Kanaren wieder von Bord gegangen, so glaubte er. Er war sich nicht sicher, und er wollte nicht nachfragen.

Demian erinnerte sich sehr gut an den Diplomaten. Das war ein ultrakonservativer Hardliner von der faschistischen Sorte gewesen, und Livia hatte es nicht einmal bemerkt. Man konnte es ihr nicht vorwerfen; solche Sexisten reden nicht über Politik, wenn Frauen dabei sind.

Wie üblich hatte Demian sie nicht gewarnt, weil sie erklärt hatte, verliebt zu sein. Der Diplomat konnte Klavier spielen, war charmant und gut gekleidet, und sie erholte sich gerade von ihrem ersten Ehemann. Sie hatte Demians Abneigung sofort bemerkt und höflich davon abgesehen, den Mann zu erwähnen, sodass er nie von der Segeltour erfahren hatte. «Geht's dir gut?», fragte er.

«Nicht wirklich», sagte sie. Ihr kam eine schönere Erinnerung an die Affäre mit dem Faschisten. «Einmal ist ein Vogel auf unserem Segelboot gelandet.» Sie zog einmal kurz an Fistis Leine, blieb stehen und richtete ihren Blick nach oben, jenseits der Baumwipfel, atmete tief durch und suchte den Himmel nach einer echten Erinnerung an das Ereignis ab. «Er war braun, mit ein bisschen Schwarz und Grau. Sehr klein. Ich weiß nicht, was für eine Art. Mit einem braun-weißen Kopf. Kein normaler Spatz. Er war kalt, und ich hielt ihn in der Hand, um ihn zu wärmen. Ich hoffte, er würde auf dem Boot bleiben und etwas essen und trinken, aber er hat seine Flügel bewegt, also habe ich die Hand aufgemacht. Er flog direkt nach oben, als wolle er weg vom Ozean. Da oben am Himmel war nichts, nur Leere.» Sie sah direkt nach oben. «Ich glaube, ich will am Himmel leben.»

Toto verfluchte das Nazi-Fliegerass. Demian sorgte sich erneut, dass sie depressiv sein könnte. Radi wünschte, er könne mit ihr zu einem Berggipfel nicht weit von seinem Zuhause fliegen, um in warmen Stiefeln über einem Meer aus Wolken im goldenen Sonnenlicht zu stehen.

Livias Loblied auf die Einsamkeit war als Stimmungstöter seltsam genug, um die Gruppe wieder in Bewegung zu setzen. Sie rollten als lose, ungleichmäßige Masse den breiten Schotterweg entlang. Die Pfützen waren so flach, dass man, wenn man nicht gerade Ballettschläppchen trug, einfach hineintreten konnte. Radis Schuhe waren aber so eine Art Ballettschläppchen, und er tanzte um die Pfützen herum wie ein Kind, das Himmel und Hölle spielt. Ihm fiel auf, dass Livia ihm überhaupt keine Beachtung schenkte. Seine Einlegesohlen machten quitsch, quatsch, quatsch.

XIX

Nicole tat sich selbst leid, weil sie kilometerweit laufen musste und es zu nass war, um die Stiefel auszuziehen und in Socken weiterzugehen. Sie sah zu Livia hinüber, die in Gedanken versunken schwerelos voranschritt. Sie hörte ein schnelles, leises Pulsieren, von dem sie eine Sekunde lang dachte, es könne die Musik sein, die in Livias Kopf spielte. Sie wurde lauter, blieb aber doch leise, nie über siebzig Dezibel, wie Club-Musik in einem in einiger Entfernung vorbeifahrenden Auto; sie konnten sich darüber hinweg problemlos unterhalten. Doch in der relativen Stille des nächtlichen Parks war das nicht zu überhören.

«Wo kommt die Musik her?», fragte Toto.

Die Gruppe blieb stehen, blickte sich lauschend um, und Nicole sagte: «Aus dem kleinen Häuschen da. Ist das ein Klo?»

«Das ist ein Belüftungsschacht», sagte Toto. «Die sind unten in der U-Bahn.»

Ein Stück abseits des Weges befanden sich ein Belüftungsschacht und ein Notausgang, der von der U9 zur Oberfläche führte. Als sie sich näherten, wurden die Geräusche lauter, gingen von einem ratternden Pulsieren in simple, repetitive Melodien mit kaum wahrnehmbaren Höhen über.

Das Häuschen hatte eine Tür, die nicht verschlossen war. Das Schloss war mit Klebeband überklebt worden, sodass die Tür nicht zufallen konnte. Als Radi sie öffnete, entkam mit dem Beat ein leiser Schwall warmer, feuchter Luft wie Nebel in die Nacht. «Interessant», sagte er.

Klaus kam näher heran, weil ja logischerweise jeder Passant vom Klang der Musik angezogen werden konnte. Die Gruppe wurde nun auf ihn aufmerksam, bis auf Radi, der seinen Kopf durch den Türeingang gesteckt hatte. Toto sah Klaus an und formte mit den Lippen die Worte «Verpiss dich». Mit Herzklopfen zog Klaus sich in die Schatten zurück. Würde dies der Augenblick der Wahrheit sein, in dem der minderjährige Stricher den Deal perfekt machte? Natürlich mit Toto, dem Freier, den der Kleine schon den ganzen Abend an der Angel hatte. Der Araber war erkennbar eine falsche Fährte. Avianca war volljährig, und Livia interessierte Klaus überhaupt nicht. Was die anderen als Noblesse wahrnahmen, waren für ihn die Erkennungszeichen einer eitlen, blutsaugenden Schlampe. Aber «Verpiss dich» – das klang ja so, als wäre seine Tarnung aufgeflogen. Moment, nein – wer sagt denn zu einem Polizisten, er soll sich verpissen? Die mussten denken, dass er ... oh nein (Klaus zog unfroh den Mund zusammen) ... ebenfalls ein Pädo war! Er beschloss, sich bei der nächsten Gelegenheit als Polizist zu erkennen zu geben.

«Ich will sehen, was da los ist», sagte Nicole und näherte sich Radi von hinten.

«Ich nicht», sagte Toto. «Electro-House» – das aktuell vorherrschende Genre elektronischer Musik – «ist Scheiße.»

Er trat zur Seite und stellte sich zu Livia. Avianca stand bereits hinter Radi, bereit, ihm in die Unterwelt zu folgen.

Während sie noch zögerten, löste sich zu ihrer Linken ein hellhaariges Mädchen in schwarzer Cargo-Hose mit langen, lose baumelnden Schnallen und einer goldenen Daunenjacke aus dem Nebel unter den Bäumen. Sie schob sich feixend an Radi vorbei und verschwand auf den dröhnenden Metallstufen in der Höhle. «Wir gehen rein», erklärte Avianca. «Ich muss das sehen.»

«Ich auch», sagte Nicole.

Livia sah Fisti an und sagte, seine Ohren seien zu empfindlich für einen Club, und Demian ergänzte: «Meine auch.»

Radi schloss die Tür in dem Augenblick, als eine U-Bahn vorbeifuhr, zu spät, um den typischen deutschen Modergeruch – Schimmel gemischt mit Eau de Cologne – daran zu hindern, in den kühlen Tiergarten zu entweichen. Wie die Mädchen wollte er die Party sehen, aber nicht tanzen. «Das ist eine Treppe, keine Leiter. Sieht sicher aus», sagte er, vor allem, um sich selbst Mut zu machen.

«Sei vorsichtig», bat Demian Nicole. «Komm nicht an die Stromschiene. Ich will nicht, dass du in den Bahntunnel gehst oder überhaupt in die Nähe der Züge. Mach nichts, was dich umbringen könnte.»

Radi drehte sich um die eigene Achse, als wolle er sich an eine versammelte Gemeinde wenden, und sagte: «*Au revoir!*» Tatsächlich hätte er sie lieber nicht wiedergesehen. Doch irgendwie, fiel ihm ein, übernahm er ja die Verantwortung für Nicole, also fügte er hinzu: «Nun ist es an der Zeit, dass ich die Kinder in den Berg führe.» Sie lächelten, um zu zeigen, dass sie die Anspielung auf den Rattenfänger von Hameln verstanden. Er konnte sie ohnehin nicht führen; ohne ein Wort war Avianca vorausgegangen, dicht gefolgt von Nicole. Nur Livia verabschiedete sich von Radi, dankte ihm für den schönen Abend und hob die Hand, um seinem Rücken zu winken, bis er verschwunden war.

Sie, Fisti, Demian und Toto kehrten zum Großen Weg zurück. Sie waren nur ein paar Meter gelaufen, als Toto sich umsah und sagte: «Mist. Da geht unsere Ehrengarde dahin. Verschwunden im Kaninchenbau.» Sie alle drehten sich zu dem Häuschen um, wo Klaus sich gerade prüfend umsah. Sein Blick traf den Demians, dann war er drinnen. Er begann, das Klebeband vom Schloss zu reißen, überlegte es sich aber anders und ließ die Tür hinter sich zufallen.

Demians grimmigem Lächeln war eine gewisse Ambivalenz anzusehen. Irgendwie gefiel ihm der Gedanke, dass bei einer illegalen Tanzveranstaltung in einem aktiven U-Bahn-Tunnel ein Gesetzeshüter zugegen sein würde. Totos Ambivalenz hatte andere Gründe – er war nicht so richtig überzeugt, dass Klaus wirklich Polizist war, aber fürs Erste nahm er es mal so hin –, während Livia von Natur aus ausschließlich Gefühle hegte, die sich gegenseitig ausschlossen. Ohne einen ihrer Freunde anzusehen (sie konnte sich sicher sein, dass sie ihr zuhörten), fragte sie, «Was machen Kaninchen eigentlich im Winter? Halten die Winterschlaf?»

«Das weiß ich nicht», sagte Toto. «Im Sommer ist das hier *Bunny City*.» Man konnte die Tiere oft dabei beobachten, wie sie bei Einbruch der Dämmerung in den Parks am Gras knabberten.

«B steht für Bunny», sagte Demian, sich auf Berlins offizielle Abkürzung beziehend. «Die sind überall. Ich hab schon immer gefunden, dass das ein gutes Zeichen ist. Wo Kaninchen überleben, muss es sicher sein.»

«*Bunnies*!», rief Livia und klatschte in die Hände. «Hierher, *Bunnies*!»

«Lass Fisti von der Leine», sagte Toto. «Der findet ein paar für dich.»

Die Stahltreppe ging im Zickzack nach unten, bis sie schließlich ein Zwischengeschoss erreichten, das von Dampfleitungen belegt war, noch immer ein Stockwerk oberhalb der Gleise. Radi übernahm die Führung und marschierte selbstbewusst auf die Musik zu. Sie führte ihn zunächst parallel zum Bahntunnel und dann, durch eine Lücke in der Wand, in einen kleineren Nebengang mit Rundgewölbe, der an einer aus den Angeln gehobenen Tür endete. Er trat dagegen, um sicher zu sein, dass sie kaputt war. Wenn sie hier reingingen, würden sie auch wieder herauskönnen. Auf der anderen Seite bog der Tunnel im rechten Winkel ab. Sofort nahm die Lautstärke zu, und flackernde Lichter wurden von den feuchten Wänden eines ehemaligen Luftschutzbunkers zurückgeworfen. In der Luft lag ein feiner Staub aus Salpeter und Asbest, der beinahe den Kassentisch verhüllte, an dem jemand QR-Codes kontrollierte, die über die Messenger-App Signal zu kaufen waren.

Avianca drehte sich frustriert und wütend um. Die illegale Underground-Party in der U-Bahn hatte gerade noch so cool gewirkt, und jetzt wollten die ihre Daten!

Nicole ignorierte den Typen an der Kasse und den riesigen Türsteher in Schwarz, blickte sich um und war froh, einfach nur dazustehen und laute Musik zu hören, weil ihre Füße wehtaten. Kurz hatte sie Blickkontakt mit

Klaus, der sofort wegsah. Er stalkte sie, so viel stand fest. Doch die positiven Gefühle, was diesen Abend betraf, überwogen die negativen bei Weitem, und von allen negativen (allen voran ihre Füße) war er ihre geringste Sorge. Außerdem ging sie davon aus, dass Radi sie verteidigen und es ihr eine unübertreffliche Genugtuung verschaffen würde, ihm dabei zuzusehen.

Radi zog einen Fünfzig-Euro-Schein aus der Hosentasche, reichte ihn dem Kassierer und fragte, wer hier Koks dabeihabe.

«Der Typ mit der roten Truckerkappe», sagte der Türsteher mit Bostoner Akzent. Er deutete auf Klaus und fragte: «Gehört der zu euch?»

«Ja», sagte Radi. Er drehte sich zu Klaus um und sagte: «Komm schon. Wir haben nicht die ganze Nacht Zeit.»

«*Radi!*», flüsterte Nicole ihm aufgeregt zu. «Das ist der Typ, der mich verfolgt hat!»

«*Dich* verfolgt?», sagte Avianca. «Oh Gott, deshalb ist er uns hinterhergelaufen!» Bis zu diesem Augenblick hatte jede der beiden die andere geschützt, indem sie so tat, als sei nichts.

«Dann wollen wir mal herausfinden, warum», sagte Radi. Er stemmte die Hände in die Hüften, um größer zu wirken, und sagte: «Hey, Arschloch! Wie heißt du?»

Klaus hatte nicht mit einem Showdown an der Samtkordel gerechnet, und wie üblich zögerte er. Radi sagte zum Türsteher: «Ich hab's mir anders überlegt. Lass ihn nicht rein.» Nicole sah ihn an und verzog das Gesicht – ein hämisches Grinsen, bei dem ihre Oberlippe beinahe die Nase berührte –, während sie Radi und Avianca am Türsteher vorbei folgte. «Ai äm Detlef», sagte Klaus, aber es war zu spät. Die drei verschwanden im Tunnel, und er stand noch an der Kasse, sah, wie der Kassierer den Kopf schüttelte, neben sich den riesigen Türsteher, und prüfte seine Handlungsoptionen. Er würde sich hüten, die Party auffliegen zu lassen. Bei der deutschen Polizei nannte man das eine «Eskalation», und es galt als gewaltige Zeitverschwendung. Die Leute würden alle keine Ausweise dabeihaben und abrupt von ihren Drogentrips runterkommen, sabbern und röcheln, während sie morgen früh alle friedlich hinausspazieren würden, nach Hause oder zu ihren Autos, die ja Kennzeichen hatten. Den Ärger konnte er sich sparen, lieber meldete er die Party im Revier und ging nach Hause. Sollten doch Kollegen bei Tageslicht den Schuppen auffliegen lassen. Und mit dem Türsteher würde er sich nicht anlegen, versteckte Waffe hin oder her. Dass da irgendetwas Transaktionales – oder überhaupt Sexuelles – zwischen Nicole und dem Universum vor sich ging, daran glaubte er inzwischen nicht mehr. Die Transe erinnerte ihn allmählich an eine Achtjährige beim Schulausflug: ahnte, dass etwas Bewegendes und Bedeutsames geschah, kapierte aber nicht, was genau. Sie war so unschuldig wie die andere Kleine, die ja offenbar auch keine Professionelle war. Der Araber dagegen ... Gut, wenn man die schicken Klamotten und die möglichen diplomatischen Connections betrachtete, würde es vermutlich keiner Kosten-Nutzen-Analyse standhalten, sich mit dem Kerl anzulegen. Sein Scheitern frustrierte ihn, aber andererseits war es schon nach Mitternacht. Er war müde. Klaus-Detlef sah den Kassierer bittend an, doch der schüttelte nur den Kopf, und so ging er auf dem Weg zurück, den er gekommen war.

Auf dem Großen Weg waren immer noch Leute unterwegs, und er beschloss, einen Abstecher zum Cruising-Revier der Pädos am See zu unternehmen, zwischen den modernen Apartmentgebäuden und dem Burger King. Er konnte sich noch was zu essen holen, bevor er nach Hause ging. Den ganzen Abend lang hatte er nichts gehabt außer diesen staubtrockenen Brezeln, die der Barkeeper ihm widerwillig zum dritten Bier hingestellt hatte.

Der Tunnel machte noch eine Kehre, und endlich standen die drei auf der Tanzfläche, in einem großen Raum, der von einem mit Säulen gesäumten Bogengang umgeben war. Manche der Bögen waren zugemauert, als wären sie in Lagerräume umgewandelt worden. Das Mädchen mit der goldenen Daunenjacke war nirgendwo zu sehen, genauso wenig der Mann mit der roten Kappe, und so ging Radi, die anderen im Schlepptau, außen herum und suchte nach einer Tür. Ein paarmal musste er Leuten ausweichen, die auf Paletten saßen. Es musste einen zweiten Ausgang geben, sonst würde er nicht hierbleiben. Nur einen zu haben, verstieß gegen seine persönlichen Brandschutzvorstellungen.

Eine Tänzerin hörte auf zu tanzen und kam auf ihn zu, um Drogen zu kaufen. «Ich hab nichts dabei», sagte er. Eine andere Tänzerin deutete die Situation falsch und kam auch zu ihm, um Drogen zu kaufen. Er fragte sie, ob sie einen Typen mit roter Kappe gesehen habe. Sie deutete auf eine Betonsäule, hinter der in Hüfthöhe etwas Rotes zu sehen war. Der Mann hielt seine Kappe in der Hand, um etwas ins Futter zu stecken (Geld), bevor er sie wieder auf den Kopf setzte. Radi ging in seine Richtung. Unerwartet – eine instinktive Reaktion – sprang er zur Seite, um nicht in ein quadratisches Loch von ominöser Untiefe zu stürzen, gerade breit genug, um ihn bis zu den Schultern zu verschlucken. Die Luft vibrierte von den Beats, die aus den Lautsprechern in den kargen Betonraum schallten, eine leichte Verdichtung kündete eine herannahende U-Bahn an. Als er wieder aufrecht stand, ganz außer Atem, war er orientierungslos. Dann sah er das Mädchen in Gold, wie es sich vom Truckerkappentypen abwendete und was von einer Schlüsselspitze in die Nase zog, und lief in ihre Richtung. Schniefend rieb sie sich mit den Fingerknöcheln das rechte Auge, als tue es weh, dann wischte sie sich mit dem Ärmel den Mund ab. Ihr Blick wurde stumpf, ihr Körper sackte zusammen und sie griff Balance suchend nach dem Dealer. Er half ihr, sich auf den Boden zu setzen, der mit einer feuchten Schicht aus feinem, dunklem Staub bedeckt war, dicht genug, um Glasscherben zu verbergen.

Radi fröstelte. Er bereute es nun sehr, dem Personal sein Bargeld gezeigt zu haben. Er sah sich nach den anderen um. Sie tanzten. Avianca hüpfte auf und ab und wedelte mit den Armen, und Nicole ließ die Hüften kaum wahrnehmbar kreisen wie eine Kerzenflamme, die sich im Lufthauch bewegt. Er beurteilte ihren Standort als ausreichend weit entfernt von dem Loch im Boden. Plötzlich fiel ihm ein, dass der Sinn der ganzen Übung gewesen war, Nicole zu Burger King zu bringen, und er bekam ein schlechtes Gewissen, weil er sie zum Drogenkaufen mitgenommen hatte – Drogen, deren therapeutischer Zweck, theoretisch jedenfalls, für ihn darin bestand, sie vergessen zu können.

Der Mann mit der roten Truckerkappe unterbrach seine Grübeleien, indem er direkt auf ihn zumarschiert kam und seinen Arm packte. Das geschah erstaunlich schnell. Gerade noch sah er das immer größer werdende Gesicht des Typen vor sich, und schon im nächsten Augenblick hatte der ihm den Arm hinter den Rücken gedreht und ihn hinter eine der Säulen gezerrt, außer Sichtweite der Tanzfläche. «Hör zu, Kanake, du hast hier nichts zu suchen» (aus irgendeinem Grund war die Bezeichnung für die Ureinwohner Neukaledoniens ein gebräuchliches Schimpfwort für Nichtweiße in Deutschland), sagte der Mann.

Radi war nass, seine Brille steckte in der Tasche des Mantels, der zugeknöpft war, um das Pelzfutter zu schützen, das Wildleder war scheckig vom Regen, die Hose schlammbespritzt, die Schuhe waren schmutzig, die Bommeln unansehnlich. Sein Erscheinungsbild war in puncto demonstrative Verschwendung an einem historischen Tiefpunkt angelangt. «Wollte auch nicht», erwiderte er. Sein Deutsch war nicht sehr gut, doch es reichte, um auszudrücken, dass er sich sofort aus dem Staub machen würde.

Avianca hatte den Angriff des Mannes mitbekommen und rannte um das Loch herum herbei, während Nicole langsam hinter ihr hergestakst kam. Sie brüllte «Hey! Hey!» und schubste den Kerl, der von Radi abließ und zurück zum Mädchen mit der Goldjacke stolzierte. Zu Radis großem Erstaunen stand das Mädchen sofort auf, um ihn mit einem Springmesser zu bedrohen.

«*Putain de merde*», sagte Radi, sah Nicole und Avianca an und rieb sich den Arm. «Wir sollten gehen.»

«Cool», sagte Nicole. «Ich bin so hungrig. Hast du dem Typen dein ganzes Geld gegeben?» Ihr Vater hatte ihr bereits eine WhatsApp geschickt: «*Wir gehen direkt zu L, hast bestimmt moneten f bk*», doch das wusste sie nicht. Die Anstrengung, durch einen Meter Stahlbeton hindurch ins Handynetz zu gelangen, hatte den Akku in einen ähnlichen Zustand wie Schrödingers Katze versetzt; beim Öffnen einer App wäre er komplett geleert worden. Bargeld hatte sie keins dabei, und ohne ihr Telefon zu laden, konnte sie für nichts bezahlen. Sie ahnte es bereits und sorgte sich um ihr Abendessen. Radi war zu geschockt, um zu antworten. «Hast du *alles* für Drogen ausgegeben?» Sie betonte es so, dass er sie auch wirklich verstand.

«Bitte sei ruhig», sagte Radi leise, während er seine Brille vor dem Aufsetzen mit einer Papierserviette unbekannter Herkunft aus seiner Manteltasche säuberte. Sein verunsicherter Geist war entschlossen, diese unterirdische Undergroundparty zu verlassen, seine Freunde zu suchen und mit ihnen auf eine überirdische Undergroundparty zu gehen, eine, die ausschließlich von kultivierten Erwachsenen besucht wurde. Er verpasste Nicole einen sanften Schubser Richtung Ausgang und hätte sie damit beinahe umgeworfen. Zu seinem Glück hatte Avianca es nicht gesehen.

«Was machst du denn?», sagte Nicole verärgert, blieb stehen und knöpfte sich den Mantel zu.

«Burger King?», fragte er laut.

«Ja, ja.» Sie deutete auf den Ausgang, zog an Aviancas Ärmel, um sich bemerkbar zu machen, und die beiden folgten Radi, der schon wieder am Tisch des Kassierers vorbeilief.

Was auf dem Hinweg einfach erschienen war, immer den Lichtern und der Musik nach, wurde auf dem Weg nach draußen ziemlich labyrinthisch. Es war schwieriger, sich an Dunkelheit und Stille zu orientieren. Als sie gerade unentschlossen an einer Kreuzung zweier Gänge standen, an die sie sich nicht erinnern konnten, kamen Gäste von oben – zwei verschwitzte chilenische Mädchen in gefälschten Ivy-League-Sweatern – und so fanden sie den Durchgang, der zur Treppe führte.

Sie gingen in nachdenklicher Schweigsamkeit und mit hochgezogenen Schultern den Großen Weg entlang und spürten die Kälte. Nach ein paar Schritten fing Avianca an zu lachen. Sie hustete ein paarmal, dann lachte sie weiter. Schließlich sagte sie zu Radi: «Ich dachte, der Typ bringt dich um!»

«Er hat mich bloß weichklopfen wollen, bevor seine Freundin mich umbringt. Das gibt einen blauen Fleck.»

«Wir sollten tanzen gehen», erwiderte sie. «Ich bin so aufgekratzt. Habt ihr nicht auch Lust zu tanzen?»

«Ich hab Hunger», beschwerte sich Nicole. «Ich will nach Hause.»

«Du hast zu viel getrunken», sagte Avianca. «Wir besorgen dir einen Kaffee, und dann suchen wir uns einen richtigen Club.»

«An einem Dienstagabend?», fragte Radi. «Sie muss was essen und schlafen. Stimmt's, Nicole?»

«Vor allem will ich mich hinsetzen.»

«Guck dir mal deine Stiefel an», sagte Avianca. «Oh Gott, meine Schuhe.» Sie rannte zur nächsten Pfütze in dem schmalen Streifen Schotter und bewegte ihren Schuh darin hin und her, um den klebrigen grauen Staub abzuwaschen. Dass Radis Schuhe einmal weiß gewesen waren, ließ sich nicht mehr erkennen.

XX

Als sie sich der Straße des 17. Juni näherten, wurden die schwarzen Schatten wieder zu grauen. Als Silhouetten vor dem kalten Schein der Straßen nahmen die Bäume, die wie ein amorphes Dickicht aus Stämmen gewirkt hatten, eine buschige Individualität an. Durch das Dach aus Ästen hindurch wurde ein Himmel aus unebenem grauem Filz sichtbar. Entfernte Gruppen weißer Front- und roter Heckleuchten warfen einen kontrastierenden Lichtschein in den ungleichmäßigen Nebel. Der Name der Straße erinnerte an den fehlgeschlagenen Aufstand gegen den DDR-Sozialismus im Jahre 1953, doch sie war viel älter, ursprünglich angelegt als Paradestrecke zwischen zwei Schlössern. Ein Kreisel führte den Verkehr um die Siegessäule, deren vergoldeter Engel an den Triumph des preußischen Militärs gegen Dänemark, Österreich, Frankreich und so weiter erinnerte. Der Engel war weit weg und – in diesen unfriedlichen Zeiten musste Strom gespart werden – nicht beleuchtet. Sämtliche Augen waren auf ein relevanteres Symbol des Sieges gerichtet: das leuchtend orangefarbene Schild und das funkelnde Interieur des Burger King, ein geräumiger modernistischer Pavillon, der an diesem Abend bald schließen würde.

Nicole stürmte los, rannte auf Zehenspitzen über die dreispurige Straße, durch die Schwingtür, vor das Bestellterminal und wartete. Sie wusste, was sie wollte: einen ganz besonders großen Cheeseburger, der auf der Winterspeisekarte stand und bei dem eine Scheibe Rösti zum Einsatz kam. «Was willst du?», rief sie Radi zu, der gerade durch die Tür kam.

«Cola und Pommes, bitte», sagte er.

Avianca fing an, auf einem benachbarten Terminal herumzutippen, aber Nicole sagte: «Wir können doch zusammen bestellen, dann kriegen wir seine Sachen als Teil meines Menüs. Rösti-Burger, Cola und Pommes. Das ist billiger. Plus zwei große Kaffee.»

«Für mich einen Latte», sagte Avianca.

«Okay, ein großer Kaffee und ein Latte.» Nicole hielt ihr Telefon an das Terminal, um ihr Taschengeld über den Äther an Burger King fließen zu lassen, und erzitterte vor Vergnügen, während ihre verborgene Großzügigkeit wie eine winzige, plattgetretene Blume erblühte. Die App öffnete sich, dann wurde ihr Telefon schwarz und reagierte nicht mehr. Der Akku, der schon lange bei einem Prozent gewesen war, war nun endgültig leer. «Es funktioniert nicht», sagte sie peinlich berührt.

«Danke, dass du's versucht hast», sagte Radi und hielt sein Telefon an das Terminal.

Gemessenen Schrittes traten sie vor, ganz ohne Eile, damit dem Personal Zeit blieb aufzuwachen. Die Frau hinter dem Tresen richtete sich mürrisch auf und fing an, umständlich die Becher und Behälter zusammenzusuchen, die für ihre Bestellung benötigt wurden.

Der Burger kam als Erstes. Nicole griff sofort danach und hinkte zum nächstgelegenen Tisch, um ihn in Ketchup zu ertränken. Sobald die Getränke und die Pommes fertig waren, setzten Avianca und Radi sich zu ihr und sahen einander über kleine Schlucke Milchkaffee und einzelne Pommes hinweg an – keine Mayo, kein Ketchup, nur ein wenig Salz –, um nicht mit ansehen zu müssen, wie ihre gertenschlanke Freundin eine überzeugende Darstellung als ausgehungerte Hyäne gab.

«Jetzt fühl ich mich schlecht», sagte Radi. «Ich hätte dich mit den winzigen Portionen im Hotel umbringen können.»

«Ich wäre wirklich fast gestorben», sagte Nicole mit vollem Mund. Sie kippte vier Zuckerpäckchen in ihren Kaffee und rührte mit einem dünnen Holzstäbchen um. Nach nicht einmal drei Minuten hatte sie ihre Bestellung verschlungen.

«So zu essen, hat überhaupt nichts Unfeminines», bemerkte Avianca.

«Natürlich nicht», sagte Radi. Sie warteten weitere zehn Minuten, bis er mit spitzen Fingern seine Pommes gegessen hatte.

Klaus hatten sie nicht gesehen. Der saß in einer Nische, machte einen Buckel wie eine Spinne und sah in die andere Richtung, versteckt hinter einem Obdachlosen, von dessen dreckigem Gesicht die anderen ganz automatisch den Blick abwandten. Ihre Ankunft hatte ein unterdrücktes Zucken der Freude bei ihm ausgelöst, kein sexuelles, sondern wie der Lockruf des Adrenalins – die Droge, nach der Polizisten sich sehnen, auch wenn ihr Selbsterhaltungstrieb dafür sorgt, dass sie sicher, depressiv und gelangweilt bleiben –, in einer nicht tödlichen Dosis, klein, aber abhängig machend genug, um seinen Verstand zu beleben und seine Sinne auch nach drei Bier in Alarmbereitschaft zu versetzen. Er kontrollierte seine Atmung und verlangsamte seinen Puls, doch in Gedanken hatte er sich bereits einen aufregenden Haftbefehl für den reichen und skrupellosen Sextouristen besorgt, nachdem er Zeuge einer Unzuchthandlung mit der Minderjährigen geworden war. Als Beweis konnte er den Strafverfolgern vorweisen ... Er runzelte die Stirn ... Was genau? Einen unanfechtbaren Augenzeugenbericht? Belastendes Bildmaterial?

Nicht wirklich. Er hatte sehr gute Aufnahmen von Radi, wie er sich zurücklehnte und den Blick abwandte, während Nicole aß und trank. Den Kopf gesenkt, Augen und Mund geschlossen, gab Klaus ein monotones Ächzen von sich wie das Muhen einer unglücklichen Kuh.

Harriet, die noch immer am Küchentisch saß, legte eine kurze Pause von ihrer Arbeit ein und schrieb Nicole eine weitere Message. «*Wo bist du?? Morgen ist Schule!! Komm jetzt nach Hause!! Hab dich lieb.*» Sie zögerte, Demian zu behelligen, wenn er mit Freunden unterwegs war, trotzdem schickte sie ihm eine kurze Erinnerung, dass Nicole noch nicht zu Hause war.

Demian hörte das Pingen der eingehenden Nachricht, als er gerade eine neue Bedrohung für Livias Pferdehof angesprochen hatte – die Gefahr der Kolonisation durch invasive Nandus, einen straußenartigen Vogel aus der argentinischen Pampa –, und so las er sie nicht sofort. Als er sie sich eine Viertelstunde später ansah, tat er es mit gemischten Gefühlen. Konnte er seiner Frau erzählen, dass er ihre Tochter auf einer illegalen Party in einem Loch im Boden des Parks zurückgelassen hatte, der für Menschenhandel und gelegentliche Morde bekannt war, in Begleitung eines hoffentlich lüsternen Junior-Emirs und, in der Rolle der Anstandsdame, von Miss Flake? Nicht wirklich. Harriet war noch nicht bereit für die Wahrheit. Das Vögelchen wurde langsam flügge. Nicole war der Funktion nach eine Frau, die wichtige Entscheidungen autonom traf, ob es ihnen gefiel oder nicht. Das war reine Projektion und Fantasievorstellung seinerseits, die allerdings akkurat Nicoles kämpferisch vertretene Einstellung widerspiegelte, was ihr die oberflächliche Plausibilität eines Werbeslogans verlieh. Hatte sie Kondome dabei? Das fragte er sich besorgt, um sich gleich damit zu beruhigen, dass sie sie ja gut erzogen hatten. Vielleicht hatte sie selbst keine, doch sie würde sich auf keine Unvorstellbarkeiten einlassen, ohne darauf zu bestehen, dass eins benutzt wurde. Außerdem hatte Miss Flake ganz sicher welche dabei. Nicole würde sie um die Hälfte ihrer Kondome bitten, weil Freundinnen das so machten – sie teilten alles –, und das Mädchensein war noch so neu für sie, dass sie glaubte, Mädchen würden auch im echten Leben alles miteinander teilen, so wie sie es im Fernsehen taten. Um später behaupten zu können, er habe von nichts gewusst, ließ er die Nachricht auf ungelesen. Er wusste, dass seine so vernunftgeleitete Frau es als gute Nachricht deuten würde, wenn gar keine Nachricht kam.

Harriet dachte sich, dass ihr Mann und ihr Kind sicher zusammen irgendwo waren. Und zu dieser späten Stunde konnte das, so gut kannte sie Demian, nur der öffentliche Nahverkehr oder bei jemandem zu Hause sein, höchstwahrscheinlich bei Toto. Sie überlegte, Totos Festnetznummer anzurufen. Doch wenn sie sich vertan hatte, würde sie ihn aufwecken. Und ihn per Messenger-App nach den beiden zu fragen, wäre wahnsinnig uncool. Sie entschied, sich die Zähne zu putzen, nach Maxi zu sehen, eine schnelle Meditationsübung auf ihrer Yogamatte einzuschieben und ins Bett zu gehen. Doch vorher griff sie nach ihrem Telefon und fing an, durch Instagram zu scrollen.

«Ich will tanzen», wiederholte Avianca zum, wie Radi meinte, zehnten Mal.

«Ich kann mir nicht vorstellen zu tanzen», sagte Nicole.

«Du könntest was von meinem 2C-B haben», sagte sie. «Willst du? Das könnte helfen.»

Radi sah Avianca kritisch an. «Bist du ihre Freundin oder ihr Dealer?»

«Wir haben uns heute erst kennengelernt!», sagte sie in defensivem Tonfall. «Aber wir sollten echt noch ein bisschen Spaß haben.»

«Ich hab noch was vor», sagte er. «Ich treffe mich mit Freunden in Friedrichshain.»

Etwa eine Millisekunde lang spielte er mit dem Gedanken, sie mitzunehmen. Doch Nicole schien von einem Blitz der Erschöpfung getroffen worden zu sein, und die Anstrengung, ihren übergroßen Burger verdauen zu müssen, hatte sie komplett umgehauen. Ihre Augen schienen nicht mehr scharf zu stellen. Avianca war dafür noch hyperaktiver geworden, als wolle sie Nicoles Trägheit wettmachen. Eine Stunde zuvor hatte er sich noch ausgemalt, mit zwei appetitlichen, leicht zu verführenden jungen Leuten bei seinen Freunden aufzutauchen. Doch jetzt wirkten sie nicht mehr so jung. Miss Flake hatte etwas Heruntergekommenes an sich, und Nicoles Hundewelpe-als-Kätzchen-Look, der ihm vorher so sexy vorgekommen war, litt schwer darunter, wie sie sich immer wieder mit dem Handrücken die Nase abwischte. «Ich muss Nicole nach Hause bringen», insistierte er.

«Oh nein!», sagte Avianca. «Du hast es versprochen!»

Radi überlegte angestrengt, was er Avianca versprochen haben könnte. Er beschloss, sie im Taxi nach Friedrichshain mitzunehmen – sie hatte gesagt, dass sie in dieser Richtung wohnte –, aber keine Minute länger damit zu warten, Nicole aus seinem Leben zu verbannen. «Wir müssen dich ins Bett bringen», sagte er, mit einer Hand auf ihrer Schulter Fürsorge vortäuschend. Sie reagierte mit einem müden Nicken. «Schön», sagte er. «Ich ruf dir ein Taxi.»

«Aber ich kann doch zu Livia laufen und mit meinem Vater fahren», protestierte sie, die Stimme vom Essen belegt. «Das ist ganz nah. Das ist nicht weiter als die Straße, wo die Taxis in die richtige Richtung abfahren.»

«Ich lass dich nicht allein dahin laufen», sagte er. Sie hatte schon den ganzen Abend ein wenig wie ein Opfer gewirkt, und das hatte ihm gefallen – er hatte ja sogar gehofft, es ausnutzen zu können –, doch jetzt schien sie bloß noch reif, ausgeraubt und zum Opfer von Gay-Bashing zu werden, oder wie auch immer das Gegenteil heißen mochte: für einen Stricher gehalten zu werden und in eine Situation zu geraten, für die sie nicht bereit war, oder ungebetene Aufmerksamkeit von jemandem zu erhalten, der sie ganz einfach für eine Frau hielt. Dass sie kein Bargeld bei sich trug, würde einen Angreifer nicht davon abhalten, sie von ihren unsicheren Füßen zu holen. Ihr totes Telefon war nicht das neueste Modell, aber für die Junkies, die sich am Rand des Parks herumtrieben, sicherlich etwas wert.

«Wir gehen nach Hause, sobald wir uns Livias Haus angesehen haben», sagte Avianca. «Das wird lustig. Ich bin überhaupt nicht müde.»

«Das ist unglaublich nah», sagte Nicole noch einmal.

Radi war sich sicher, unbemerkt entkommen zu können, sobald sie dort waren. Er würde so tun, als suche er die Toilette, und dann durch die Hintertür fliehen. Er erhob sich von der engen, dunkelroten Burger-King-Bank und zog seine Schaffelljacke an. Nicole entfaltete sich steif wie ein verrostetes Klappmesser. Avianca half ihr in den Mantel und schien bereit, zu Fuß zur nächsten Party zu springen, so, als könnte sie einfach in östliche Richtung loshüpfen und Stunden später in Friedrichshain ankommen, frisch und voller Energie. Radi war nun bereit, sich in das entspannt motorisierte Leben von Erwachsenen zu ergeben; in Städten wie New York und Berlin mochte Laufen eine Option sein, doch auch da waren es nicht gerade die Begüterten, die am häufigsten zu Fuß gingen. Aber zuerst musste er Nicole loswerden, das war er seinem Seelenfrieden schuldig. Als blasser Schatten ihres vorherigen Selbst – eines Selbst, das seinerseits ein Schatten gewesen war, wie die in Platons Höhlengleichnis – suchte sie ihn schon jetzt heim. «Wie ist Livias Adresse?», fragte er sie und zückte sein Telefon.

«Keine Ahnung», sagte sie. «Ich weiß nur, wie man hinkommt. Du musst mich nicht bringen.»

«Sei nicht albern», sagte Radi. «Natürlich sorge ich dafür, dass du sicher da ankommst.»

«Das meinte ich nicht», sagte Nicole. «Das Problem ist, dass es nicht mein Haus ist. Ich kann dich nicht zu jemand anderem einladen. Das wäre unhöflich.»

Ungläubig hörte Radi ihre Bedenken an. Er war schlicht davon ausgegangen, dass er bei Livia willkommen sein würde. Er war an den meisten Orten willkommen, sobald die Leute wussten, wer er war. In den Kreisen, in denen er sich bewegte, war er dafür berühmt, nicht berühmt zu sein. Die Leute erzählten einander, wer er war, und das war's: Die Türen standen ihm offen. Wenn man es aber mit undurchschaubaren Deutschen zu tun hatte, zu so später Stunde, gab es keinerlei Garantien.

Er schlug vor, sie anzurufen und zu fragen. Noch besser, sie solle ihren Vater anrufen.

«Ich weiß seine Nummer nicht.»

«Du weißt seine Nummer nicht?»

«Mein Telefon ist tot. Ich will bloß sehen, ob er da ist, bevor ich allein nach Hause gehe.»

«Wie willst du das rausfinden, ohne zu klingeln und Livia aufzuwecken?»

«Das Haus ist aus Glas. Das ist wie ein Aquarium.»

«Das will ich sehen», sagte Avianca. «Livia hat gesagt, ich kann auf einen Absacker vorbeikommen.»

«Wir können es uns alle ansehen», versicherte Nicole ihr. «Ich weiß bloß nicht, ob jemand außer mir reinkann.»

Radis hauchdünner Geduldsfaden stand kurz vor dem Materialversagen. «Hör zu –», sagte er, dann presste er die Lippen aufeinander. Er wollte seinen Verdacht äußern, dass der ganze Abend eine einzige verstörende, ärgerliche Zeitverschwendung gewesen sei, doch dafür hatte er das falsche Publikum vor sich: ein schlaffes Trans-Mädel, das eine verwirrende Hassliebe in ihm auslöste, und ein dahergelaufenes verwaistes Straßenkind / Kind des Universums auf Speed. Er wollte bei seinen Freunden sein, zumindest bei Menschen, die seine soziale Stellung zu schätzen wussten, und seidig glatte, routinierte Interaktionen genießen. «Okay», sagte er. «Seht zu, dass ihr alles habt, und dann los.»

Avianca ging in die Hocke, um unter dem Tisch nachzusehen, dann suchte sie die Sitze ab. Kurz starrte sie Nicole an, ging ganz nah an ihr Gesicht heran und sagte, sie habe für einen Augenblick gedacht, ihre neue Freundin könne eine Wimper verloren haben.

«Die sind nicht fake», erwiderte Nicole sichtlich gekränkt. «Das sind meine echten Wimpern!»

«Ich beneide dich total», sagte sie. «Meine sind unsichtbar.»

«Kommt, Kinder», sagte Radi. «Gehen wir.»

XXI

Die Karawane drängte in die Nacht hinaus, die noch immer ein Durcheinander schnell dahinziehender Wolken und verirrter Regentropfen war. Nicole führte sie an den Junkies vorbei, die in großer Zahl auf dem breiten Gehsteig unter dem S-Bahnbogen schliefen. Nur wenige Menschen schienen wach zu sein; dies war kein Ausgehviertel. Eine bierselige Gruppe thailändischer Studenten kam aus einer rustikalen Gastwirtschaft mit traditionellem deutschem Essen, die unter den S-Bahn-Schienen versteckt lag – die Tiergarten-Quelle. Sie rülpsten und kicherten und verstummten mit einem Schlag, als sie das eindrucksvolle Trio erblickten, das auffälliger war, als den dreien bewusst war. Nicole schritt forsch voran, ihr Revers mit überlappenden Fäusten packend, die Augen starr nach vorn gerichtet (ihr war ein wenig übel). Radi schlenderte mit den Händen in den Taschen und seiner Menschenwürde maximal aufgedreht, zum Teil, weil Miss Flake an seiner Seite hüpfte, mit dieser speziellen Technik aus *Der Zauberer von Oz*, sie hob das vordere Bein und ließ das hintere zur Seite rutschen, bevor sie mit einem Sprung die Beine wechselte. Das tat sie mit Begeisterung, wie ein Kosake, der den Hopak tanzt, während sie die Bachstraße überquerten. Immer wieder sah sie zu Radi, in der Erwartung, dass er sich freute. Er spürte, wie labil die Situation war – dass er, wenn er nicht lachte, vielleicht in Tränen ausbrechen würde – und kam ihrem Wunsch mit einem müden Lächeln nach. Der Abend nahm in seinem Kopf allmählich mythische Dimensionen an, als einer der rettungslos dämlichsten Abende seines Lebens, Embryo einer Anekdote, die diese Schmach für alle Zeiten konservieren würde. Entweder das oder er würde nie wieder ein Wort darüber verlieren und alles tun, um das hier zu vergessen.

Nicole achtete nicht auf die Stolpersteine für die Familie Leppmann, aber Avianca, die einen mit der Spitze ihres Schuhs berührte, fragte Radi, ob er schon mal von diesem Gedenkprojekt gehört habe. Hatte er nicht. Es gab nur sehr wenige Stolpersteine in der Schweiz, alle noch ganz frisch, und keine in der Romandie. «Die bedeuten, dass hier mal Juden gelebt haben», erklärte sie. «Vor den Nazis. Die gibt es überall in der Stadt. Normalerweise steht drauf, wohin sie deportiert wurden und wann sie gestorben sind. Traurig.»

Er las die Inschriften auf den einzelnen Steinen und sagte: «Die hier haben überlebt, bis auf den, der nicht gegangen ist.»

«Die Leppmanns waren besonders klug», sagte Avianca und blickte auf die Messingquadrate hinab.

«Vielleicht waren sie einfach jung», sagte Radi. «Die Starken fliehen und überleben, die Schwachen bleiben zu Hause und ruhen sich aus. Du würdest einen guten Flüchtling abgeben.»

«Ich nicht», erklärte Nicole. «Ich bin so eine Memme. Wenn die Nazis an die Macht kämen, würde ich ins Flugzeug steigen und zu meinen Großeltern nach Amerika ziehen.»

«Und wenn du kein Ausreisevisum bekommst?», fragte Radi. «Wenn sie dich am Flughafen abweisen würden?»

«Dann würde ich mit dem Rad bis Polen fahren und über den Fluss schwimmen.»

Avianca gab zu bedenken, das Problem bei den Nazis damals sei gewesen, dass es eben kein Entkommen gab. «Ich meine», sagte sie, «wo sollte man denn hin? Die waren ja überall. Sie haben den ganzen Kontinent erobert.»

«Es gab noch Dänemark», hielt Nicole dagegen. «In Dänemark haben sich sogar der König und die Königin gelbe Sterne angeheftet, damit die Nazis nicht mehr wussten, wen sie töten sollen. Alle Juden haben überlebt.»

«Warum sind dann nicht mehr nach Dänemark gegangen?», wollte Avianca wissen und gab damit mal schnell den Juden die Schuld, es vermasselt zu haben. Selbst die Leppmanns kamen ihr auf einmal ein bisschen begriffsstutzig vor, weil sie ins weit entfernte Amerika gegangen waren und in den zweifelhaften Iran. «Das ist so nah. Das ist direkt nebenan!»

Radi sagte: «Die Dänen haben ihre eigenen Juden geschützt, indem sie sie nach Schweden gebracht haben, aber das heißt nicht, dass sie ihre Grenzen geöffnet hätten. Die waren wahrscheinlich genauso dicht wie die zur Schweiz.»

«Viele Juden kamen ursprünglich aus Polen und aus Russland», sagte Nicole. «Die kamen als Flüchtlinge nach Deutschland.»

«Stimmt das?» Avianca sah Radi an.

«Die wurden ‹Ostjuden› genannt», fügte Nicole hinzu. «Hier geht's zu Livias Haus.» Sie trat von dem breiten Gehsteig auf einen schmaleren, rechtwinklig dazu verlaufenden. Ihre wunden Füße waren in jedem gequälten Luftholen zu hören.

«Jiddisch ist ein deutscher Dialekt», sagte Radi, der hinter ihr ging. «Das waren Deutsche, die den Judaismus praktiziert haben.»

«Für die Nazis war das keine Religion», korrigierte sie ihn. Sie blieb vor einem absurd niedrigen Gartentor stehen, das höchstens vierzig Zentimeter hoch war.

«Also habt ihr Europäer Jahrtausende lang Juden umgebracht, weil sie das Blut christlicher Babys getrunken haben, aber so etwas wie Judaismus gibt es nicht?» Es fiel ihm schwer, ruhig zu bleiben.

«Die haben sich als Juden *identifiziert*», sagte Nicole, der Ton scharf, so frustriert war sie. «Obwohl das die Leute dazu gebracht hat, sie zu hassen. Jüdisch zu sein, hat ihnen viel bedeutet.»

«Die Nazis –», setzte Radi an. Er wollte etwas Abfälliges sagen, verzichtete dann aber darauf und schrieb den Abend endgültig als eine auf fast teuflische Weise aus dem Ruder gelaufene Sache ab. Er stieg über das Gartentor hinweg. Avianca öffnete es, damit Nicole hindurchschwanken konnte. Sie gingen über den schmalen Pfad durch merkwürdige Lichteffekte hindurch, die sich durch die Lage des Hauses inmitten großer Apartmentkomplexe ergaben. Nutzlose Nachtlichter auf unbenutzten Balkonen warfen einen verwirrenden Schein auf bläulich-schwarze Fichten und die schillernd glänzenden, kohlenschwarzen Äste nasser, nackter, frierender Linden. Weißlicher Dunst aus fast unsichtbarem Regen malte Lichtkreise um jede der beleuchteten Klingeltafeln. Die dunkle Hecke um das Haus, die bei Tageslicht bloß blickdicht war, war im Zwielicht tief mattschwarz, was die Überraschung oder den Schreck nur steigerte, als sie um die Ecke bogen, vorbei an der Nische, in der vier Mülleimer standen (grau für Restmüll, blau für Papier, gelb für Kunststoff, grün für Kompost), und die Vorhänge weit aufgezogen und Livia, Toto und Demian ins Gespräch vertieft vor sich sahen.

Livia saß seitlich auf einer Reihe Barcelona-Sessel, die als Sofa nebeneinandergestellt waren, und kraulte mit der rechten Hand gedankenverloren Fistis Ohren. Demian lag ihr gegenüber auf einer gestreiften Couch, in Socken (gelb), und sprach mit ernster Miene, Toto, ebenfalls in Socken, lief auf und ab, unterbrach Demian und gestikulierte lebhaft. Livias Haltung war elegant und schön, während Demian nachdenklich und wehmütig wirkte. Toto erschien als der unsichere, aber geliebte Freund der beiden.

Der Effekt auf die drei gerade eingetroffenen Besucher war unmittelbar. Jeder identifizierte sich auf seine Weise mit den Figuren, die ihnen auf der Bühne des Hauses präsentiert wurden.

Nicole erkannte sich in Livia wieder – müde, glamourös, eindrucksvoll. Miss Flake fühlte sich zu Toto hingezogen, der ihr wie eine ältere, männliche Version ihrer selbst vorkam, wie er durch das Haus stapfte und sich in etwas hineinsteigerte. Radi spürte, wie aus der Mitte seines Herzens ein Pfeil der erhofften Freundschaft auf Demian zusteuerte. Die Ruhe, die Demian durch die Fensterscheibe ausstrahlte, seine intelligenten Augen, sein Abwägen und Neuabwägen von Argumenten mit geneigtem Kopf: Das war der Look, den Radi anstrebte. Den eines weisen und wirkungslosen Gottes.

XXII

Avianca trat auf die schwere Tür aus schwarz lackiertem Stahl zu und stellte sich auf den Fußabtreter. Statt den Klingelknopf zu drücken, klopfte sie an die Scheibe daneben. Livia schrak auf und sah in ihre Richtung, ohne sie zu sehen. Demian setzte sich auf. Toto kam zur Tür und ging mit der Nase fast bis an die Scheibe heran, hielt sich die Hand über die Augen, um ins Dunkle hinauszuspähen. Er stand kaum dreißig Zentimeter von Avianca entfernt. Von innen gesehen waren die Glaswände nicht direkt Spiegel, sie reflektierten aber das Innere stark genug, um es mit dem Äußeren zu einer abstrakten Tapete zu verschmelzen, hinter der jemand mit einem karierten Mantel gut getarnt oder gar unsichtbar war. Im Schatten, den seine Hand bot, sah er ihre schimmernden Locken in einem leicht psychedelischen Strauß aus pinken und blauen Reflexionen der chaotischen Hofbeleuchtung.

«Das ist Miss Flake», sagte er. «Und Nicole?» Er hatte nur Avianca gesehen, nahm aber an, dass sie das Haus nicht ohne Nicoles Hilfe gefunden hätte.

Er öffnete die Tür und sah sich überrascht Radi gegenüberstehen, der die Hände sittsam vor seiner Gürtelschnalle verschränkt hielt. Ihre Blicke trafen sich, und der Prinz gab sich Mühe, eine Miene nobler Hilflosigkeit aufzusetzen. Toto grinste breit und sagte: «Hey! Kommt rein, Leute! Hier sind Nicole und Avianca und Radi!»

«Nicole!», sagte Demian. «Nicht dass ich mir Sorgen gemacht hätte.»

«Kein Grund zur Sorge», versicherte sie und öffnete die Reißverschlüsse ihrer Stiefel, um sie auszuziehen. «Wir waren bei Burger King, wie geplant, und jetzt bin ich nur noch müde. Sie haben mich nur hergebracht, damit du und ich nach Hause gehen können.»

«Willst du dich hinlegen?», fragte Livia Nicole und stand auf, um sie alle zu begrüßen. «Möchtet ihr was trinken? Hallo Radi. Schön, dich wiederzusehen. Darf ich den Mantel nehmen? Wie geht's, Avianca? Du siehst sehr gut aus. Habt ihr euch amüsiert? Die Schuhe könnt ihr anlassen.»

«Das soll wohl ein Witz sein», sagte Radi. Er stellte seine Slipper auf die Fußmatte im Flur und stellte erleichtert fest, dass die Socken zwar feucht, aber noch immer mehr oder weniger weiß waren, abgesehen von den Bommeln.

Avianca sagte: «Auf jeden Fall! Dieser Club war pervers und heruntergekommen.» Sie sah Radi aus dem Augenwinkel an und fügte hinzu: «Ich war noch nie an so einem gruseligen Ort. Ich kam mir extrem cool vor.»

«Und das war ein gutes Gefühl?», fragte Livia lächelnd.

«Das beste! Ich verbringe zu viel Zeit in meiner Komfortzone.»

«Da waren wir», sagte Demian gut gelaunt, «in der Komfortzone. Es hat mir Spaß gemacht, meine Tochter in die dunkle Schattenwelt Berlins zu schicken und zu wissen, dass sie gut geschützt ist, weil ihr die ganze Nacht ein Bodyguard folgt.»

«Avianca sollte als Bodyguard arbeiten», sagte Nicole. «Sie hat Radi davor bewahrt, zusammengeschlagen und abgestochen zu werden!»

«Ah, nee.» So etwas wollte Demian nicht hören. «Ich meinte den Bullen.»

«Welchen Bullen?»

«Den Typen mit dem Schnurrbart.»

«Das war kein Bulle», sagte Nicole. «Das war bloß so ein Sexfreak, der mir seit der Kurfürstenstraße hinterhergelaufen ist.»

Demian wirkte beunruhigt. «Toto?»

«Ich hab nie gesagt, dass das ein Bulle ist», protestierte der. «Das warst du!»

Seiner beneidenswerten Würde beraubt, sagte Demian zu Radi: «Versteh ich das richtig? Avianca hat dich vor einem Angriff bewahrt?»

«Da war nichts», beruhigte er ihn. «Sie hat mich beschützt. Es ist nichts passiert.»

«Geht's hier *irgendwem* gut?»

«Alles kein Ding», sagte Avianca. «Das war bloß ein Streit in einem Club.»

Nicole verschränkte die Arme vor der Brust und fragte sich laut, ob Klaus ihnen vielleicht weiter gefolgt sein könnte, ob er nicht vielleicht in diesem Augenblick vor dem Haus stand und sie beobachtete.

«Wir lassen Fisti mal nachsehen», sagte Demian. Er fragte Livia, ob sie etwas dagegen habe. Hatte sie nicht, also sagte er: «Komm, Fisti!» Er ging zur Tür und öffnete sie, damit der Hund in die wirbelnde Nacht hinauskonnte. In dem Stoß hineinströmender frischer Luft stehend sah er Fisti in aller Ruhe zur Hecke spazieren, wo er sein Bein hob und ganz ungestört den Wind schnupperte. «Da ist niemand», erklärte er. «Die Luft ist rein.»

«Ich bin mir ziemlich sicher, dass wir ihn abgeschüttelt haben», sagte Radi. Kurz überlegte er, ob er beichten sollte, dass er den Stalker bemerkt hatte, dann entschied er, dass ihm egal war, was die anderen dachten. Ab jetzt würde er diesen Abend so verbringen, als wäre er bereits vorbei. Er würde ja keinem von ihnen je wieder begegnen. «Ich habe die Türsteher im Tunnel bezahlt, damit sie ihn nicht reinlassen. Dann ist er wohl nach Hause gegangen. Im Burger King war keine Spur von ihm. Das war vor über einer Stunde. Bewaffnet schien er nicht zu sein.»

«Hier ist niemand bewaffnet», sagte Toto. «In Deutschland ist es gefährlich, eine Waffe zu benutzen, sogar zur Selbstverteidigung.» Livia wandte ein, dass es grundsätzlich gefährlich sei, eine Waffe zu benutzen. «Das liegt daran, dass die Wände hier massiv sind», erklärte er ihr. «In Amerika prallen Kugeln nicht ab. Die schlagen einfach durch. Als würde man auf einen Heuballen schießen.»

«Möchtest du was trinken?», fragte sie Radi. «Nicole, bist du sicher, dass du dich nicht hinlegen willst?»

Demian ließ Fisti ins Haus und schloss die Tür. Er ging zu Nicole zurück, die unbeholfen auf dem Boden saß, das Kleid gerafft und verknittert, und sagte: «Komm, Kind. Wir bringen dich nach Hause. Sieht aus, als müsstest du mal richtig schlafen.»

«Alles gut», sagte sie. «Worüber habt ihr vorhin geredet?»

«Antragsstellung für Zuschüsse.» Sie waren wieder auf das Thema Drömling zurückgekommen. Demian hatte einen komplexen Plan skizziert, bei dem es um die EU und um Förderungen durch den Landkreis ging, um Gelder für Moor-Renaturierung, den wohltätigen Arm der lutherischen Kirche, Flüchtlingskinder, Wildpferde aus der

Mongolei und eine Schreibresidenz für Nature Writers, und Toto hatte sich alle Mühe gegeben, die ganzen Ideen abzuschießen.

«Ist ja widerlich», sagte sie, während sie sich eine Socke auszog. «Meine Füße tun weh.»

«Schatz, du riechst.»

«Ich könnte kurz duschen. Livia könnte mir Socken leihen. Meine sind ganz nass.»

Er verkniff sich den Hinweis, dass Livia eine Schuhgröße trug, die Nicole zuletzt mit zehn Jahren gepasst hatte. Das wäre eine Mikroaggression gewesen. Er antwortete: «Morgen ist Schule, Schatz. Wir hauen ab.»

«Ich hab erst um elf!»

Demian seufzte. Das war gut möglich. Es war zu spät, um Harriet zu fragen – sie kannte Nicoles Stundenplan besser als er –, doch sogar bei Grundschulkindern dauerte der Schultag manchmal nicht länger als drei Stunden, und in Nicoles Klassenstufe war alles denkbar. «Ist mir egal», sagte er. «Du kommst mit mir mit, jetzt.»

Abgestoßen von der Zurschaustellung pubertärer Verwirrung und elterlicher Kontrolle hatte sich Radi in einen Sessel neben Livia gesetzt, einen glänzend schwarzen Keramikpudel mit blauen Augen und heraushängender, rosafarbener Zunge in die Hand genommen und sagte: «Das hier sieht nach Skuja Braden aus.»

Livia entspannte sich sofort. Demians Architektenfreunde waren entweder nerdige Werkstofftechniker oder frustrierte Modellbauer auf der Jagd nach Aufträgen; ihre Landschaftsarchitekturkumpels lebten aufgrund des schlechten Geschmacks ihrer Auftraggeber und des Mangels an verfügbaren Landschaften in einem Zustand permanenter Qual. Aktive Künstler und Sammler dagegen zeichneten sich ihrer Ansicht nach durch angemessene Demut und Geschmack aus. Sie sah, dass Radi Buße getan hatte dafür, dass er Nicoles Tugendhaftigkeit auf die Probe gestellt hatte. Sofort landeten sie beim Thema Kunstbiennale Venedig 2022. Sie sprachen über die immersive Erzählung von Fabrikarbeit im großartigen italienischen Pavillon sowie den umwerfenden Pavillon Maltas mit dem knallend herabtropfenden flüssigen Metall. Der figurative Schweizer Pavillon stieß auf Verachtung, genau wie Precious Okoyomons hartnäckige Versuche, die invasive Kudzupflanze in Europa einzuführen. Dann fing sie an, Eröffnungen, Partys und Empfänge aufzuzählen, in der Hoffnung, eine Veranstaltung zu finden, auf der sie beide gewesen waren. Doch die Überlappung zwischen ihrer und seiner Kunstszene war gleich null. Sie versuchte sich zu erinnern, ob die Emirate einen Pavillon gehabt hatten, und dann wurde ihr klar, dass sie es verdrängt hatte, um nicht über den saudischen Pavillon herziehen zu müssen, eine verdunkelte Halle, die von einem riesigen mechanischen Wurm aus Palmwedeln belegt war. Demian hatte ihn mit den Sandwürmern aus *Dune* verglichen. Die Südkoreaner hatten ebenfalls einen Wurm präsentiert, von weniger bombastischer Größe, doch zumindest war ihrer Hightech gewesen, mit Bildschirmen aus Flüssigkristall. Sie hatte den vagen Verdacht, dass arabische Prinzenfamilien allesamt miteinander verwandt sein könnten, wie die europäischen. Hatten die Briten nicht die Herren von Mekka installiert, um den gesamten Nahen Osten zu beherrschen? Herrschten sie immer noch? Würde er zur Fine Art Fair nach Maastricht fahren? Sie konnte es ihn nicht fragen.

Hätte sie etwas gesagt, hätte er ihr ein paar lustige Insidergeschichten über den saudischen Wurm erzählen oder ihr erklären können, dass der Grund, warum sie sich nie über den Weg gelaufen waren, Rassismus war, privater und institutioneller Natur. Dass er sich insgeheim vor dem Herrscherhaus von Mekka fürchtete, das ihn an die Kims in Nordkorea erinnerte, und dass er überlegt hatte, seinen Namen in irgendetwas Italienisches zu ändern. Stattdessen sagte er: «Ich habe mich darauf konzentriert, Kunst anzusehen und Freunde zu treffen.» Er meinte damit, dass er sich nicht, wie sie, auf den Eröffnungspartys herumgetrieben hatte, sondern im Oktober mit dem Zug nach Venedig gereist war, kurz vor Schließung der Ausstellung, wo er in einem Restaurant jemandem begegnet war, den er kannte (Zulfikar Ali Bhutto, Jr.).

Livia gab die Suche nach Gemeinsamkeiten auf – Gelegenheiten, bei denen sie unwissentlich nebeneinandergestanden haben könnten – und brachte ihre Enttäuschung darüber zum Ausdruck. Sie sagte: «Es ist seltsam zu wissen, dass es neben dem Venedig, das man selbst kennt, noch ein anderes Venedig gibt, das man nicht kennt. Aber gleichzeitig macht es mir Hoffnung. Die Leute sagen immer ‹Die Welt ist klein›, aber wir haben das noch kein einziges Mal gesagt. Du warst in einem anderen Venedig. Fährst du nächstes Jahr auch hin? Es gibt da ein paar Leute, die nach Venedig fahren, denen ich dich gerne vorstellen würde.» Sie legte ihre Hand auf seine. Es war ein unverbindliches Versprechen einer potenziellen Gefälligkeit, so wie die meisten Dinge in der mit Gefallen handelnden Welt der Kunstliebhaberei, und ganz besonders unverbindlich, weil sie davon ausging, dass er schwul war – nicht bloß schwul, sondern an Nicole interessiert. Mit einem Mal störte es sie, dass sich jemand für Nicole entschied und nicht für sie. Warum? Hatte sie den Verstand verloren? Es war schon spät. Mental und körperlich war sie gerade auf die Bremse getreten, regungslos mit ihrer Hand auf seiner verharrend, auf so auffällige Weise, dass ihre körperliche Erschöpfung offenbar wurde.

Ein Riss tat sich in der unscharfen Logik ihres Mitternachtsgehirns auf. Innerlich hatte sie, der Einfachheit halber, sein bevorzugtes Lustobjekt als «Nicole» bestimmt. Es war das Einfachste, seine sexuelle Präferenz «Nicole» zu nennen – ohne Pronomen –, und außerdem stimmte es, soweit sie wusste. Er hatte es auf Nicole abgesehen, ein unschuldiges Kind. Dann hatte er sie zu ihrem Vater zurückgebracht – warum? Im Auf und Ab dieses Abends – den Märchen, den Flakes, den toten Kommunisten, den akademischen Gesprächen und den Reflexionen in dünnen, sechzig Jahre alten Fensterscheiben – hatte sie die Möglichkeit außer Acht gelassen, dass ein Interesse an Nicole das Interesse an ihr selbst nicht ausschloss.

Während sie über diese Möglichkeit nachdachte, blieb sie regungslos wie ein Kitz, dessen Mutter zum Äsen verschwunden war, und er drehte sanft seine Hand nach oben, um ihre Handfläche zu streicheln. Er hob ihre Hand um ein paar Zentimeter an und neigte den Kopf auf eine Art, die einen altmodischen Wiener Handkuss andeutete – ein Verführer, der zeigte, wie zärtlich er sich eines Körperteils bemächtigen konnte –, und dann überraschte er sie, indem er sie wirklich küsste. Erschrocken zog sie die Hand nicht zurück, sondern erlaubte ihm, sie zu halten, und er legte sie liebevoll auf ihr Knie zurück und streichelte mit dem Zeigefinger ihre Handfläche.

Sie errötete und versuchte, ihn neu einzuschätzen. Er wirkte wie ein heterosexueller Mann, der genau wusste, was er tat. Er signalisierte die heimliche Hoffnung, über Nacht bleiben zu dürfen. Sie glühte vor unerzwungener Zuneigung. Er zog seine Hand zurück und sagte: «Was tu ich denn da. Es tut mir leid.»

XXIII

Miss Flake gesellte sich zu Toto, indem sie sich mit einem theatralischen Ächzen der Erschöpfung neben ihm aufs Sofa fallen ließ. Dann setzte sie sich auf, sah ihn munter grinsend an und fragte, ob er das Haus nicht auch unglaublich finde.

«Ein bisschen zu unglaublich», sagte er. «Es gibt einen Roman aus den Achtzigern, *Großstadtsklaven* – ich glaube, der ist mit Bernadette Peters und Steve Buscemi verfilmt worden –, darüber, dass sich alles um Immobilien dreht. Wenn du in einer großen Stadt einen coolen Ort zum Leben findest, dann wird der zu deiner ganzen Identität, und du kannst nicht mehr weg. Vielleicht gilt das für Livia nicht. Sie bringt nie Männer hierher.»

«Aber sie kann hier nicht weg!»

«Hm?»

«Ich würde hier nicht mehr weggehen», sagte sie. «Und sie sollte das auch nicht.»

«Du bist kurz davor, eine Berliner Großstadtsklavin zu werden.»

«Schön wär's! Ich denke ständig darüber nach, wie ich hier wegkomme. Ich wohne immer nur zur Untermiete und muss jeden Monat umziehen. Wo ich jetzt bin, gibt es nicht mal ein Bad. Das ist ein altes Künstleratelier, und wenn ich aufs Klo muss, muss ich aus der Wohnung raus und ein Stockwerk höher.»

«Musst du es mit jemandem teilen? Also das Klo?»

«Wenn ich das wüsste. Manchmal glaube ich, das benutzen noch andere, aber ich weiß es nicht genau.»

«Du könntest dir einen Stift hinlegen und das Klopapier markieren. Jedes Mal, wenn du ein Stück abreißt, markierst du das nächste mit einem kleinen blauen Punkt. Hast du eine Dusche?»

«Nein. Ich stell mich in das niedrige Waschbecken im Atelier und wasche mich da, und manchmal geh ich ins Schwimmbad. Die Wohnung ist eigentlich ganz gut. Einmal habe ich bei einem Typen gewohnt, der Schlaftabletten genommen hat. Der ist mitten in der Nacht aufgestanden und hat angefangen, Frühstück zu machen – nackt! Der hat eine Pfanne fast bis zum Rand mit heißem Öl gefüllt und da Eier reingeschlagen. Das war gruselig. Aber das war nicht mal der schlimmste Mitbewohner, den ich hatte. Einmal bin ich bei einer Frau eingezogen, die dann gar nicht ausgezogen ist. Sie hat einfach die Miete und die Kaution kassiert und ist auf ihr Sofa umgezogen. Dann haben wir uns zwei Monate lang ihr Zimmer geteilt. Und so ein anderer Typ hat mir wohl sein Zimmer für eine Woche untervermietet, damit er seinem Vermieter sagen kann, ich hätte seinen Wasserschaden verursacht. Ich hab nicht mal gebadet, als ich da war, und dann ruft er mich an und textet dauernd, ich soll ihm meine neue Adresse geben, damit seine Hausverwaltung sich das Geld bei meiner Haftpflichtversicherung holen kann. Als ob ich eine Haftpflichtversicherung hätte!»

«Wenn das hier *Berliner Großstadtsklaven* wäre, würde ich dir mein Gästezimmer anbieten.»

«Und ich würde mit dir schlafen?»

Er verzog das Gesicht. Sie hatte ihn tatsächlich ernst

genommen. Er sagte: «Tut mir leid. Ich habe gar kein Gästezimmer. Meine Wohnung ist gerade mal groß genug, um sich darin umzudrehen. Überall stehen Kisten voll Büchern und Platten herum.»

«Ah.» Sie war enttäuscht. Für Bücher und Musik benutzte sie immer ihr Handy. Sie hatte in ihrem ganzen Leben noch nie eine Kiste voll Bücher oder Platten besessen und überlegte, ob sie ihm anbieten solle, ihm beim Ausmisten zu helfen. Außerdem war sie zu verwirrt, um etwas zu sagen. Sie hatten laut ausgesprochen, worüber sie hätten schweigen sollen. Aber was war überhaupt zwischen ihnen? Sie hatten sich nicht geküsst oder auch nur geflirtet. Wie konnte einer von ihnen bloß denken, dass sie eine Miethure war, wenn sie doch gerade beschrieben hatte, was für schlimme Erfahrungen sie als Untermieterin gemacht hatte?

Er fühlte sich dazu verpflichtet, mit ihr zu flirten. Die anderen hatten sich zu Paaren zusammengefunden und wollten in Ruhe gelassen werden, also war es seine Aufgabe, Miss Flake von hier wegzuschaffen. Es war Schlafenszeit, und es war seine Schuld, dass sie in Livias Haus saß. Sie war sein «Date», direkte Folge seiner «Online Dating»-Aktivitäten. Die Pärchen, die sich gebildet hatten, waren nicht die, die er erwartet hatte.

Demian und Nicole stritten sich um Schuhe wie ein altes Ehepaar, und Radi und Livia wirkten so vertraut wie Seelenverwandte, die sich nach langer Zeit wiedergefunden hatten. Niemand würde wohl an diesem Abend Sex haben. Trotzdem musste er versuchen, Avianca von der Herde zu trennen.

Livias Verwirrung konnte es mit Aviancas aufnehmen.

Sie fand schwule Männer oft anziehend. Einige ihrer leidenschaftlichsten Schwärmereien hatten schwule Männer zum Gegenstand gehabt. Sie hatte gelernt, dass solche Widersprüche nirgendwo hinführten, und ihre Sehnsüchte und Erwartungen angepasst, bis sie etwa neunzehn war. Dieser schmerzhafte Lernprozess war längst abgeschlossen und vergessen. Jahrzehnte waren vergangen. Doch sie fand sie noch immer attraktiv. Die späte Uhrzeit hatte die Dämonen, die ihre Gefühle normalerweise im Schach hielten, sediert und besiegt, und jetzt lagen diese blank. Toto konnte sie quer durch den Raum sehen. Für Radi ähnelten sie einem Puzzle. Er wusste, was er am Ende sehen würde, doch einzelne Teile konnten irreführend sein. Im gesamten Haus gab es nicht eine Sehnsucht, die nicht mehrdeutig war. Nicole wollte schlafend die Nacht durchmachen. Demian wollte sie nach Hause bringen, während er die Nacht mit Livia durchquatschte. Toto wollte Miss Flake einladen, bei ihm einzuziehen, und sie am Morgen rauswerfen, während sie sein nicht existentes Gästezimmer sehen wollte – sie wusste, dass er keins hatte, aber vielleicht gab es einen Raum, den er als Abstellkammer bezeichnete und in den ein Klappbett reinpassen würde –, nachdem sie am Mittwoch tanzen ging (es war jetzt Mittwoch). Livia wollte Radi gefallen und ihm die kalte Schulter zeigen, und er wollte sehen, wohin sein Puzzleteil passte. Niemand wusste, was er tat, doch sie alle machten immer weiter – sie zauderten, schwankten, trafen Entscheidungen auf Grundlage von Faktoren, die sie selbst generiert hatten.

Miss Flake fragte Livia, ob sie Kaffee im Haus habe.

«Nein, habe ich nicht», sagte sie und wandte sich von

Radi ab. Sie stand auf und schob entschuldigend hinterher: «Ich vertrage keinen Kaffee. Der macht mich nervös.»

«Tee vielleicht?»

«Tee ist da», sagte sie. Sie ging um Nicole herum, die rücklings auf dem Teppich lag, um den Wasserkocher anzuwerfen. Sie brauchte nicht in ihre Küche zu gehen. Eine niedrige Theke war an der Innenwand angebracht, und dort stand der Tee. «Schwarzen habe ich nicht. Dafür Bergtee aus Kreta.»

«Was ist das für einer?»

«Eine Art minziger Salbei.»

«Okay.»

Es war ein seltsamer Moment. Stille legte sich über den Raum, während die anderen sich umdrehten und zusahen, wie Livia Avianca bediente. Irgendwie wirkte es falsch, obwohl Livia ja die Gastgeberin war. Es war auch noch nicht sonderlich spät. Aber der Abend dauerte schon zu lang.

«Willst du noch mal los?», fragte Toto Avianca.

«Wohin?»

«Kaffee trinken. Paris Bar.»

«Da war ich noch nie!»

«Die haben jetzt nicht mehr geöffnet», sagte Livia.

«Wir können auch zu mir», sagte er. «Nach einem Kaffee könnte ich mir vielleicht vorstellen, noch tanzen zu gehen.»

«Wir wollten mit Radi zu einer Party in Friedrichshain», antwortete sie. «Das ist nicht so weit von da, wo ich wohne.»

Totos Lippen wurden schmaler. Ihre Unschuld war zu

viel für ihn. Wie alt war sie überhaupt? «Lass uns mal kurz reden», sagte er. Er hielt ihr die Hand hin und stand auf.

Mit skeptischer Miene – ein ungewohnter Gesichtsausdruck für sie, den die anderen definitiv noch nicht kannten, weil sie den ganzen Abend lang nur mitangesehen hatten, wie radikal inklusiv sie war – erhob sie sich und folgte ihm in den Flur, der das Haus der Länge nach teilte. Hier waren sie weder für die anderen noch für die Nachbarn zu sehen.

«Wir müssen mal was klären», sagte er. «Ist das hier ein Date?»

«Ja», sagte sie.

«Du kennst mich jetzt seit acht Stunden, und es ist immer noch ein Date? Das bedeutet, du magst mich.»

«Ja, ich mag dich.»

Er legte seine Hände auf ihre Hüften und sagte: «Dann komm mit mir nach Hause.»

Sie wehrte sich nicht, also zog er sie an sich heran. Er schlang seine Arme um ihre winzigen Schultern und presste sie gegen seine Brust. Er suchte ihre Augen, die aus seinem Blickfeld gepresst und nicht zu sehen waren, und ließ sie lang genug los, damit sie zu ihm aufblicken konnte. Das tat sie mit dem schmelzenden Blick eines ihn anhimmelnden Welpen, doch als er den Kopf neigte, um sie zu küssen, trat sie schnell einen Schritt zurück und sagte: «Klar. Ich komm mit dir nach Hause».

Er drückte liebevoll ihren Kopf, mit den Händen auf ihren Ohren, und spürte, wie leicht er sie hätte von den Füßen heben und sie fallen lassen können. Er sah seine Zukunft überdeutlich vor sich. Sie würde ihn ficken, so abwesend und kompetent wie eine Hure. Sie würde zu allem bereit sein. Oral, anal, alles. So abgelenkt, wie sie war, würde sie es gar nicht mitbekommen oder sich daran stören. Sie würde kichern. Würde es sexy sein oder die Hölle? Sie würde dafür sorgen, dass es Spaß machte, und er würde nicht imstande sein, sie rauszuwerfen. Sie würde nicht viel essen, nicht viel Raum einnehmen. Nach einer Woche würde sie weiterziehen. Er legte eine Hand auf ihren Arsch und drückte fest zu. Sie zuckte zusammen, entzog sich ihm aber nicht. Das ist nicht gut, dachte er.

«Wir hauen ab», erklärte er, als er, Miss Flake im Schlepptau, ins Wohnzimmer zurückkam. «Für uns keinen Tee.»

«Das tut mir leid», sagte Radi zu Avianca. «Können wir das Tanzen auf ein andermal verschieben?»

«Wie lange bist du noch in der Stadt?», fragte sie.

Die korrekte Antwort hätte «Noch zwei, drei Tage» gelautet – zu lang –, und so antwortete er gar nicht, sondern wandte sich an Toto, der bereits an der Tür war, und sagte, als hätte er sie nicht gehört: «Hat mich sehr gefreut, dich kennenzulernen.»

«Mich auch», sagte Toto. «Macht's gut.»

«Tschüss!», sagten Demian und Nicole. Livia stand auf und kam, um den beiden aufbrechenden Gästen je einen Luftkuss auf die Wange zu geben, und Toto öffnete die Tür. Das Haus war ein Kasten aus Glas, vom Wohnzimmer ging es direkt nach draußen, kalte Luft strömte an ihm vorbei ins Haus. Er sah, wie jemand hinter einen Busch sprang, hörte das Knistern von scharrenden Füßen auf gefrorenem Schlamm und das Geräusch eines Körpers, der auf Zweigen landete. Es schien jemand sehr Kleines zu sein – wenn überhaupt ein Mensch, dann vielleicht auf allen vieren. Ein Wildschwein, so weit oben am Spreelauf? Am Ufer der Havel wimmelte es von denen. Im Grunewald, in der Nähe von Demians Haus, hatte er Exemplare gesehen, die ihn an amerikanische Legenden von 500 Kilo schweren verwilderten Hausschweinen erinnerten. Er sah die Schweine immer nur kurz, wenn sie einen Waldweg kreuzten, ein wenig vergrößert in der Gestaltwahrnehmung und aus instinktivem Respekt, aber manche von denen erreichten sicherlich eine Schulterhöhe von 1,50 Meter. Und das Einzige, was schlimmer war als ein großes Schwein, war ein winzig kleines, da konnte die Mutter nicht fern sein. Er trat ins Haus zurück und sagte: «Ich weiß nicht. Mir kommt's vor, als würde da draußen jemand herumkriechen. Hast du manchmal Wildschweine hier?»

«Scheiße», sagte Livia. Sie legte verängstigt eine Hand an die Wange.

«Gibt es hier ein Gewehr?», fragte Radi. Seine Militärausbildung hatte ihm keinen Spaß gemacht, doch mit einem Schwein würde er wohl noch fertigwerden.

«Natürlich nicht!»

«Sie wohnt umgeben von Studenten, in einem Haus aus Glas», sagte Demian.

Nicole stand auf und ging, die Füße nur in ihrer Strumpfhose, zur Tür. «Nicht aufmachen», sagte Toto. «Wir können hier drin kein Wildschwein gebrauchen.»

«Ich habe keine Angst vor Schweinen», sagte sie. Sie machte die Tür weit auf und trat ins Außenlicht hinaus. «Mir geht's gut!», rief sie auf Deutsch. «Alles okay!»

«Bist du sicher?», war Klaus' Stimme zu hören.

«Absolut.»

Toto stellte sich hinter sie auf den Fußabtreter und rief: «Hau ab, du Loser! Verpiss dich!»

«Beleidige ihn nicht», sagte Demian leise, von seinem Platz auf der Couch aus. «Polizisten beleidigen kostet achthundert Euro.»

Klaus trat aus dem Schatten heraus und sagte: «Ich gehe erst, wenn ich sehe, wie der Junge geht.»

«Welcher Junge? Wovon reden Sie?», rief Nicole. «Alter Penner!»

«Film ihn», drängte Livia Toto, der sofort sein Telefon hervorholte, es hochhielt und dilettantisch darauf herumtippte. Der Bildschirm sah für ihn fast ganz schwarz aus, und er war sich nicht sicher, worauf er zielte. Die anderen sahen neugierig zu und glaubten, dass er Beweismaterial sammelte, aber das tat er nicht.

Gebückt und mit den Händen vor dem Gesicht stolperte Klaus durch das Gartentor und verschwand hinter der Ecke. Er blieb stehen, als er das Gefühl hatte, für die Leute im Haus unsichtbar zu sein. Doch für Fisti war er nicht unsichtbar. Der Hund stand neben Nicole im Türrahmen und witterte Klaus deutlich, er konnte ihn sogar sehen, als Silhouette hinter der Hecke. Er knurrte nicht. Er bellte einmal und hechelte, blickte auf Livia und dann auf Klaus. Toto sah den Hund an und dann Livia. «Hetzt du ihm den Hund auf den Hals?», fragte er.

«Ich will nicht, dass Fisti verletzt wird», sagte sie. «Komm rein, Nicole.»

«Lass ihn wenigstens mal kurz raus», sagte Demian. «Dem Typen ein bisschen Angst machen.»

«Okay», sagte sie. «Los, Baby.»

Der Hund gehorchte – er sprach weder Deutsch noch

Englisch, merkte aber, wenn Livia ihn in den Garten schickte – und lief auf Klaus zu, witterte und zerschnitt die Luft mit seinem scharfen Knurren. Das Geräusch von Turnschuhen auf Kies war zu hören, als der Stalker davonhastete. Fisti lief zum Tor und hob sein Bein.

XXIV

Für Klaus war der Abend nicht nach Plan verlaufen. Ob er überhaupt einen Plan hatte, ließ sich nicht mit Bestimmtheit sagen, doch in jedem Fall hätte dies sicher nicht dazugehört: Im eiskalten Regen im Gebüsch zu hocken und reichen Leuten beim Flirten zuzusehen. Es war ein fesselnder, unwiderstehlicher Albtraum gewesen, und er war froh, dass es vorbei war. Er würde sich mit diesem Fall nicht weiter befassen. Er würde ihn vergessen. Irgendetwas daran war einfach zu widersprüchlich, zu unausgereift und multidirektional, zu mehrdeutig und ambivalent, um es zu verstehen. Kriminelle legten kriminelle Energie an den Tag, verfolgten kriminelle Ziele. Sie wollten Geld, das nicht ihres war, oder blutjunges Fleisch oder irgendein gewaltsames Vergnügen. Die Leute hier dagegen wollten ... Was zur Hölle wollten die? Sie wollten schlafen, aber keiner von ihnen traute sich. Sie hörten nie auf zu reden, und wenn die Blicke ihrer Gesprächspartner abschweiften, gähnten sie. Um das Gähnen weniger auffällig zu machen, hielten sie den Mund dabei fast geschlossen und die Hände unten, doch er sah die Anspannung in ihren Gesichtern. Der Einzige, der wach zu sein schien, war der Araber. Er war vermutlich aus westlicher Richtung angereist, aus irgendeiner Ecke Amerikas, und der Jetlag kam ihm zu Hilfe. Gerade war Saison für Mexiko und die Karibik. Die jüngere Frau gähnte nicht oft, doch sie hatte sich mit irgendetwas aufgeputscht. Die anderen gähnten pausenlos, müde Erwachsene, gefangen in einer Welt ohne ... was entging ihnen denn? Was genau fehlte?

Fast wehmütig kam er auf die Antwort. Kokain.

Reiche Menschen, ein später Abend, ein Partyhaus, ein Couchtisch, sie hockten schon eine ganze Weile da ... und soweit er es mitbekommen hatte, war nur ein einziger halbherziger Versuch unternommen worden, heißes Wasser für Tee zu kochen! Es war verrückt. Die waren verrückt. Vielleicht gehörten sie einer Sekte an. Vor dem Gartentor drehte er sich um und sah den Briefkasten genauer an, in der Hoffnung, den Namen einer Freikirche oder eines Ordens zu entdecken.

Dann schickten sie den Hund raus. Die Drohung, dass das passieren würde, hatte ihm keine Angst gemacht, doch der unsichtbare Pudel, getarnt durch seine fluffigen Umrisse, war so unheimlich, dass sein Knurren spontane und instinktive Panik in ihm auslöste.

Was bin ich für ein Idiot, dachte er, während er davonrannte. Erst hatte er mit ihnen gesprochen – in der heutigen Welt kam das einer Vorstellung mit Namen gleich, falls sie seine Stimme aufgenommen hatten –, und dann war er vor einem Pudel weggerannt.

Er verlangsamte sein Tempo und schlich jetzt durch die Nacht, nahm sich vor, den Park zu meiden und ein Taxi zu suchen. Sein Auto stand in einer Garage, kilometerweit entfernt. Nach nicht einmal zwanzig Metern schon kam ihm der Weg zurück viel länger vor. Sein Trost war, dass dieser Pudel in einem dunklen Video kaum zu erkennen sein dürfte, man könnte es für eine Dogge halten. Es sei denn, einer von denen hatte so ein iPhone mit Nachtsichtfunktion; natürlich hatten sie so eins. Jeder von denen würde eins haben. So reich waren die. Sie hatten sein Gesicht und den Hund auf Video, und das luden sie jetzt gerade hoch auf ... gab es eigene soziale Netzwerke für Reiche? Er hatte mal so etwas gehört. Er konnte sie sich nicht bei Facebook vorstellen. Wahrscheinlich eine verschlüsselte Telegram-Gruppe, wo sie unbehelligt Sammleruhren gegen blonde Babys eintauschen konnten, oder was auch immer sie mit ihrer grenzenlosen Freizeit anstellten. Eliten, ging es ihm durch den Kopf. Für die gelten keine Gesetze. Wir müssen die in den Griff kriegen und sie vernichten. Da braucht es eine Revolution. Sonst haben wir keine Chance, weil sie die Medien kontrollieren, die Gerichte, die Politik, die Wirtschaft – ein wurzelloser, kosmopolitischer, kabbalistischer Geheimbund von Globalisten, die um drei Uhr nachts rumsitzen und Tee trinken. Moment, ist das logisch? Warum haben die Araber das ganze Ölgeld, wenn doch die Juden die Strippen ziehen? Die stecken unter einer Decke. Er kniff die Augen zusammen. Auf Märschen gegen die Islamisierung des Westens hatte er schon häufiger Deutsche mit selbst gebastelten Israelflaggen gesehen. Er wusste, dass Israelis keine Juden waren – also, sie waren vielleicht schon Juden, aber Israeli und Jude war nicht unbedingt dasselbe. Man konnte Israel hassen oder lieben, ohne die Juden zu hassen oder zu lieben. Seine Bewegung liebte Israel. Er war sich nicht sicher, wie sie den Juden gegenüberstanden. Vielleicht war Israel das Einzige, was zwischen den Juden und der Weltherrschaft stand. Das musste er mal jemanden unter vier Augen fragen.

In seiner Wut hatte er die Leppmann-Stolpersteine übersehen und stolperte derart darüber, dass er hart auf seiner linken Hand und seinem rechten Knie aufschlug. Er stand auf und wischte sich mit der nassen Hand den Dreck von der Hose. Jetzt war die Hand auch noch blutig. «Scheißjuden!», brüllte er.

Er suchte den Gehsteig nach Sachen ab, die ihm vielleicht aus der Hose gefallen waren, und schüttelte sein rechtes Bein aus. Das Knie wackelte merkwürdig. Er stellte das Bein auf und belastete es. Mit einem leisen Ploppen löste sich seine Kniescheibe von der Sehne, die sie mit dem Schienbein verband, und nahm eine surreale Position auf seinem Oberschenkel ein. Halbblind vor Schmerz packte er mit beiden Händen sein Bein und biss die Zähne zusammen, um die Verletzung durch schiere Willenskraft ungeschehen zu machen. Er drückte mit beiden Daumen auf die Kniescheibe. Sie rührte sich nicht. Er stellte sich vor, wie er mit dem Arsch auf dem nassen Gehsteig sitzend auf einen Rettungswagen warten musste, dessen Fahrer ihm mit einer Taschenlampe in die Pupillen leuchten würde. Vorher würden Teenagerbanden auf ihn eintreten, aber erst nachdem Livias Gäste auf dem Heimweg an ihm vorbeigezogen wären. Er packte sein Bein und schleppte sich auf die Tiergarten-Quelle zu. Am Bordstein fiel ihm auf, dass er Angst hatte, die Straße zu überqueren – es war zu rutschig und er zu langsam. Er setzte einen Ruf an einen uniformierten Kumpel im Abschnitt 28 ab (das nächste Revier, auf der anderen Seite des Flusses, beim Kanzleramt). Er konnte ja sagen, dass er getrunken hatte.

XXV

Als Fisti zurück war, machte Nicole hinter ihnen die Tür zu und sagte: «Jetzt hab ich viel zu viel Adrenalin, um zu schlafen.» Seiner Ansicht nach, korrigierte ihr Vater sie, würde sie im Taxi auf der Stelle einschlafen. Doch sie war noch nicht bereit, das gerade Geschehene auf sich beruhen zu lassen. «Das war doch unglaublich», sagte sie. «Der Typ ist mir den ganzen Abend gefolgt, um mich zu beschützen. Denkt der, ich bin zwölf? Hätte ich den doch gefilmt. Hat *irgendwer* ihn gefilmt?»

Alle schwiegen. Toto hatte kein Video hingekriegt, was daran zu erkennen war, dass er es nicht vorzeigte, die anderen hatten es gar nicht erst versucht. Sie waren in ihren eigenen erschöpften Gedanken versunken. Livia war nervös und machte ein gejagtes, gequältes Gesicht. Wenn sie sich schon mitten in der Stadt nicht sicher fühlen konnte, überlegte sie, würde sie sich in den Sümpfen bei Oebisfelde ganz bestimmt nicht sicher fühlen, und vielleicht gab es für sie in dieser Welt kein Zuhause mehr.

Radi sah, dass sie Angst hatte – er kannte sie nicht gut genug, um zu wissen, wie oft sie Angst hatte –, und sagte: «Nicht so schlimm. Er wollte nur Nicole beschützen. Er ist ihr persönlicher Stalker-Superheld auf dem weißen Ross.»

«Ich wurde schon mal verfolgt», sagte sie. «Jetzt weiß ein Stalker, wo ich wohne.»

«Du bildest dir was ein», hielt er dagegen. «Das war Nicoles Stalker. Nicole, sag ihr, dass das dein persönlicher Stalker war und sie sich keine Sorgen zu machen braucht.»

Demian sah ihn protestierend an, doch Nicole sagte brav: «Das stimmt. Es hatte nichts mit dir zu tun. Das war Zufall. Wenn ich nach Hause gegangen wäre, würde er sich jetzt in Schlachtensee vor unserem Haus rumdrücken.»

«Der wird so enttäuscht sein, wenn ihr in ein Taxi steigt», sagte Radi. «Er wäre dir sonst morgen in die Schule gefolgt, nur um dich zu beschützen. Dein Bodyguard. Und dabei wollte er dich die ganze Zeit nur vor mir schützen. Was für eine schöne Geschichte. Wäre was für Masud.» Demian schaltete sich ein und sagte, wenn es eine von Masuds Geschichten wäre, würde sie ein Jahr dauern und eine Flucht von Oase zu Oase beinhalten, quer durchs Leere Viertel. Radi stimmte zu; Livias Haus, sagte er, sei wie eine Festung in einer Schlucht, bewacht von einer eifersüchtigen Sphinx. Beim Wort «Sphinx» tätschelte er Fistis Kopf.

«Ich weiß nicht, ob ich heute Nacht allein hier sein kann», sagte Livia.

«Komm mit mir ins Hotel», sagte Radi. «Ich habe eine Suite. Ich nehme das Schlafsofa.»

«Aber es ist schon so spät», sagte sie. «Bis ich meine Sachen gepackt habe, ist es schon Morgen.»

Er verstand die Botschaft und erwiderte: «Ich kann gerne hierbleiben, bis es hell wird.»

Sie schenkte ihm ein strahlendes, blendendes Lächeln. Er hatte es noch nicht gesehen, dieses Lächeln. Es war entwaffnend und echt; ein Glücksgefühl erfüllte sie, dass sich nun alles fügte. «Danke, Radi!», sagte sie mit strahlenden Augen.

Die anderen spürten, dass sie gerade einem halbseidenen, aber vage inspirierenden Austausch beiwohnten, einem dieser Triumphe interkultureller Verständigung, in denen Menschen die Kultur ganz hinter sich lassen, wie im letzten Satz von *Traurige Tropen*, in dem Claude Lévi-Strauss einen Blick geduldiger Toleranz mit einer Katze austauscht. «Lass uns abhauen», sagte Toto zu Avianca. «Du kannst gerne bei mir übernachten. Es ist zwar eng, aber im Bett ist noch Platz für dich.»

Die anderen schauten kritisch, doch sie ließ sich nichts anmerken. «Mir geht's wie Nicole», sagte sie. «Ich bin nicht müde, aber sobald ich liege, ist der Schalter aus.»

«Bei mir auch», sagte Demian. «Lasst uns endlich loslegen und für heute Schluss machen. Kommt – los.»

«Okay, okay», sagte Nicole. «Ich muss erst meine Socken finden. Fisti, was hast du mit meinen Socken gemacht?»

«Er hat gar nichts mit deinen Socken gemacht», sagte Demian. «Die sind da, wo du sie hingetan hast, unter dem Sessel. Du versteckst deine dreckigen Socken immer vor allen.»

Die anderen lachten gedämpft – mit leisem Schnauben durch die Nase und geschlossenem Mund –, als Nicole auf die Knie ging und die Socken aus ihrer Höhle holte. Sie rechnete damit, dass an ihnen Krümel und Flusen kleben würden, wie zu Hause immer, doch sie waren makellos. Sie rollte sich in eine sitzende Position und zog sie über.

Als sie schließlich ihre Mäntel und Schuhe angezogen hatten, schlichen sie sich theatralisch zur Tür hinaus. Es war nicht klar, ob Klaus seinen Posten ganz geräumt hatte, doch inzwischen störte das niemanden mehr; seine Rolle war die des Stalkers, der erforderte, dass Prinz Radi Livia beschützte, und er schien dieser Aufgabe gewachsen. Sie gingen zur Straße und bogen links ab in Richtung der S-Bahn-Strecke. Demian sagte, sie würden an der befahreneren Straße ganz sicher ein Taxi finden, und schneller, als eins über die App zu rufen. Er behielt recht; ein Taxi machte auf der Bachstraße einen schnellen U-Turn und hielt neben ihnen.

Demian öffnete den Schlag und stieg als Erster ein. Er rutschte durch, damit Nicole auf dem mittleren Sitz der Rückbank sitzen konnte. Toto analysierte die Situation. Ihm wäre lieber gewesen, Demian wäre vorne eingestiegen, damit er neben Avianca sitzen konnte. Andererseits bestand Nicole vielleicht darauf, zwischen ihnen zu sitzen. Und Avianca würde alles akzeptieren, absolut alles. Er sagte zu ihr: «Was hältst du davon, wenn wir zu Fuß gehen?»

Sie stimmte fröhlich zu, und beide beugten sich ins Taxi, um Demian und Nicole rasch zu umarmen. Dann gingen sie weiter Richtung S-Bahn-Brücke unter der sie kurz darauf hindurchlaufen würden, um zu gegebener Zeit auf dem pittoresken Parkweg durch das Freilichtmuseum der Gaslaternen mit den zerschlagenen Gläsern zu laufen, zur Brücke über den Kanal, in dem Rosa Luxemburg langsam verrottet war, an den Büschen vorbei, die den Zoo säumten, und vorbei an einem unheimlichen Mahnmal für die ermordete Kunsthistorikerin. Das krude Mosaik, das zur Erinnerung an die Frau angelegt worden war, mochte als Darstellung einer Flamme gedacht sein, doch es sah eher aus wie eine Vagina.

XXVI

In der beinahe vollkommenen Stille eines Mittwochmorgens um drei wirkte Aviancas Lachen wie ein harmonischer, festlicher Lärm, wie das Klirren eines Kristallkronleuchters. Sie kündigte die Nachtigallen an, die ein paar Monate später zu dieser Stunde zu hören sein würden, mit ihrem Wechsel aus Flehen, Vorwürfen und süßem Gesang. Sie war bester Laune. Totos Vorschlag hatte sie beruhigt. Die Bestätigung, dass sie attraktiv genug war, um begehrt zu werden, empfand sie als großes Kompliment. Sie war jung und ging in der Regel mit Männern aus, die jung genug waren, um noch die undurchschaubaren Standards der Unerfahrenen anzuwenden. Die Welt fand online statt, und sie war nicht besonders fotogen. Sie postete auch keine Fotos, die eine besondere Erotik oder sexuelle Verfügbarkeit andeuteten. Sie war das sprichwörtliche Mädchen von nebenan. Toto war versiert genug, um zu wissen, dass ihre dralle Molligkeit ein Fest versprach. Er wusste auch, dass bei Nacht alle Katzen grau sind, und er kannte ein paar exquisite Techniken, um Frauen zur Ruhe zu bringen. Gleichzeitig ging es bei dem heftigen Wunsch, seine Fähigkeiten vorzuführen, mehr ums Prinzip, um den Beweis seiner Männlichkeit, und er wäre genauso gut allein ins Bett gegangen. Sein Kompromiss bestand darin, sich vorzustellen, dass er beides tun würde. Er würde allein zu Bett gehen, sie würde sich in einem Schlafsack auf der Couch einrollen, und am Morgen würde er die Bezahlung akzeptieren, die sie ihm unweigerlich anbieten würde. Er seufzte und verlangsamte sein Tempo, während sich eine Wolke aus tiefstem Zynismus die Frauen betreffend wie eine weitere Schicht Finsternis über ihm zusammenbraute. Er sehnte sich nach Livia und beneidete Radi voller Verbitterung.

«Meine Mutter ist psychotisch», sagte Avianca gerade. «Nicht auf die witzige Weise, wenn man sagt, deine Mama ist verrückt. Sie leidet unter paranoider Schizophrenie. Sie hat mich früher heiß gebadet, also richtig heiß. Das Jugendamt hat mich andauernd mitgenommen.»

«Wie schrecklich!», sagte er, und er meinte es auch so, weil ein schicksalhaftes Mitgefühl durch seine abgestumpfte Seele drang.

«Aber ich erinnere mich nicht», beruhigte sie ihn. «Ich war noch richtig klein. Irgendwann haben sie mich in eine Pflegefamilie gesteckt, aber das war weird. Mein Bruder in dieser Familie wurde immer komischer, weil sich in seinem Gehirn nach und nach Kupfer aus der Umgebung angelagert hat. Morbus Wilson heißt das. Er war auch adoptiert, und es stellte sich raus, dass sein leiblicher Vater im Knast saß, er hatte die Mutter vergewaltigt, als sie dreizehn war. Seine komplette Familie war im Gefängnis. Sein Vater saß wegen Mord. Als mein Bruder ihn besuchte, hat er ihm erzählt, dass er viele Mädchen vergewaltigt hat, nicht nur seine Mutter. Und von da an hat mein Bruder andauernd versucht, mich zu vergewaltigen – als hätte sein Papa ihn auf die Idee gebracht –, also bin ich nach Kanada abgehauen. Per Anhalter.»

«Von wo? Wie alt warst du da?»

«Western Maryland. Ich war elf.»

«Mein Gott.»

«Meine Pflegefamilie hat mich zurückgegeben, weil ich so viel Ärger gemacht habe, und dann hat das Jugendamt noch mal geprüft, welche Verwandten ich noch hatte. Und mein Vater war jetzt in der Lage, dass er mich zu sich nehmen konnte, mental und finanziell. Er hatte gerade eine Ausbildung zum Pfleger abgeschlossen und arbeitete in der Spätschicht, und nebenan wohnte mein Babysitter, Raelius, der mir dann ein bisschen Geld hinterlassen hat. Ich bin gut aufgestellt. Ich brauche nichts, von niemandem.»

«Aber du achtest auf jeden Cent.»

«Na ja, mein Geld muss noch fünfzig Jahre reichen.»

«Keine Chance. Schon mal von Inflation gehört?»

«Nein!», rief sie. «Das gibt's in meiner Welt nicht!»

«Verrätst du mir, wie viel es ist?»

«Ich hab ein bisschen mehr als fünfzehntausend Dollar. Ich weiß. Mach dich nicht lustig über mich.»

«Hast du manchmal Angst, dass du Schizophrenie kriegen könntest wie deine Mutter?»

Sie wurde ernst. «Andauernd. Immer wenn ich richtig Spaß habe, spüre ich, wie ich abrutsche.»

«Ist vermutlich besser als depressiv zu sein.»

Sie nahm seinen Arm und lehnte sich an ihn, so wie die junge Frau auf dem Cover von *The Freewheelin' Bob Dylan* sich an Bob Dylan anlehnt, und er spürte, wie ihn Glück überrollte. Es war eine geradezu archetypische Befriedigung, am Ende einer so beunruhigenden Nacht mit einer jungen Unbekannten zusammen zu sein. War dies einer dieser uralten, tief in uns verankerten Archetypen? Er versuchte, sich an Jungsgestalten zu erinnern, und ihm fiel bloß die Gestalt des Wunderkindes ein. Er sah sie aus dem Augenwinkel an und stellte erleichtert fest, dass die Erschöpfung sie älter aussehen ließ als vierundzwanzig. Lebten die Menschen in mythischen Zeiten überhaupt in Paaren zusammen oder nur in Horden? Vielleicht war es ein Stereotyp und kein Archetyp, und er hatte es übernommen, als er mit dreizehn das Cover des Dylan-Albums angestarrt hatte.

Zu Beginn des Abends war er sich sicher gewesen, dass sie, im übertragenen Sinne, mit Fisti ein Paar bilden würde – dass sie dem Umgang mit Menschen nicht gewachsen war. Jetzt waren ihm die Gründe für ihr Handeln klarer geworden. Hunde strahlten bedingungslose Akzeptanz aus. Indem er seinen Wunsch zum Ausdruck gebracht hatte, mit ihr zu schlafen, war er – emotional – zu ihrem Hund geworden. Für einen kurzen Moment überlegte er ernstlich, laut «I wanna be your dog» zu sagen, wie in dem Lied der Stooges. Er überlegte es sich anders. Das war ein Witz, der bei einer bestimmten Sorte Post-Punk-Hipster funktionieren mochte, eher männlich, eher Mitte sechzig. Es war viel besser, nichts zu sagen und die heimliche Illusion aufrechtzuerhalten, dass er Bob Dylan war und die Bachstraße das West Village im Jahre 1963.

Es fuhren Busse, die ihnen geholfen hätten – Nachtbusse mit einem *N* im Namen –, U- oder S-Bahn würden erst später wieder ihren Betrieb aufnehmen. Der Motorenchor der morgendlichen Rushhour war noch Stunden entfernt. Kein urbanes Hintergrundrauschen, nur vereinzelt waren Geräusche zu hören. Den wenigen Autos auf den Straßen war nicht zu trauen, sie jagten ihre PS-starken Motoren hoch, und wenn sie lautstark herunterschalteten und um die Positionen kämpften, wurde das Jaulen von den Fassaden der Gebäude zurückgeworfen. Avianca und Toto hörten sie immer wieder, aus der Ferne, irgendwo weit vor ihnen und hinter einer Ecke, gedämpft durch das Gebüsch, die Bürogebäude, Hotels und die Bäume am Zoo.

Sie waren auf einer der weniger einladenden Flaniermeilen Westberlins unterwegs, die Szenerie war hier beinahe industriell, rechts von ihm die Straße und links von ihr die breiten Backsteinbögen unter der S-Bahn. Ein Schleier aus feinem Schneeregen kühlte ihre Lippen wie das Eis in einem Drink, doch ihre Wangen blieben heiß. Beide hatten feuchtes Haar. Sie fasste sich auf den Kopf, um zu sehen, wie nass es war, und dann griff sie seinen linken Arm mit der Linken, sodass sie ihre rechte Hand, für einen Moment, um seine Hüfte legen konnte. Ihre Geste zwang sie zum Anhalten, und er drehte sich zu ihr.

«Avianca», sagte er. Wenige Augenblicke zuvor hatte er eine so ungewollte wie unbegreifliche, aber überzeugende Glückseligkeit verspürt, jetzt war er fest davon überzeugt, dass sie ihm etwas bedeutete. Es war ein väterliches Gefühl – als wäre er verpflichtet, sie zu beschützen –, das dabei half, einige andere seiner Emotionen zu vergolden, etwa die immer noch sprungbereite Lust, die aufgrund der parafamiliären Perspektive zu zärtlich und zu nachhaltig zu werden drohte. Ihm fiel auf, dass er auf seine alten Tage sentimental wurde, und auch, dass die Erfahrung ihn gelehrt hatte, wie wichtig es war, sich angenehmen Gefühlen hinzugeben, bevor sie wieder verschwunden waren.

«Liebst du mich?», fragte sie.

«Absolut», sagte er und drehte sie beide so, dass sie

weiterlaufen konnten. Er bemerkte, wie sie schrumpfte, sich in sich zurückzog. Sie brauchte mehr Bestätigung. Er hielt erneut an und zog sie an sich. Neigte den Kopf, um sie auf den Mund zu küssen, schloss sie in seine Arme und hielt sie fest. Sie reagierte kaum auf seinen Kuss – als wäre sie keine überqualifizierte Halb-Professionelle, sondern eine schüchterne Anfängerin –, doch er spürte, wie sie sich entspannte, wie sie wärmer und geschmeidiger wurde. Wenn es ihm gelang, sie nicht zu verschrecken, stand ihm in etwa einer halben Stunde denkwürdiger Sex bevor, vorausgesetzt, dass sie beide wach blieben, bis sie seine Wohnung erreicht hatten. Er beschloss, am Bahnhof Zoo ein Taxi zu nehmen.

Der Spaziergang durch den Park war eine einzige zögerliche Fummelei. Am Taxistand warteten Taxis, er brauchte bloß zu winken. Er öffnete ihr die Tür, und sie rutschte instinktiv zur anderen Seite durch, wo er gesessen hätte, nachdem er um das Auto herumgelaufen wäre. Egal. Er stieg ein und schloss die Tür.

Der Fahrer war einer dieser betont anonymen Typen, ausdruckslos und lakonisch, und Avianca befand sich ungewöhnlicherweise in einem ähnlichen Zustand. Sie starrte nach vorn und legte ihre winzige Hand in Totos. Er überlegte besorgt, ob er sie vielleicht ausnutzte. Er fragte sich ohne Ergebnis, was gerade in ihrem winzigen Erbsenhirn ablaufen mochte. Als er «Hmm?» machte, sah sie ihn mit einem Blick demütiger Bewunderung an und rieb seine Hand. Allmählich sorgte er sich, dass ihm möglicherweise unterdurchschnittlicher Sex mit einer steifen, unbegabten Novizin bevorstand. «Komm her», sagte er. Sie rutschte auf ihn zu, bis sich ihre Hüften berührten, und legte ihre Arme um ihn. Mit einem Mal waren sämtliche kritischen Gedanken und alle Skepsis aus seinem Kopf verschwunden. Sie sah mit ernstem, traurigem Blick zu ihm auf. Er spürte, wie sämtliche Energie aus seinen Gliedern wich. Er wollte sich die Nase putzen, als hätte er geweint. Sie legte die Hand auf seine Wange, und er lächelte durch die Tränen hindurch.

Erschrocken wurde ihm klar, dass sie ihn verrückt gemacht hatte. Er hatte schon oft von dem männlichen Drang gehört, den Schwanz ins Verrückte zu stecken, und hatte sich für immun gehalten – vielleicht nicht gegenüber dem Schwanz-Part, aber doch gegenüber dem Risiko emotionaler Verstrickung. Er hatte nicht groß darüber nachgedacht, wie so etwas anfing (der Schwanz selbst ist verrückt).

«Ich habe meine Mütze verloren», sagte sie.

«Wo?»

«Weiß ich nicht.»

«War es eine gute Mütze?»

Sie schüttelte den Kopf.

«Dann scheiß auf die Mütze», sagte er. «Ich halte dich warm.» Er hob eine Seite seines Revers an und schob ihren Kopf sanft in seinen Mantel hinein. Dann legte er seinen Schal wie eine Schlinge um ihren Hinterkopf und hielt sie im Arm. Sie wehrte sich nicht. Eine Wolke aus dampfendem Haar streichelte seine Hände von überall. Er spürte ihren heißen Atem durch sein Hemd hindurch. Die Glückseligkeit kehrte zurück, und die Liebe. Er fragte sich, wie er die nächsten fünf Minuten überleben sollte, ohne irgendwie zu ejakulieren.

Sie rieb ihren Kopf an seiner Brust, wie eine Katze, und

sagte: «Wenn wir heiraten, komm ich dann wohl an ein Visum? Du bist ja kein Deutscher.»

«Das ginge bestimmt.» Er nahm die Idee als Hypothese an, mit der ganzen Zärtlichkeit des Wahnsinns.

«Wir sind da», sagte der Fahrer. Sie waren noch nicht da, seine Wohnung war noch zwei Straßen weiter, aber offenbar wollte er sie möglichst schnell loswerden. Toto bezahlte für die Strecke, die er gefahren war, und führte Avianca die Straße hinunter, an den Bergen von Müll vor den benachbarten Läden vorbei, zu dem kurzen Stück schmiedeeisernen Zauns um die Linde vor seinem Haus, die der reinste Hundescheißmagnet war, und durch die Eingangstür.

XXVII

Radi entschuldigte sich und betrat Livias Bad. Er schrieb einem seiner Freunde, dass er es nicht mehr schaffen würde; da sei etwas dazwischengekommen. Während er Wasser ließ und auf eine Reaktion wartete, die, wie er annahm, sofort kommen würde, ließ er den Blick über die Kosmetika und Medikamente schweifen, die in dem kleinen Raum versammelt waren. Er wusch sich die Hände und öffnete den Spiegelschrank. Nichts Interessantes. Nichts, was seine Freunde hätten haben wollen.

Es kam keine Antwort. Er textete einen anderen Freund aus derselben Gruppe an. Er war davon ausgegangen, dass sie auf ihn warten würden. Er sah auf die Uhr: 03:09. Es gab nur eine Möglichkeit herauszufinden, ob ihre Telefone ausgeschaltet waren oder ob sie sie bloß nicht hörten, weil die Gespräche oder die Musik zu laut waren. Er rief drei Nummern an. Die Telefone waren ausgeschaltet. Sie schliefen. Oder sie waren wirklich auf diese Party gegangen, auf der man sein Telefon nicht dabeihaben konnte, ohne ihm zu sagen, wo sie stattfand.

Okay, die freuen sich also richtig, dass ich in Berlin bin, dachte er. So sehr, dass sie sagen, rufen Sie uns nicht an, wir rufen Sie aber auch nicht an. Er beehrte den Spiegel mit einem langen Blick, dann wusch er sich das Gesicht und putzte seine Brille.

Als er zurückkam, hatte Livia ihre Straßenkleider gegen einen beigefarbenen Velours-Trainingsanzug mit Kapuze eingetauscht, der farblich zu seinem Pullover passte. Sie saß auf dem gestreiften Sofa. Ihre hübschen Füße ruhten nackt auf dem Fußboden.

Er setzte sich ihr gegenüber auf den niedrigen, quadratischen Sessel. «Hast du keine kalten Füße?», fragte er. Er sah sich nach einer dieser Decken um, die Frauen immer herumliegen hatten, um sie ihr anzubieten.

«Ach, nein», sagte sie. «Deshalb liegt Fisti so gern auf dem Boden. Da kommt die Wärme her.» Sie legte die Hand auf die Platten. «Fühl mal.» Er beugte sich vor und streckte die Hand aus. Der Fußboden war das Wärmste im ganzen Haus. «Mein Vater hat sich das Haus zum Atelier umgebaut», erklärte sie. «Das ist ein Architekturdenkmal, deshalb durfte er keine Heizkörper einbauen. Aber es hat nur eine Etage, keinen Keller, deshalb konnte er den Boden rausreißen und neu einsetzen.»

Er rutschte ein Stück nach vorne, ließ sich auf den Teppich herab und lehnte sich an den Sessel. Die freundliche Wärme des Bodens strömte in seinen Unterleib, und er merkte, wie sehr ihm die Wärme gefehlt hatte, seit er nach Berlin gekommen war. Er zog seine feuchten Socken aus und warf sie in Richtung des Raumteilers mit Garderobenhaken, der den Eingangsbereich abgrenzte. «Herrlich», sagte er. «Sieht so kalt aus, der graue Stein.» Seine Stimmung wurde besser, als wären die nassen Füße eine mentale Belastung gewesen.

«Er hat die Lüge mit eingebaut», sagte sie.

Der Teppich war dick und weich, aus langen Fäden grauer Wolle. Er stand auf, um die Vorhänge zu schließen. Bevor er sich wieder hinsetzte, nahm er ein Kissen vom Sofa, um sich dagegenzulehnen. Dann blickte er zu ihr auf und sagte: «Du wohnst wie jemand aus Asien.» Sie lächelte, und so schob er hinterher: «Das Haus erinnert mich an ein Zelt. Ich versteh jetzt, was die Inspiration für diese Häuser im International Style war. Diese Ungewissheit, ob man drinnen oder draußen ist. Du hast sogar eine zentrale Feuerstelle. Zwischen dir und der Außenwelt steht nur eine Fiktion. Es könnte Stoff sein oder Reispapier. Wenn du Bodyguards hättest, bräuchtest du die Wände und die Tür nicht.»

Sie wollte einwenden, dass es in einem Zelt zugig wäre, doch sie wusste, dass das nicht stimmte. Sie hatte in Beduinenlagern in der Wüste übernachtet und wusste, dass eine Schicht Stoff den Wind genauso gut abhält wie eine Fensterscheibe. Sie sagte: «Mein Großonkel, der das Haus gebaut hat, war ein Nazi. Die hatten nichts zu verbergen. Bei denen herrschte immer Transparenz. Sie wollten, dass man alles sieht, was sie machen, und Angst hat, darüber zu sprechen. Deshalb ist dieses Haus das Gegenteil von nomadischen Behausungen. Es ist transparent, aber man kommt nicht hinein. Die Tür ist aus Stahl. Das Glas bricht und schneidet dich in Stücke.»

«Zur Schau gestellte Privatheit als Theater der Grausamkeit. Vielleicht bist du doch nicht so asiatisch. Das ist alles unheimlich subtil.»

«Du hast mein Schlafzimmer noch nicht gesehen.» Sie lächelte ironisch.

«Was ist damit?»

«Ich erbe gerne Orientteppiche.»

«Bei Teppichen kann ich mithalten.»

«Sei dir nicht so sicher.»

«Beweis es.»

Sie erhob sich, ging die paar Meter zu ihrer Schlafzimmertür und öffnete sie für ihn. Seine nackten Füße versanken beim Gehen. Teppiche über Teppiche lagen da, mehrere Schichten dick, warme Töne in einer Palette von rötlichem Lila bis Elfenbein. Ansonsten stand oder lag nichts herum, bis auf Kissen. Alle anderen Gegenstände waren in deckenhohe Schränke entlang der Innenwand verbannt. Das Bett in der Mitte des Raumes war ein dünner japanischer Futon, auf dem kreuz und quer eine mit weißem Leinen bezogene Daunendecke und ein Kissen lagen. Die weißen Vorhänge waren offen, und verschiedene Lichtquellen von draußen färbten Radis Schatten in Pastelltöne. Er kniete sich hin, um über einen Gabbeh zu streichen, der mit orangenen Sonnenstrahlen und cremefarbenen Antilopen verziert war, und sagte: «Edel.»

Sie lehnte in der Tür und sah zu, wie er sich im Halbdunkel setzte und nach hinten lehnte, bis er schließlich auf dem Rücken lag. Es war eine plötzliche Kapitulation, als hätte einer der Erschöpfungsstrahlen aus dem Weltall, die Nicole den ganzen Abend gequält hatten, endlich auch ihn erwischt. Er sah sie an, sah auf die Hecke vor dem Haus und schloss die Augen.

«Bist du müde?», fragte sie.

«So langsam», sagte er, öffnete die Augen und setzte sich auf, aber nur, um seine Position zu verändern und sich gleich wieder hinzulegen. «Es ist kalt hier.»

«Die Teppiche blockieren die Wärme vom Boden», sagte sie. «Ich schlafe lieber im Kalten.»

«Du schläfst allein. Im Schlafanzug.»

«Ja, stimmt!»

Er neigte den Kopf, um ihre Reaktion sehen zu können,

und fragte: «Und schläfst du auch manchmal *nicht* allein, *ohne* Schlafanzug?»

«Kommt drauf an.»

Sie hatte sich noch nicht entschieden, was ihn betraf, traute ihren eigenen Motiven nicht. Ihre Familie, seine Familie, die Privilegien, die aus vergangenem Bösen erwachsen waren, oder aus Bösem, das noch immer vor sich ging – war das etwas, das nur sie beide miteinander verband, oder etwas Universelles? Gab es ein Leben ohne Geld, oder Geld, das nicht vom Tod und dem Gestank von Eisen und Schwefel beschmutzt war? War kultivierter Boden nicht immer mit Energie und Blut getränkt? Es störte sie, dass ihre Gedanken sie von der Schönheit des Raumes und des vor ihr liegenden Prinzen ablenkten. Die schrecklichen Ursprünge der Welt, ihre Schönheit, all ihre folgenschwere und fragile Menschlichkeit war in einem ruhenden Punkt in dieser sich drehenden Stadt verdichtet worden, schlank und braun und (für ihre Maßstäbe) klein. Seine Augen waren unter der Brille geschlossen, und sein Körper wirkte schlaff, als sei er ohnmächtig. Sie musste nicht auf Zehenspitzen schleichen, um ihn von Nahem anzusehen. Der Teppich schluckte jedes Geräusch. Sie überlegte, ihm die Brille abzunehmen. Als sie die Vorhänge zuzog, wachte er auf, blinzelte und sagte: «Entschuldigung.»

«Du hast so zufrieden ausgesehen, wie du dalagst, aber ich konnte die Vorhänge nicht auflassen», sagte sie. «Tut mir leid.»

«Ich sollte mit Fisti vor der Eingangstür liegen», sagte er.

Sie ging zu ihm und ließ sich im Schneidersitz neben seinem Kopf nieder. «Du kannst hier bleiben. Mich vor mir selbst beschützen.» Sie lehnte sich zurück, schräg zu ihm, streckte ihre Beine in die Luft und gähnte. Dann stand sie wieder auf, um ihre Decke vom Futon zu holen.

«Irgendwas beunruhigt dich», sagte er. «Bin ich das?»

«Meine Familie, denke ich. Sie hängt über allem, was ich tue, wie ein Schleier.»

«Aber du kannst dir aussuchen, ob du dich mit ihnen identifizierst oder nicht, wie jeder Deutsche. Eure Schurken sind tot. Meine sind immer noch an der Macht, und ich kann nichts anderes tun, als mich schweizerischer als Heidi zu fühlen. Aber die Leute erinnern mich andauernd daran, dass ich kein Schweizer bin. Sieh dir meine Haut an.» Er zog einen seiner Ärmel hoch und zeigte ihr seinen tiefbraunen Unterarm.

«Hast du nicht gesehen, wie ich dich anstarre?» Sie näherte sich ihm, die Decke unters Kinn geklemmt, bis ihre Körper sich beinahe berührten, und legte einen Arm auf seine Brust. «Weil du so gut aussiehst, Radi.»

«Nicht mal meine Familie lässt mich Schweizer sein.» Sofort bereute er es, so weinerlich zu sein. Wenn er schon nicht verführerisch wie sie war – das erschien ihm gerade nicht angebracht –, sollte er ihr zumindest nicht die Ohren vollheulen. Zitternd drehte er sich weg und unterdrückte mit aller Kraft ein Gähnen.

«Die sind taub und blind», sagte sie. «Aber ich bin so müde. Lass uns schlafen gehen.» Sie drehte sich um und krabbelte über den Stapel Teppiche hinweg zum Futon, wo sie hinter einem Haufen Kissen eine zweite Decke hervorzog. «Für dich.»

Er stand auf, zog sich bis auf das Unterhemd und die Shorts aus, setzte seine Brille auf dem Kleiderstapel ab und legte sich auf den Futon, klebrig und verschwitzt und zu müde, um zu baden. Und zu rücksichtsvoll: Der Lärm hätte sie wach gehalten. Sie lag bereits eingeschlafen unter ihrer Decke, murmelte aber noch etwas, als seien sie noch mitten in einer Unterhaltung. Er hörte sie auf Deutsch «Ich liebe dich» flüstern. Wen meinte sie? Wen liebte sie? Sicher nicht ihn.

Auf die Gefahr hin, sie zu wecken, fragte er. Sie sagte: «Meine Mutter.» Er streichelte ihr Haar, streckte sich aus und schloss die Augen. Er dachte liebevoll an Muneera und beschloss, Livia am Morgen nach ihrer Mutter zu fragen. Nun endlich friedlich, schlief er mit einem Zucken ein.

Sofort waren sie beide hellwach. Es war nicht sein Zucken, das sie geweckt hatte, sondern die Folge eines langen trockenen Abends nach dem Alkohol. Der Raum war erfüllt von Verstimmung und einem sauren Geruch. Radi sehnte sich nach einer Dusche. Livias Mund war ausgedörrt vor Durst. Sie stand auf, um sich ein Glas Wasser zu holen, und sah seine offenen Augen. «Wasser?», fragte sie.

Er stützte sich auf einen Ellbogen und antwortete: «Sag mir, warum du einsam bist.»

«Aus demselben Grund wie alle. Weil das soziale Leben Arbeit macht, und ich bin faul.»

«Das kann nicht sein. Du hast dir diese endlose Zeremonie angetan für deine Freunde. Und jetzt bin ich hier bei dir und will einsam sein, weil du einsam bist. Aber vielleicht bist du nur einsam, weil du mit mir hier bist.»

Ohne zu antworten ging sie in die Küche und füllte eine Karaffe mit Wasser. Sie stellte sie mit zwei niedrigen Gläsern mit schweren Böden, die auf dem unebenen Untergrund des Teppichs nicht so leicht umkippen würden, auf ein dickes Lacktablett. Als sie über den warmen Fußboden zurückging, dachte sie über seine Worte nach. Im Schlafzimmer sagte sie: «Die Männer finden, ich bin einzigartig. Wegen irgendwas. Mein Ex sagte, ich sei die einzige Frau, die er kennt, die reiten, schießen und einen Porsche fahren kann wie ein Mann. Aber ich habe immer Angst. Nicht vor Pferden oder Waffen oder Autos. Warum auch? Man zielt mit der Waffe von sich weg. Das Pferd findet den Weg allein. Die Straßen sind so eben, da fährt man schnell und merkt es nicht mal.» Sie stellte das Tablett ab, setzte sich daneben und goss ihnen beiden ein.

Radi trank gierig und fragte: «Warum bist du nicht mit Demian zusammen?»

«Er ist verheiratet.»

«Und Toto?»

«Er mag Frauen wie Avianca.»

«Er ist dumm.»

«Er ist nicht dumm. Er ist heterosexuell.»

«Aber so was wie Avianca gibt es gar nicht», protestierte er. «Sie ist ihre eigene Projektion. Sie existiert nur, weil alle an sie glauben wie an eine Göttin.»

Kurz huschte die Enttäuschung über ihr Gesicht, weil eine andere Frau Göttin genannt worden war, und sie antwortete: «Und was bin ich?»

«Die alte Welt. Die echte Welt. Ein Wald, von der Axt gezeichnet.» Er überlegte und sagte voller Überzeugung: «Eine Titanin, aus der Zeit vor den Göttern. Mnemosyne!» Ein Windstoß schlug einen Kiefernast zweimal gegen das Dach. Der Regen wurde stärker. Er wollte nach draußen laufen und sich reinwaschen lassen. Das Gefühl der Überforderung war wieder da. Er wollte verloren sein und auf der Flucht und in Livias Armen schlafen. Er rieb sich die Augen.

Mit dem Fuß stieß sie seinen Arm an und sagte: «Und was noch?» Sie schob sich eine Strähne aus dem Gesicht.

«Ein Karakal», sagte er. «Das ist eine Art Wüstenkatze mit langen Beinen.»

«Und was noch?»

«Hexerei.»

«Schlaf mit mir, Radi.»

Er dachte: Ja. Selbstverständlich. Er wollte sie, ohne jeden Zweifel. Doch eine Aufforderung war nicht dasselbe wie Einverständnis; sie konnte nicht zustimmen, solange er sie nicht fragte. Was war noch gleich die Frage? Er schüttelte sich, versuchte sich zu orientieren, so etwas wie einen Lichtstrahl zu entdecken, dem er zum Kern dieser Frau folgen könnte. «Lass uns rausgehen», sagte er und überraschte damit sogar sich selbst. «Wir sollten uns vom Regen waschen lassen.» Es war nicht sein vernünftigster Moment oder vielleicht doch. Er spürte, dass sie sich nach einer alles verzehrenden Erfahrung sehnte, die ihr einen klaren Kopf verschaffen könnte, und weil es hier keinen Berg zum Besteigen gab, suchte sie an dem Ort danach, auf den sie den besten Zugriff hatte – ihrem eigenen Körper. Er würde ihre Kletterhaken, ihr Fels und ihr Seil sein. Der Regen würde für einen Schwierigkeitsgrad sorgen, der ihrer beider würdig war. Sie stimmte zu und ließ bereits ihre Kleider zu Boden fallen. Ohne zu zögern oder auch nur einen Blick dafür übrig zu haben, wie er sich auszog, drehte sie sich um, und er verließ hinter ihr den Raum.

An der Tür schien sie der Mut zu verlassen. Das Wetter war inzwischen ausgesprochen ungemütlich. Er nahm ihre Hand und stieß die Tür weit auf. Dabei blickte er zu Fisti, ob der hinauswollte. Der Hund sah ihn von seinem warmen Platz auf dem Fußboden vorwurfsvoll an und rührte sich nicht. Radi folgte Livia auf den kratzigen Fußabtreter, auf die rutschigen, matschigen Bodenplatten und dann in die knöcheltiefe, eiskalte Mischung aus struppigem Gras und Lehm. Die Luft war boshaft und ungleichmäßig, kälter am Hodensack und den Arminnenseiten, und besprühte sie mit Regenstößen. Er hielt sie fest, kämpfte darum, sich in der aus der offenen Tür strömenden Luft zu wärmen, und küsste ihren warmen Mund. Er löste ihren Haarknoten und wickelte sich das Haar um die Hände, mit denen er ihren weichen Rücken hielt. Niemand nahm sie wahr, bis auf eine schlaflose Nachbarin, weit weg im fünften Stock, die sich nicht sicher war, was sie durch die verschwommenen Reflexionen eines Deckenlichts in der Doppelverglasung ihrer Balkontür sah. Sie standen gute zwanzig Sekunden lang im Regen, zwischen sich eine Schicht aus Wärme, so dünn wie Blattgold. Dann schlichen sie, eine Spur aus Dreck auf dem Boden hinterlassend, ins Bad zurück.

Er stellte die Dusche zunächst auf kalt, um den Schock zu verringern und auch, um seine beweiskräftige Erektion zu lindern, die Livia anerkennend begutachtete, aber nicht anfasste. Wie Masud schon gesagt hatte, war er nicht grundsätzlich schwul. Gleichzeitig machte es ihn überhaupt nicht an, was sie über ihre angeblichen Reit- und Fahrkünste und ihr Talent als Schützin gesagt hatte. Nachdem er gesehen hatte, wie unerschrocken sie den eisigen Regen ertragen hatte, glaubte er sofort, dass sie reiten, schießen und Auto fahren konnte wie James Bond. Warum auch nicht? Warum sollte irgendwer das nicht können? Sie hatte recht. Es war nicht so schwer. Das Männlichste, was er regelmäßig tat, war, Leute herumzukommandieren. Warum fanden die Leute es männlich, wenn man seinen Piloten antextete, damit er das Auto schickte? Zu wahrem Mut gehörte es vielleicht, sich auf ganz andere Herausforderungen einzulassen. Ein Tag in Livias Körper erforderte vielleicht mehr Tapferkeit als sein gesamtes bisheriges Leben, obwohl ihr Dasein zu den sorglosesten gehörte, die er je gesehen hatte – auf einer Stufe mit seinem.

Er war auch nicht heterosexuell – nicht auf die Art, wie Toto heterosexuell war, auf der Suche nach Liebe: Diese paradoxe weibliche Eigenschaft, die alles erträgt, alles hofft, alles glaubt und alles duldet. Eine Emotion, die man als Boxsack verwenden konnte, über die man hinweggehen konnte, und trotzdem war sie da, erledigte die Hausarbeit, eine Macht von epischer Trivialität, wie die fast unauflösbare Verbindung («starke Wechselwirkung»), die die Kerne selbst der unerheblichsten Atome vor dem Verfall bewahrt. Livia hatte es geschafft, dass er sich zehn Jahre jünger fühlte, obwohl er ohnehin schon jung war: wie ein Jugendlicher, wie Nicole, wie ein Kind. Er hatte keine Ahnung, was als Nächstes kommen würde. Er wünschte sich, offen, empfänglich und kreativ zu sein. Aber wie, in welche Richtung? «Livia», sagte er und drehte das Wasser ab. «Wenn du irgendwo hinfliegen könntest, jetzt sofort, wohin würdest du wollen?»

«Das kann ich nicht. Das ist eine der Sachen, die ich

nicht kann.» Weil er zu lachen anfing, wurde sie konkreter. «Ich meine, ich kann kein Flugzeug fliegen.»

«Ich habe ein Flugzeug und einen Piloten.»

«Wenn das so ist, Samedan.» Dort lag der kleine Landeplatz für Privatflugzeuge bei Sankt Moritz, dem Skigebiet, das von Montreux aus gesehen am entgegengesetzten Ende der Schweiz lag. Es war, als wolle sie mit ihm nach Hause gehen, aber nicht so ganz. Vielleicht wollte sie damit sagen, dass ihr die italienische Kultur lieber war als die französische (vom Engadin war es, für einen geübten Fahrer, eine entspannte Fahrt runter zum Comer See und nach Mailand), oder neutraler Boden. Sankt Moritz war der Ort, an den die Zürcher Banker fuhren, während die Bürokraten aus Bern in Gstaad überwinterten. Natürlich fühlte sie sich zu den Geldmenschen hingezogen, nicht zu den Aktenwälzern. Er kannte ein niedliches Hotel in Sils Maria – schon älter, aber mit einem brandneuen Wellness-Bereich. Sie musste es ebenfalls kennen. Es war bei Künstlern sehr gefragt. Gelangweilte Jugendliche streiften ringsum durch die Wälder und suchten nach dem Geist von Friedrich Nietzsche. Das obere Engadin, eine steile und rutschige Gegend, heimtückisch und sonnig, die schillernde Schaumkrone der Kläranlage Europa. «Fährst du Ski?», fragte er.

«In diesem Winter hat's nur geregnet. Ich will mit Fisti im Schnee spielen.» Beim Wort «Schnee» lief dem Hund, der halb wach im Nebenraum lag, sichtlich ein Schauer über den Rücken. Sein Fell zuckte wie das eines Pferdes, das eine Fliege spürt. «Wie gut ist dein Pilot?», fragte sie. «Kann er in Samedan landen?»

«Ich erzähl dir mal was über meinen Piloten», sagte er,

erleichtert, über ein Thema sprechen zu können, von dem er etwas verstand. Er hob sie, die Arme um ihre Hüfte, in die Höhe und stellte sie auf den Badvorleger. Sie ergriff zwei Handtücher von einem der oberen Regale, und während sie sich abtrockneten, sagte er: «Das war ein israelischer Scharfschütze. Sein Auftrag war es, meinen Vater zu erschießen, als er für ein Treffen in Beirut war. Stundenlang stand er im Gebäude nebenan und wartete auf den Befehl, der niemals kam. Stunde um Stunde stand er da, meinen Vater im Visier und den Finger am Abzug, danach war er nicht mehr zu gebrauchen. Schießhemmung. Er ließ sich zum Piloten ausbilden, weil Piloten nicht töten. Sie halten Menschen am Leben. Ihre Besatzung, die Soldaten am Boden. Kurz darauf ist er aus dem Dienst ausgeschieden, um Privatjets zu fliegen. Auf einem Event in Doha hat er meinen Vater erkannt, ist zu ihm und hat ihm erzählt, dass er stundenlang auf seinen Kopf gezielt hatte. Ich glaube, er rechnete damit, die Wachen würden ihn auf ein Zeichen von Papa» – er betonte die zweite Silbe, auf die französische Art – «töten, aber stattdessen hat er ihn auf der Stelle eingestellt.»

«Ein selbstmörderischer Pilot. Hmm, bist du sicher, dass wir mit dem fliegen sollten?»

«Er will vielleicht nicht mehr leben, aber vor allem will er niemanden umbringen. Er kann eine Gulfstream auf einem Stecknadelkopf landen.» Gerade hatte sie noch geschmunzelt, jetzt lachte sie laut auf. «Was ist?», fragte er und nahm die Hände mit dem Handtuch herunter, um sie im Ganzen anzusehen. Sie drehte sich weg, hängte ihres an den Haken und nahm sich ein kleineres für die Haare. «Livia, warum lachst du über mich?»

Sie griff nach einer Flasche Bodylotion und fragte: «Glaubst du die Quatschgeschichte etwa? Warst du dabei?»

Das freute ihn. Er sagte: «Äh, nein.»

«Wer hat sie dir erzählt? Papa? War das vor deiner Geburt? Wo ist das Flugzeug?»

Hocherfreut sagte er: «Weiß ich nicht. Ich hab dem Piloten gesagt, dass ich es Freitag oder Samstag brauche.»

«Vergiss es! Ich gebe das Haus hier Nicole. Es ist so nah an der Universität der Künste. Das ist perfekt für sie.»

«Und dann?»

«Dann fahren wir mit meinem Auto zu dir. Ich mag mein Auto, und ich mag Montreux.» Sie ließ ihre Arme auf seinen Schultern ruhen, trat auf ihn zu und küsste seinen Hals. «Und ich mag dich, Radi.»

Livia fürchtete sich nicht vor Bindungen, so flüchtig sie auch sein mochten. Sich zu binden, gab ihr ein gutes Gefühl. Die Zukunft (die kurzfristige, denn sie war viel zu alt und weise, um auf irgendeine längerfristige Zukunft zu vertrauen) war nun endlos und klar.

Er spürte ihre friedliche Wärme, atmete sie ein und atmete langsam aus, änderte seine Position und die seiner Arme auf ihrem Rücken, um so wenig Raum wie möglich zwischen ihnen zu lassen. Zögerlich flüsterte er in das Handtuch über ihrem Ohr: «Du willst dein Leben verändern.»

«Das war dumm», antwortete sie. «Das Leben sollte mich verändern. Ich will nichts Lebendiges zerstören, es mit meiner *Identität* plattmachen.» Sie sprach das Wort ganz langsam aus, als wären Identitäten etwas Allgegenwärtiges, wenn auch Unangenehmes, wie Staubmilben, die man loswird, wenn man nur streng genug auf die Hygiene achtet.

Ihm leuchtete das absolut ein. Er erwiderte: «Ja. Ich gehe nach dem Frühstück ins Hotel packen, und du kannst mich abholen.» Sie lösten sich voneinander. Sie bot ihm den Föhn an, und er richtete sich schnell das Haar. Dann trocknete sie ihres, vornübergebeugt und den Kopf nach unten haltend, während er den Spiegelschrank durchsuchte, bis er eine nagelneue Zahnbürste fand. Zehn Minuten später schliefen sie beide, an entgegengesetzten Enden des Futons, in ihre eigenen Decken gewickelt und zufrieden träumend.

XXVIII

Das Licht im Wohnzimmer war noch an, die durchscheinenden Vorhänge leuchteten blassgrau. Demian schloss die Haustür auf und trat zur Seite, damit Nicole vor ihm die Treppe zu ihrer Etage der Villa hinaufgehen konnte – zur Sicherheit, er fürchtete, sie könnte stolpern und nach hinten kippen.

Harriet saß im Schneidersitz auf dem Sofa und beantwortete E-Mails. Sie blickte auf und sagte: «Ihr wart aber lange weg, Kinder.»

«*Quelle nuit*», sagte Demian.

«Hunger?»

«Nee», sagte Nicole. «Der Prinz hat mich zum Abendessen eingeladen.»

«Verstehe! Aber vielleicht willst du ja schon was frühstücken.»

«Ich mochte ihn nicht so. Ich bin nicht hungrig. Ich geh schlafen.» Sie lehnte sich an den Türrahmen, der zur Küche führte, und öffnete die Reißverschlüsse ihrer Stiefel. «Ein bisschen Milch nehm ich vielleicht.» Sie stellte die Schuhe vorsichtig auf dem Boden ab und zog ihre Strumpfhose am Bund nach oben.

Harriet sah Demian an, suchte Blickkontakt. Er erwiderte den Blick und unterdrückte ein amüsiertes Lächeln.

«Mach das und geh ins Bett», sagte sie. «Komm. Gute Nacht, Schatz.»

Nachdem Nicole mit einer Literpackung Schokomilch

aus dem Kühlschrank in ihr Zimmer gewankt war, setzte sich Demian auf die Couch, um seine Schuhe auszuziehen.

«Erzähl mal», sagte Harriet. Zur Antwort schloss er die Augen und ließ sich zur Seite fallen, bis sein Kopf auf ihrem Schoß lag. Sie schob den Laptop nach vorne und legte ihn zugeklappt auf den Couchtisch. Sie fuhr ihm mit den Fingern durchs Haar und sagte: «Erzähl mir wenigstens, wie es kam, dass du Nicole um vier Uhr morgens nach Hause bringst.»

«Ich weiß es nicht. Ich glaube, es begann ... es begann ...» Er streichelte ihr Bein. «Vor Hunderten von Jahren. Tausenden. Weit vor meiner Geburt.» Er drehte sich auf die Seite und hob den Arm, um ihr Becken zu umfassen.

Nach einem Kuss wand sie sich unter ihm hervor und sagte: «Du kannst es mir morgen früh erzählen.» Sie schaltete die Lichter aus und ging auf Zehenspitzen in ihr Schlafzimmer. Sie wusste, dass er ihr bald folgen würde. Er setzte sich auf, um seine Krawatte abzuziehen, und betrachtete sie ungläubig. Wie seltsam, überlegte er. Er knöpfte den Kragen seines Hemdes und seiner Weste auf und legte sich die Hand aufs Herz. Es schlug schnell, als wollte es die verlorene Zeit wieder aufholen. Dann legte er seine restlichen Kleider ab und ging duschen.

Weitere Titel

Avalon

Das Hohe Lied

Der Mauerläufer

Knochenbrecher

Nikotin

Virginia

FSC
www.fsc.org
MIX
Papier | Fördert
gute Waldnutzung
FSC® C014496